Prof. Dr. med. Dr. rer. nat. Karlheinz Schmidt
Marion Zerbst

Aspirin®

Prof. Dr. med. Dr. rer. nat. Karlheinz Schmidt
Marion Zerbst

Aspirin®

mehr als nur ein Kopfschmerzmittel

TRIAS

Medizin als Wissenschaft ist ständig im Fluß. Soweit in diesem Buch eine Dosierung oder eine Applikation erwähnt wird, darf der Leser darauf vertrauen, daß Autoren und Verlag größte Mühe darauf verwandt haben, daß diese Angaben genau dem Wissensstand bei Fertigstellung des Werkes entsprechen. Dennoch sollte jeder Benutzer die Beipackzettel der verwendeten Medikamente prüfen, um in eigener Verantwortung festzustellen, ob die dort angegebene Empfehlung für Dosierungen oder die Beachtung von Kontraindikationen gegenüber den Angaben in diesem Buch abweicht. Benutzer außerhalb der Bundesrepublik Deutschland müssen sich nach den Vorschriften der für sie zuständigen Behörden richten.

Geschützte Warennamen (Warenzeichen) werden im Text nicht besonders kenntlich gemacht. Aus dem Fehlen eines solchen Hinweises kann also nicht geschlossen werden, daß es sich um einen freien Warennamen handele. Insbesondere Aspirin ist in Deutschland und in über 70 Ländern eine geschützte Marke der Bayer AG, Leverkusen.

Die Deutsche Bibliothek – CIP-Einheitsaufnahme
Schmidt, Karlheinz:
Aspirin® : mehr als nur ein Kopfschmerzmittel /
Karlheinz Schmidt ; Marion Zerbst. –
Stuttgart : TRIAS, 1997
NE: Zerbst, Marion:

Redaktion: Werner Waldmann
Research: Dipl.-Biologin Ulrike Rathjen
Korrektur: Andrew Leslie
Umschlaggestaltung: Cyclus · D+P Loenicker, Stuttgart
Aufmacherillustrationen: Katrin Beyer, Bern
Illustrationen: Katharina Schumacher, München
Konzeption und Produktion: WZ Media, Stuttgart
Druck: Druckerei Gutmann, Talheim
ISBN: 3-89373-379-5

Inhalt

Ein Buch nicht nur über Aspirin®

Eines der ältesten Arzneimittel feiert sein Jubiläum. *Aspirin* wird am 10. August 1997 einhundert Jahre alt.

Aspirin oder eigentlich sein Wirkstoff, die Acetylsalicylsäure, der die Geschichte des Pharmakonzerns Bayer bis heute getreulich begleitet hat, ist über die Jahrzehnte hinweg nicht aus den Regalen verschwunden. Im Gegenteil: Erst in jüngster Zeit häufen sich neue Erkenntnisse aus den Forschungslabors der ganzen Welt, daß *Aspirin* noch lange nicht aus dem Blickfeld der Forscher verschwinden wird und ebensowenig aus dem Angebot der Apotheken. Es scheint, als habe man bisher nur die berühmte Spitze des Eisbergs entdeckt, was die Einsatzmöglichkeiten dieses äußerst vielseitige Medikaments betrifft. Die Indikationen, die inzwischen geläufig sind und die man schätzengelernt hat, werden in kommenden Jahren aller Wahrscheinlichkeit nach noch um einige weitaus erstaunlichere ergänzt.

So beschreibt dieses Buch einmal die aufregende Vorgeschichte und Entdeckung der Acetylsalicylsäure. Hauptsächlich will es aber den mündigen Patienten darüber informieren, bei welchen Beschwerden und Krankheiten das Medikament heute eingesetzt werden kann. Abgesehen von ein wenig Zukunftsmusik, was ASS künftig vielleicht noch bewirken könnte, versteht sich dieses Buch als pragmatischer Ratgeber, der methodisch so vorgeht, daß zuerst eine Reihe von Krankheiten in ihrem Wesen beschrieben werden, um dann den therapeutischen Ansatzpunkt von ASS darzustellen. Deshalb wird in diesem Buch nicht ausschließlich von ASS die Rede sein, sondern in gebotener Kürze auch vom Mechanismus von Kopfschmerzen, Venenerkrankungen, Herzinfarkt und Schlaganfall, Krebserkrankungen, Demenz und Diabetes.

ASS - ein Wundermittel? Mit solchen Etiketten sollte man vorsichtig umgehen, doch ASS ist sicher mehr als ein Schmerzmittel: Es wirkt nebenbei antipyretisch und antithrombotisch, läßt sich also bei Schlaganfällen, Thrombosen und Herzinfarkt einsetzen - prophylaktisch und im Notfall. Bei leichten bis mittelschweren Migräneanfällen ist ASS das Mittel erster Wahl, bei leichteren Kopfschmerzen ohnehin, und gegen die gefährliche Schwangerschaftserkrankung Präeklampsie gilt ASS heute als ein Medikament, das dagegen vorbeugen kann. Das ist schon eine ganze Menge. Und was noch weitgehend Zukunftsmusik ist, weil weitere Wirkungen beispielsweise in der Krebsprophylaxe erst in ausführlichen Testreihen erprobt werden, liest sich ebenfalls ziemlich aufregend.

Wir kennen aber auch die Schwächen dieses Mittels, seine Nebenwirkungen. Und dies um so lückenloser, weil die ASS zu den ältesten Medikamenten der Welt gehört. Die Nebenwirkungen wollen wir nicht verschweigen, denn gerade wenn man sie kennt und berücksichtigt, ist ASS ein verläßlicher pharmakologischer Helfer gegen viele Erkrankungen, ein richtiges Multitalent. Gerade wegen seiner verhältnismäßigen Harmlosigkeit eignet sich ASS vorzüglich zur Selbstbehandlung. Daß der mündige Patient die Tabletten selbstverständlich klug und vorsichtig anwendet, setzen wir voraus. Damit er dies vermag, bietet ihm dieses Buch die entsprechenden Informationen und nennt auch die Grenzen, wo man von einer Selbstbehandlung Abstand nehmen muß.

Die Acetylsalicylsäure wurde in den Bayer-Laboratorien vor hundert Jahren „entdeckt". Unter dem Markennamen *Aspirin* ist sie inzwischen weltweit zur Legende geworden. In einigen Ländern steht *Aspirin* als Synonym für das Kopfschmerzmittel schlechthin. Seine Wirksubstanz kann freilich jeder produzieren und vertreiben.

Wir untersuchen und vermitteln in diesem Buch, welche therapeutischen Möglichkeiten der Wirkstoff ASS hat und womöglich in naher Zukunft noch haben wird. Wir tun dies gerade im Jubiläumsjahr der ASS, denn schließlich ist sie zum erstenmal in haltbarer und chemisch reiner Form in einem Bayer-Labor hergestellt und – auch diese Leistung gehört zum Erfolg des Mittels – später unter dem Namen *Aspirin* erst weltweit populär gemacht worden.

Salise

1

Von der Weidenrinde zum Aspirin

Schon die alten Ägypter wußten, daß sich Blätter und die Rinde des Weidenbaums hervorragend zur Linderung von Schmerzen eigneten. Später entdeckte man, daß sich auch fieberhafte Erkrankungen damit kurieren ließen. Doch der Grundstein zur Weltkarriere der kleinen weißen Tablette mit der Aufschrift *Aspirin* wurde erst vor hundert Jahren gelegt, als Dr. Felix Hoffmann in einem Labor der Firma Friedrich Bayer & Co. in Wuppertal die Acetylsalicylsäure herstellte. Seitdem ist der weltweite Siegeszug der ASS als Fieber-, Schmerz- und Erkältungsmittel – und neuerdings auch als Medikament gegen Herzinfarkt, Schlaganfall, Venenthrombosen und zahlreiche andere Erkrankungen – nicht mehr aufzuhalten.

Die Menschen aller Zeiten haben eines gemeinsam: den Schmerz. Wir wissen heute, daß Schmerzen Warnsignale des Organismus sind, die uns vor mannigfachen Schäden bewahren und uns auf möglicherweise lebensgefährliche Krankheiten im Körper rechtzeitig hinweisen.

Dieses so selbstverständliche Wissen ist verhältnismäßig jung. Der Schmerz wurde in den einzelnen Kulturen und zu verschiedenen Zeiten sehr unterschiedlich erklärt. Das Bemühen, Schmerzen zu lindern und zu heilen, ist so alt wie die Menschheit, denn wer unter Schmerzen leidet, ist in seinem körperlichen und seelischen Befinden schwer getroffen, gleich in welchem Jahrhundert, gleich in welcher Kultur.

Die Mittel zur Überwindung des Schmerzes stammten bis in die jüngste Zeit aus dem Arsenal der Magie und Religion. Die Medizin entwickelte sich viel später und dann auch nur sehr zaghaft. Das Heilen blieb über Jahrhunderte Sache der Priester, Magier, Schamanen und weisen Frauen.

Gesundheit aus dem Quell der Natur

Heutzutage sind Schmerzen kaum noch ein unlösbares Problem. Was für ein Wunder das ist, begreift man eigentlich erst so richtig, wenn man ein paar Stationen aus der Geschichte der Schmerzbehandlung Revue passieren läßt.

Die Menschen der Altsteinzeit sahen im Schmerz einen Dämon, der sich im Schädel eingenistet hatte. Die Behandlung schien logisch: Man bohrte dem Kranken ein Loch in die Schädeldecke, damit der böse Geist entweichen konnte. Und offenbar gelang diese Prozedur hin und wieder, denn es existieren Schädelfunde aus vorchristlicher Zeit (10 000 v. Chr.), welche die Folgen solcher Trepanationen zeigen. Die Patienten hatten diese Tortur mithin überstanden und lebten noch einige Zeit weiter, so daß das Loch in der Schädeldecke vernarben konnte. Die Befreiung vom Schmerz verdankten die prähistorischen Patienten der suggestiven Macht ihrer Zauberer und nicht deren chirurgischem Geschick.

Die Schmerzbehandlung der Ägypter und Griechen beruhte ebenfalls auf magischem Zauber, aber auch auf der Verwendung alkaloidhaltiger pflanzlicher Drogen. Bereits die Ägypter verwendeten die Blätter und die Rinde des Weidenbaums, um Schmerzen zu stillen. Griechen und Römer kochten Blätter und Rinde der Silberweide (Salix alba) ab und behandelten damit Schmerzen.

Im 17. Jahrhundert versuchte man Schmerzen mit Rauschmitteln zu übertünchen: Wein, Weingeist in großen Mengen oder Opium vertrieben rasch und sicher Zahn- und Kopfschmerzen. Den Heilern der Zeit standen freilich auch sehr obskure Mittel - Rabenmist, abgestandener Urin oder kleingehackte Schnecken - zur Verfügung. Doch immer wieder taucht in der Literatur die Weidenrinde auf.

Im Jahre 1763 berichtete der englische Pfarrer Edward Stone aus Chipping-Norton in Oxfordshire dem Präsidenten der renommierten Wissenschaftlichen Gesellschaft Großbritanniens über seine Bemühungen, Patienten mit einem Extrakt aus Weidenrinde (Cortex salicis) von fieberhaften Erkrankungen zu kurieren: „Es gibt einen englischen Baum, dessen Rinde, wie ich durch Erfahrung festgestellt habe, eine stark entzündungshemmende Wirkung hat. Auch zur Heilung fieberhafter Erkrankungen eignet sie sich sehr gut." Als Sensation wurde diese Nachricht nicht aufgenommen, denn zum Behandeln von Schmerzen und Fieber bevorzugte man zu dieser Zeit den Extrakt der Chinarinde, die aus Peru importiert wurde. Stone hatte aber, ohne es zu wissen, herausgefunden, daß Salicylat - das Salz der Salicylsäure - Fieber und Schmerzen, die Begleitsymptome einer Reihe von Krankheiten, zu beseitigen vermag. Eine völlig neue Erkenntnis war dies nicht, denn die fiebersenkende und schmerzstillende Wirkung des Weidenrindenextraktes gehörte schon lange zum Wissensschatz der Volksmedizin.

Es dauerte noch bis ins Jahr 1828, bis der Münchner Professor Johann Andreas Buchner aus der Weidenrinde eine gelbliche kristalline Masse extrahierte und dieser den Namen Salicin gab. Anderen Chemikern gelang es bald darauf, diese Substanz zu veredeln. So schaffte es der Pharmazeut E. Merck aus Darmstadt fünf Jahre später, eine reine Salicylsäure herzustellen, die zudem billiger war als der bisherige Weidenrindenextrakt. Den endgültigen Namen der Verbindung nannte erstmals 1838 der Chemiker Raffaele Piria aus Pisa, der in Paris arbeitete: „l'acide salicylique", auf Deutsch: Salicylsäure.

Der Chemieprofessor Hermann Kolbe aus Marburg (1818-1884) entschlüsselte 1859 die Struktur der Salicylsäure und fand heraus, wie man sie aus Phenol, Kohlendioxid und Natron synthetisieren konnte. Er veranlaßte seinen Schüler Friedrich von Heyden, in Radebeul in der Nähe von Dresden eine große Fabrik zu bauen, die Salicylsäure in großem Umfang herstellen sollte. Die Fabrikation lief 1874 an.

Dieses industriell hergestellte Produkt war natürlich um ein vielfaches billiger als die frühere Salicylsäure, die aufwendig aus der Weidenrinde gewonnen wurde. Das Pulver kostete nur noch 10 Taler pro Kilogramm, wohingegen derselbe Stoff, den man aus Weidenrindenextrakt gewann, zehnmal so teuer war. Für den klinischen Einsatz der Salicylsäure war dieser Preisvorteil sehr wichtig. Man verwendete die Substanz - ähnlich wie die Karbolsäure - als antiseptische Lösung bei chirurgischen Eingriffen, zur Wundbehandlung und gegen akuten Gelenkrheumatismus. Seit es gelungen war, Salicylsäure synthetisch herzustellen, war sie neben Morphin und Cannabis eines der populärsten Mittel, um Fieber zu senken und Schmerzen zu lindern. Gegen rheumatisches Fieber und chronische Polyarthritis galt die Salicylsäure sogar als das Mittel der Wahl.

Die Experimente des Dr. Felix Hoffmann

Am 10. August1897 gelang es einem Chemiker der Friedrich Bayer & Co. in Wuppertal, Acetylsalicylsäure in reiner und haltbarer Form herzustellen. Daß dies die Geburtsstunde des heute ältesten und erfolgreichsten Medikaments war, ahnte damals niemand.

Als diese Entdeckung kurz vor der Wende zum 20. Jahrhundert gemacht wurde, befand sich die Welt bereits in einem gigantischen Umbruch. Täglich stieß man auf neue Zusammenhänge in Physik, Chemie und Medizin. Wissenschaftliche Erkenntnisse überstürzten sich buchstäblich. Man forschte auch nicht mehr in Hinterstuben und Apothekerlabors, sondern in großzügigen Industrielaboratorien. Alles nahm andere Dimensionen an. Auf Schritt und Tritt sah man, daß ein neues Zeitalter angebrochen war: Die altväterlichen Pferdefuhrwerke verschwanden, Automobile bewegten sich in atemberaubender Geschwindigkeit durch die Städte, und die Fabriken wuchsen ins Gigantische.

Was der junge Bayer-Chemiker Dr. Felix Hoffmann da in seinem Laboratorium zusammengebraut hatte, war kein Zufallsprodukt, und eigentlich ging die Entdeckung auch nicht auf einen Auftrag der Firmenleitung zurück. Hoffmann hatte ein ganz persönliches Motiv für seine Experimente mit der Salicylsäure gehabt: Sein Vater quälte sich seit Jahren mit einem schmerzhaften Rheuma. Hoffmann wußte, daß die Ärzte dagegen im Augenblick nur eine Behandlung kannten, die mit Salicylsäure.

Salicylsäure ist allerdings eine äußerst übel schmeckende Substanz. Man versuchte, sie durch die Verbindung mit Natrium genießbarer zu machen, freilich mit wenig Erfolg. Es kostete die Patienten größte Überwindung, das süßlich schmeckende Natriumsalicylat einzunehmen. Noch schlimmer: Das Mittel verursachte Brechreiz und Übelkeit, und seine Nebenwirkungen waren verheerend, denn die starke Säure reizte die Schleimhäute von Mund, Rachen und Magen. Eine länger andauernde Einnahme war praktisch unmöglich und hätte die Schleimhäute zerfressen.

Hoffmann hatte sich das Ziel gesetzt, die Salicylsäure dergestalt umzubauen, daß eine neue Verbindung zwar die fiebersenkenden und schmerzlindernden Eigenschaften behielt, ansonsten aber verträglich und angenehm einzunehmen sein sollte.

Bei seinem Literaturstudium war Hoffmann auf die Arbeiten des Chemikers Charles Frédéric Gerhardt aus Straßburg gestoßen, der wasserfreie organische Säuren untersuchte, unter anderem auch die Salicylsäure, und bereits 1859 eine Verbindung von Salicylsäure und Essigsäure beschrieben hatte. Sein Produkt war chemisch unrein und nicht haltbar, zerfiel also bald wieder nach der Synthese und war deshalb als Medikament nicht zu verwenden.

Der Chemiker K. Kraut hatte zehn Jahre später die Versuche seines Vorgängers wiederholt und genau die chemische Konstitution der Acetylsalicylsäure als Ester der Salicylsäure beschrieben. Hoffmann gelang es schließlich, eine chemisch reine und haltbare Substanz zu gewinnen. Mithin gilt Hoffmann als der erste Hersteller der reinen Acetylsalicylsäure.

Der neue Wirkstoff wurde vom Leiter des Pharmakologischen Laboratoriums der Farbenfabriken, Professor Heinrich Dreser (1860–1924), im Tierexperiment getestet. Parallel dazu erprobte der Oberarzt Kurt Witthauer den Stoff im Diakonissenhaus in Halle an der Saale. Aus seinem Bericht hört man unverhohlene Begeisterung über die neue Substanz heraus. „Das Mittel", resümierte er die Testreihe, „versagte nie in seiner Beeinflussung der Schmerzen, der Schwellungen und des Fiebers, es übte nie eine ungünstige Wirkung auf Herz und Magen auch bei den Schwerkranken aus." Das Pulver schien auch die Schleimhäute nicht mehr zu beschädigen, zumindest nicht in dem Ausmaße wie die Salicylsäure, und es war mit seinem herbsäuerlichen Geschmack für ein Medikament einigermaßen unproblematisch einzunehmen.

Die Farbenfabriken hätten die neue Substanz gerne patentieren lassen, um die Erfindung exklusiv vermarkten zu können, doch das Patentamt stellte sich quer. Man hielt Hoffmann die früheren Arbeiten von Gerhardt und einem anderen Chemiker namens Auguste Cahours (1813–1891) vor, die in ähnlicher Richtung experimentiert hatten, allerdings – so Hoffmanns Ansicht – ohne Erfolg geblieben waren. Es half alles nichts, das Patent wurde der Firma in Deutschland verweigert. Das Pharmaunternehmen ließ sich die „Entdeckung" Hoffmanns aber unter einem

Phantasienamen als Warenzeichen schützen. Aus einem firmeninternen Papier vom 23. Januar 1899 geht hervor, wie das neue Mittel heißen sollte. Der Buchstabe A wurde von dem Begriff Acetyl genommen, die Silbe „spir" von der Spirsäure, einer Bezeichnung, die den gleichen Stoff meinte wie die Salicylsäure, der nur unabhängig davon aus der Spierstaude (Spiraea ulmaria) gewonnen und deshalb so bezeichnet wurde. *Aspirin* war geboren und am 1. Februar 1899 unter der Nummer 36433 beim Kaiserlichen Patentamt zu Berlin als Handelsname angemeldet. Das war die Taufe eines vielversprechenden Babys.

Eine Dissertation über *Aspirin*, die 1900 in Breslau erschien, zeigt die euphorische Hoffnung, die man sofort auf den neuen Stoff setzte: „Da keines der hergestellten Ersatzmittel (also die der alten Salicylsäure) imstande war, in seiner Wirkungsweise vollauf zu befriedigen, fuhr man fort, eine den gewünschten Anforderungen entsprechende Komposition zu finden. Dem Bestreben, dieses Ziel zu erreichen, verdankt auch das von Prof. Dreser (dem Leiter des Bayer-Laboratoriums) pharmakologisch studierte jüngste Salicylderivat, das *Aspirin*, seine Entstehung."[1]

Aspirin wird vermarktet

Die Firmenleitung erkannte sehr schnell, welcher Schatz der Firma da in die Hand gefallen war. Welch gewaltigen Siegeszug dieses Mittel allerdings in den nächsten hundert Jahren antreten würde, das hätte sich damals niemand träumen lassen. Man wußte eigentlich auch noch gar nicht, gegen welche organischen Störungen das Medikament tatsächlich eingesetzt werden konnte und wie es überhaupt wirkte.

Der Chef der Farbenfabriken, Carl Duisberg, drängte, mit *Aspirin* schnell auf den amerikanischen Markt zu gehen. Was der Firma in Deutschland versagt geblieben war, gelang ihr in den USA fast auf Anhieb: *Aspirin* bekam am 27. Februar 1900 den ersehnten Patentschutz.

Zunächst wurde *Aspirin* als Pulver in kleinen Papierkapseln zu jeweils einem Gramm oder in großen Flaschen an die Apotheken ausgeliefert. Manche Apotheker füllten für ihre Kunden das Pulver aber auch selbst in kleine Briefchen. Dosiert wurde es zu Hause in der Einheit einer „Messerspitze", was freilich sehr ungenau war. Das Pulver war in Wasser kaum löslich. Die Patienten mußten es direkt mit mehreren Schlucken Wasser einnehmen.

Das Labor hatte aber inzwischen eine sensationelle neue Darreichungsweise gefunden: *Aspirin* in Tablettenform. Die Acetylsalicylsäure wurde mit Stärke vermischt und in Tablettenform gepreßt. Diese Tabletten zerfielen in Wasser sehr schnell und konnten so ohne Probleme eingenommen werden. Eine Packung enthielt fortan 20 Tabletten mit jeweils 0,5 Gramm Wirkstoff.

Die moderne Tablettenproduktion war auch sehr viel wirtschaftlicher und erlaubte es, den Apotheken das Medikament zu einem viel günstigeren Preis anzubieten als in der Pulverform. Bereits ab 1900 wurde *Aspirin* in dieser modernen Form als Tablette mit dem berühmten Bayerkreuz ausgeliefert.

Sicher waren es die überzeugenden therapeutischen Leistungen des *Aspirin*, die es gleich vom Start weg weltweit zu einem Renner machten, doch auch die Tatsache, daß *Aspirin* in leicht konsumierbaren und exakt dosierten Tabletten zur Verfügung stand, war mit am durchschlagenden Erfolg beteiligt.

In Berlin wurde *Aspirin* am Moabiter Krankenhaus und in Genf an der Universitätsklinik an Patienten getestet. Die Mediziner stellten rasch fest, daß *Aspirin* dem Natriumsalicylat, also der alten Salicylsäure, weit überlegen war. Offenbar blieb die im *Aspirin* befindliche Salicylsäure länger im Organismus als die aus anderen Salicylverbindungen, zum Beispiel dem zuvor viel verwendeten Natriumsalicylat. *Aspirin* brauchte länger, um im Magen wieder in seine Acetylgruppe und in Salicylsäure aufgespalten und mit dem Harn aus dem Körper ausgeschieden zu werden. Diesem Umstand schrieb man es auch zu, daß *Aspirin* wesentlich effektiver wirkte als die ursprüngliche Salicylsäure.

Daß die Acetylsalicylsäure natürlich auch ihre Nebenwirkungen hatte, vor allem eine Schädigung der Magenschleimhaut bewirken konnte, fiel in der ersten Begeisterungswelle nicht auf. Im Gegenteil: Im Vergleich zu bisher üblichen Salicylsäurepräparaten mit ihren gravierenden Nebenwirkungen erschien *Aspirin* als ein Mittel, das ausschließlich positiv wirkte und gänzlich ohne Nebenwirkungen war. *Aspirin* galt als besonders unkompliziert in der Einnahme. Seine Magenverträglichkeit wurde gepriesen, ebenso wie das Fehlen von Ohrensausen oder Übelkeit – Symptomen, die bei der Therapie mit der alten Salicylsäure an der Tagesordnung gewesen waren.

Die Ärzte hielten *Aspirin*, das übrigens von Anfang an frei verkäuflich war, für ein Medikament mit breitester Anwendungspalette. *Aspirin* galt als Heilmittel bei jeglicher Art von fieberhaften infektiösen Erkrankungen wie Schnupfen, Mandelentzündung, Grippe, Tuberkulose, Magen-Darm-

Infekten, bei Abszessen, Thrombosen, leichten und schweren Schmerzen, Kopfweh, Neuralgien und ganz besonders als wirkungsvolle Waffe gegen alle Erkrankungen des rheumatischen Bereichs. Mit anderen Worten: *Aspirin* war ein Allerweltsheilmittel – therapeutische Trias aus Antirheumatikum, Antipyretikum und Analgetikum.

Und *Aspirin* machte den Ärzten die Therapie denkbar einfach: Stellte man Schmerzen und Fieber fest, waren die Tabletten mit dem Bayerkreuz fester Bestandteil der Behandlung. Offenbar konnte man damit nicht das Geringste falsch machen.

Aspirin wird zum Hausmittel

Vielleicht trugen auch die zahlreichen Grippe-Epidemien, die damals die Menschheit plagten, zum Ruhm des *Aspirin* bei. Zumindest half *Aspirin* Millionen von Menschen gegen Kopfweh und hohes Fieber. Und – ein gewichtiger Pluspunkt, der zur Popularität des Mittels beitrug – *Aspirin* war weltweit verfügbar und enorm preisgünstig. Jeder konnte sich eine Tablette leisten, wenn er sie brauchte.

Sicher basiert dieser Erfolg auch auf der genialen Werbe- und Marketingstrategie der Bayer-Werke, die den Wirkstoff Acetylsalicylsäure permanent und rund um den Globus den Menschen in den Kopf hämmerten. Mit dem Resultat, daß die meisten Zeitgenossen auf der ganzen Welt bis heute den Namen *Aspirin* gleichsetzen mit dem Mittel schlechthin gegen Kopfschmerzen und Erkältungserkrankungen.

Aspirin war bald kein Medikament mehr, sondern fast schon eine Art Nahrungsmittel. „Sobald man sich krank fühlt", so empfahl der „Stadt-Anzeiger" von Köln am 6. März 1924, „lege man sich ins Bett mit einer Wärmeflasche an den Füßen, trinke brühheißen Camillentee oder auch Grog, um tüchtig zu schwitzen, und nehme täglich drei *Aspirin*-Tabletten." Wenn man diese Spielregel beachte, so der kluge Schreiber der Zeitung, werde man normalerweise in den nächsten Tagen wieder gesund und ertrage die Pein der Krankheit gelassener. Aber das wußten nicht nur Europäer und Amerikaner, die neue Heilsbotschaft dieses Jahrhunderts war selbst schon den Menschen in den entferntesten Winkeln der Erde geläufig: Mit *Aspirin*-Tabletten kurierten Eskimos, Indios und Schwarze ihr Kopfweh und Fieber. Die kleine weiße Tablette hatte wirklich einen Siegeszug rund um den Erdball angetreten.

Wem gehört eigentlich Aspirin?

Für Bayer bedeutete *Aspirin* Gewinn ohne Ende. Nachdem Bayer sich den gigantischen US-Markt mit einem Patent gesichert hatte, ließ die neugegründete „The Bayer Co. Inc." den Stoff vor Ort produzieren und vermarkten. Acetylsalicylsäure-Präparate durften in Amerika nur von Bayer verkauft werden. In Deutschland war das anders. Acetylsalicylsäure - oder kurz „ASS" genannt - konnte jeder auf den Markt bringen, nur nicht unter dem Label *Aspirin*. Das war damals allerdings ein Handicap für die ASS-Nachahmer, denn das Publikum setzte den Namen *Aspirin* sehr schnell mit Kopfschmerzmittel gleich. Und den chemischen Namen der eigentlichen Wirksubstanz kannte ohnehin kaum jemand.

Um dennoch am *Aspirin*-Segen teilzuhaben, ahmten viele Firmen ASS in kleinen Waschküchenlabors nach und dienten es unter dem gefälschten Etikett *Aspirin* günstiger als den Originalstoff von Bayer den Apotheken an. Auch mancher Apotheker versuchte, sein eigenes *Aspirin* zusammenzumischen.

Bayer reagierte auf solchen Wettbewerb postwendend und hart. Teilweise kam es zu heftigsten Auseinandersetzungen vor Gericht. In der zeitgenössischen Tages- und Fachpresse kann man diesen Kleinkrieg um zahlreiche *Aspirin*-Fälschungen mit großem Vergnügen nachlesen. Bayer nahm die Konkurrenz ernst, denn in Sachen *Aspirin* ging es um gutes Geld. „Angesichts verschiedener in der letzten Zeit gerichtlich abgeurteilter Fälle", so inserierte Bayer in der Pharmazeutischen Zeitung, „sehen wir uns im Interesse der Apotheker veranlaßt, vor der Substituierung unseres *Aspirins* durch Ersatzpräparate hiermit öffentlich zu warnen. Wir werden gegen jeden Apotheker unnachsichtlich mit Strafanzeige vorgehen, der unsere Rechte durch Abgabe von Ersatzpräparaten anstelle der verlangten Originalpräparate verletzt."

Der gewaltige Absatzmarkt in Amerika, England und Frankreich sollte Bayer als Folge des Ersten Weltkriegs bald verlorengehen. Der Staat überschrieb „The Bayer Company" inklusive der *Aspirin*-Herstellung und des Warenzeichens der „Sterling Products Company". Den Rest der Welt - 70 Länder sind es inzwischen - brachte Bayer allerdings mit geschützten Warenzeichen fest in seine Hand. Hier kommt *Aspirin* nur aus dem Hause der Leverkusener. Aber auch die Niederlage in den USA machten die Bayer-Leute jüngst wieder wett: 1994 kaufte die Bayer AG für 1 Milliarde US-Dollar den nordamerikanischen Teil der Firma Sterling auf, womit die alten Rechte wieder an Bayer zurückfielen.

Segensreich für Kranke, segensreich fürs Geschäft

Der wirtschaftliche Aspekt interessiert in einem medizinischen Ratgeber nur am Rande, aber ganz verschweigen wollen wir diese Facette natürlich auch nicht.

Bayer hatte mit seinem neuen Medikament nicht nur deshalb einen derartigen wirtschaftlichen Erfolg, weil die Firma ein erfolgreiches und globales Marketing betrieb und den Menschen mit ausgeklügelten Werbekampagnen *Aspirin* als Markennamen nahebrachte - Bayer hatte auch ein unheimliches Glück mit diesem Mittel. *Aspirin* war wie Wein - je länger es sich auf dem Markt befand, desto wertvoller wurde es: für die Patienten und damit natürlich auch für seinen Produzenten. *Aspirin* war tatsächlich so gut wie sein Ruf. Nein, es war noch besser! Das Wunder war kein Produkt der Werbung. Werbung machte das pharmakologische Mirakel nur bekannt. Und dies ist das Unfaßbare an der Geschichte dieses Medikaments.

Aspirin ist von der chemischen Struktur her ein recht einfaches Präparat. Seine Entwicklung vollzog sich eher beiläufig und zufällig, und sie verschlang auch keine Irrsinnssummen, wie man das heute von der Entwicklung neuer Medikamente her kennt. Es war auch wenig Geheimnisvolles um die „Entdeckung" des *Aspirin*, nichts Sensationelles oder gar Geniales.

Aber das Mittel, dessen Wirkmechanismus man viele Jahrzehnte nicht verstand (und auch heute noch nicht ganz versteht), wirkte einfach perfekt und zuverlässig gegen Fieber, Schmerzen und Entzündungen. Damit wurde es rasch zum Allerweltsheilmittel. Und seine Nebenwirkungen konnte man beinahe vernachlässigen, vergleicht man *Aspirin* mit zahlreichen anderen Medikamenten, die zwar meistens mit vielen Vorschußlorbeeren kometenhaft am Pharmahimmel auftauchten, oft aber schon nach kurzer Zeit - manchmal auch unter großen Skandalen als Begleitmusik - wieder von der Bildfläche verschwanden oder einfach von neuen, besseren Mitteln abgelöst wurden.

Aspirin blieb, und die Mediziner kamen im Lauf der letzten hundert Jahre auf immer neue pharmakologische Raffinessen: *Aspirin* entwickelte ein unbegreifliches Multitalent. Und *Aspirin* wurde immer sicherer. Da es eines der ältesten Medikamente der Welt ist, kennt man seine Schattenseiten inzwischen zwangsläufig in- und auswendig. Berechenbarer kann ein Arzneimittel eigentlich kaum sein.

ASS fasziniert die internationale Forschung nach wie vor

Nachdem inzwischen jeder Pharmaproduzent die Wirksubstanz des *Aspirin* verwenden und unter eigenem Handelsnamen vermarkten darf (die Acetylsalicylsäure ist heute nirgendwo mehr als Patent geschützt), wäre es für Bayer oder jedes andere Unternehmen wirtschaftlich sinnlos, große Summen in eine weitere Erforschung der Substanz zu stecken, selbst dann nicht, wenn sich dadurch noch weitere höchst segensreiche Anwendungsgebiete, beispielsweise in der Krebsprophylaxe oder Immunmodulation, finden ließen.

Auch ein Pharmaunternehmen - was in der öffentlichen Diskussion oft geflissentlich übersehen wird - muß zwangsläufig Profit erwirtschaften, um existieren zu können. Wenn eine Firma Millionen in ein bestimmtes Forschungsprojekt investiert, muß sie einigermaßen sicher sein können, dieses Geld später mit gehöriger Rendite wieder mit der Vermarktung eines entsprechenden Medikaments hereinzuholen. Im Falle der Acetylsalicylsäure ist dies ein Wagnis: Jede neue wissenschaftliche Erkenntnis zur Wirkung der Acetylsalicylsäure würde zwangsläufig allen Produzenten dieser Substanz für ihre Vermarktung zugute kommen. Die Firma, die diese Erkenntnis finanziert hätte, würde damit quasi für alle anderen investieren.

Trotzdem steckt Bayer heute ansehnliche Summen in seinen *Aspirin*-Bereich. Jährliche Forschungspreise sollen Wissenschaftler motivieren, weitere Therapiemöglichkeiten für das Mittel zu entdecken. Ebenso werden externe Untersuchungen finanziell unterstützt. Und auch im eigenen Haus wird natürlich ständig weiter an den Wirkmechanismen der Acetylsalicylsäure geforscht.

Im Mittelpunkt steht bei Bayer aber die stetige Verbesserung der *Aspirin*-Produkte, daneben die wissenschaftliche Dokumentation und Analyse des jährlich weltweit anfallenden Forschungsmaterials. Denn die Acetylsalicylsäure beschäftigt Biochemiker, Pharmakologen und Mediziner aller Kontinente. Die Bibliothek zu diesem Thema wächst jedes Jahr um gut und gern zweitausend wissenschaftliche Arbeiten. Und das ist ein weiterer interessanter Aspekt dieser Wunderdroge, die ihre Karriere einst als einfaches Hausmittel begann: Der internationalen Forschung scheint sie immerhin dermaßen vielfacettiert zu sein, daß man sich immer wieder aufs neue mit Detailfragen auf Experimente und epidemiologische Studien einläßt.

Aspirin im Wettbewerb mit modernen Schmerzmitteln

Natürlich hatte *Aspirin* auch seine Zweifler, ja Widersacher. Eine Zeitlang galt ASS in Amerika als Ursache für Schädigungen des Herzens. Solche abwegigen Vorstellungen werden oft aus der Eitelkeit und Rechthaberei konkurrierender Wissenschaftler, wirtschaftlichen Interessen zahlreicher Pharmafirmen und staatlicher Bürokratie genährt.

Auch die Entdeckung des Kortisons schien *Aspirin,* das bisher erfolgreich bei Gelenkrheumatismus eingesetzt worden war, in den Schatten zu drängen. Es brauchte einige Zeit, bis man herausfand, warum Kortison offensichtlich wirksamer gegen Rheuma war als ASS. Es war - neben einem anderen Wirkmechanismus - die Frage der Dosierung. Diese Erkenntnis hatte auch für ASS Konsequenzen: Um als Antirheumatikum wirken zu können, muß die Acetylsalicylsäure sehr hoch dosiert werden. Dies hatte man bisher nicht gewußt. Bei Schmerzen und Fieber dagegen reichen geringere Dosen aus. Groß angelegte Studien in den fünfziger Jahren erbrachten, daß sich bei richtiger Dosierung eine Überlegenheit des Kortisons gegenüber ASS bei chronisch-rheumatischen Gelenkbeschwerden ebensowenig nachweisen läßt wie bei akutem Gelenkrheuma.[2]

Als man im Lauf der Zeit die Nebenwirkungen des Kortisons kennenlernte, gewann die ASS auf dem Therapiefeld Rheuma plötzlich wieder an Reputation. Nicht nur, daß Kortison wesentlich teurer war als ASS, auch in seiner Wirkung schien es keineswegs besser zu sein. Das British Medical Journal schrieb, die Acetylsalicylsäure sei das beste und sicherste Mittel zur Behandlung von Gelenkrheumatismus.[3]

Natürlich kamen in den letzten Jahrzehnten neue Schmerzmittel auf den Markt. Besonders die Mittel mit den Wirkstoffen Paracetamol und Ibuprofen traten den ASS-Präparaten als Konkurrenten gegenüber.

Der Kampf um Marktanteile fand vor allem in den USA statt, wo es weniger um abgesicherte wissenschaftliche Fakten ging als um hartgesottene Werbefeldzüge und juristische Haarspaltereien. Jeder Pharmakonzern war bemüht, seiner Schmerzmittel-PR-Kampagne die überzeugendsten Argumente mitzugeben. Dabei wurde gemogelt und gelogen, daß sich die Balken bogen. Kombinationspräparate, die beispielweise ASS mit anderen Wirkstoffen mischten oder mit Zusatzstoffen wie Kodein, wurden gegenüber dem *Aspirin* - wie ASS in Amerika heißt - als haushoch überlegen dargestellt. Wir wissen heute, daß dies ein großer Irrtum war und daß von Kombinationspräparaten wenig zu halten ist.[4]

Kampf vor den Kommissionen

Die in den fünfziger Jahren laut gewordene Vermutung, ASS könne Herzinfarkte und Schlaganfälle teilweise verhindern und, wenn eingetreten, wesentlich zum Überleben dieser Patienten beitragen, genügt einer Gesundheitsbehörde natürlich noch nicht, um dieses Mittel dann auch für diese Indikation zuzulassen. Langwierige und kostspielige Testreihen mit Tausenden von Personen müssen eine solche Vermutung mit statistischer Wahrscheinlichkeit beweisen. Und auch dabei spielen Eitelkeit und Konkurrenzneid der maßgeblichen Akteure aus den Labors und der staatlichen Behörden eine große Rolle. Es dauerte Jahre, bis auch diese therapeutische Seite der Acetylsalicylsäure offiziell anerkannt war. 1985 gab die US-Gesundheitsministerin Margaret Heckler für die amerikanische Gesundheitsbehörde FDA offiziell bekannt, daß die tägliche Einnahme von ASS das Risiko eines erneuten Herzinfarktes um ein Fünftel senke.

Mit dem Ergebnis der wissenschaftlichen Arbeiten des Engländers John Vane, der dafür den Nobelpreis für Medizin erhielt, wurde zum erstenmal der Wirkmechanismus der ASS enthüllt: Acetylsalicylsäure hemmt die Prostaglandinbildung im Körper und unterbindet damit Entzündungen und Schmerzen. Parallel dazu kamen andere Forscher (Smith und Willis) dahinter, warum ASS so günstig bei Thrombosen, Herz- und Hirninfarkten wirkt.

Die verschiedensten Einblicke in die hochkomplizierten biochemischen Wirkungsmechanismen der Acetylsalicylsäure ergeben langsam ein Gesamtbild davon, wie jenes *Aspirin* aus dem Bayer-Labor tatsächlich im menschlichen Organismus wirkt. Die Forscher sind aber noch lange nicht am Ende angelangt. Ihre Neugier ist ungebrochen. Die Acetylsalicylsäure wird noch für manche Überraschungen gut sein.

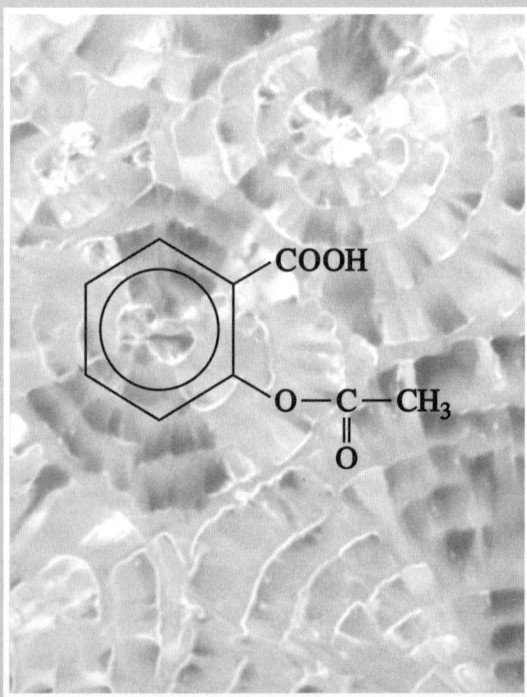
COOH
O—C—CH_3
O

2

Wirkungsweisen der Acetylsalicylsäure

Lange Zeit verordneten die Ärzte ihren Patienten die Acetylsalicylsäure einfach, ohne eine Ahnung zu haben, wie diese Substanz eigentlich wirkte. Hauptsache war, *daß* sie wirkte. Erst in den siebziger Jahren dieses Jahrhunderts lüftete der Pharmakologe John R. Vane einen Teil des Geheimnisses: ASS hemmt die Synthese von Prostaglandinen im Körper - bestimmten Botenstoffen, die zur Entstehung von Fieber, Schmerzen und Entzündungen beitragen. Aber viele Wirkmechanismen von ASS sind auch heute noch ungeklärt - man macht immer wieder neue verblüffende Entdeckungen. Sicherlich wird dieses altbekannte und doch so geheimnisvolle Medikament auch in Zukunft noch für etliche Überraschungen sorgen.

ASS ist ein analgetisches, antipyretisches und antiphlogistisches Medikament. Ins Deutsche übersetzt, bedeutet das: Es lindert Schmerzen, senkt Fieber und hemmt Entzündungen.

Aber auf welche Weise wirkt nun eigentlich diese kleine weiße Tablette, die in fast keinem Arzneischrank und keiner Reiseapotheke fehlt? Wir alle haben sie schon öfters genommen, um eine Erkältung, einen lästigen Kopfschmerz oder einen Kater nach einer durchzechten Nacht zu vertreiben, ohne uns viele Gedanken darüber zu machen, woher diese rasche, zuverlässige Wirkung eigentlich kommt.

Das geht übrigens nicht nur uns so - auch Ärzte und Pharmakologen tappten lange Zeit im dunkeln, was die Wirkmechanismen von ASS angeht; und selbst heute sind noch nicht alle Fragen geklärt.

Erst 1971 - rund siebzig Jahre nach der „Erfindung" der Acetylsalicylsäure - fand ein Wissenschaftler erste Erklärungsansätze für die wundersamen Wirkungen dieses Medikaments: John R. Vane, Professor für Pharmakologie am Londoner Royal College of Surgeons, stellte anhand von Versuchen an pürierten Meerschweinchen-Organen fest, daß ASS und ähnliche Substanzen schmerzlindernd, fiebersenkend und entzündungshemmend wirken, indem sie die Synthese bestimmter Botenstoffe (Prostaglandine) im Körper hemmen. Für diese Entdeckung erhielt er im Jahre 1982 den Nobelpreis für Medizin und wurde fortan „Sir John" tituliert.

Prostaglandine - erst in den dreißiger Jahren dieses Jahrhunderts entdeckt und immer noch nicht vollständig erforscht - sind eine Gruppe von Gewebshormonen, die in unserem Organismus sehr wichtige und äußerst vielfältige Funktionen erfüllen: Unter anderem regulieren sie die Erweiterung und Verengung von Blutgefäßen, die Aktivität unserer Blutplättchen und sind bei Frauen für die Wehenauslösung verantwortlich.

Aber leider haben sie oft auch negative Auswirkungen: So sind sie zum Beispiel maßgeblich an der Entstehung von Fieber, Schmerz und Entzündungsvorgängen im Körper beteiligt.

Schmerzen entstehen durch die Reizung von Nervenfasern, an deren Enden Schmerzrezeptoren sitzen. Wenn wir uns mit einem Messer in den Finger schneiden, entsteht an dieser Stelle ein Schmerzreiz, der von den Schmerzrezeptoren an dem betroffenen Nerv aufgenommen und weitergeleitet wird. Über das Rückenmark wandert die Meldung „Da tut etwas weh" in Sekundenschnelle bis in unser Gehirn.

Gleichzeitig setzen die beschädigten Zellen in dem Bereich, wo wir uns verletzt haben, Arachidonsäure frei. Das ist eine Fettsäure, die in unseren Zellmembranen enthalten ist und diese geschmeidig hält. Wenn Zellen (beispielsweise durch eine Verletzung oder Entzündung) gereizt wer-

Wirkungsweisen der Acetylsalicylsäure

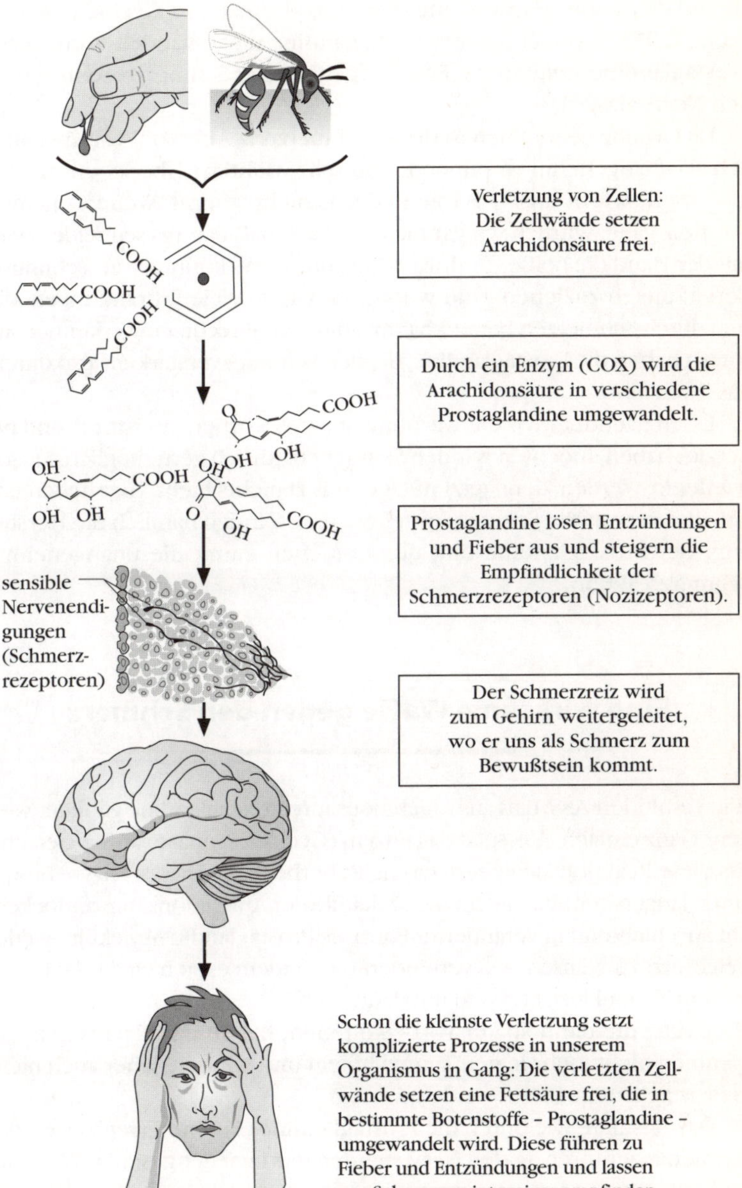

Schon die kleinste Verletzung setzt komplizierte Prozesse in unserem Organismus in Gang: Die verletzten Zellwände setzen eine Fettsäure frei, die in bestimmte Botenstoffe – Prostaglandine – umgewandelt wird. Diese führen zu Fieber und Entzündungen und lassen uns Schmerzen intensiver empfinden.

den, geben sie winzig kleine Mengen dieser Arachidonsäure ins Gewebe ab, die dann unter Einwirkung eines Enzyms namens Cyclooxygenase (kurz: COX) in verschiedene Prostaglandine umgewandelt wird. Diese Prostaglandine steigern die Empfindlichkeit der Schmerzrezeptoren an den Nervenfasern.

Im Grunde genommen ist dieser Schmerzreiz - obwohl wir ihn natürlich als unangenehm empfinden - ein sehr wichtiger Überlebensmechanismus: Er warnt uns, daß irgend etwas nicht stimmt. Wenn es keinen Schmerz gäbe, würden wir gar nicht merken, daß wir uns schneiden oder mit der Hand die heiße Herdplatte berühren, und könnten uns schlimme Verletzungen zuziehen. Und wir würden auch viele Erkrankungen, die sich durch Schmerzen bemerkbar machen, nicht rechtzeitig erkennen. Insofern haben die Prostaglandine, die den Schmerz verstärken, also durchaus ihren Sinn.

Doch nachdem wir die Warnung unseres Körpers registriert und beherzigt haben, möchten wir den Schmerz natürlich gern möglichst rasch wieder loswerden, denn jetzt nützt er uns ja nichts mehr. Hier helfen uns ASS und verwandte Schmerzmittel. Sie unterbinden nämlich die Herstellung der Prostaglandine und durchbrechen damit die unangenehme Schmerzreaktion.

Eine wirksame Waffe gegen den Schmerz

Wie verhindert ASS, daß aus Arachidonsäure Prostaglandine gebildet werden? Ganz einfach: ASS setzt das Enzym (Cyclooxygenase) außer Gefecht, das diese Reaktion katalysiert, das heißt herbeiführt. Dieses Enzym besitzt einen langen Tunnel, in dem die Moleküle der Arachidonsäure andocken, um anschließend in veränderter Form als Prostaglandin-Moleküle wieder freigesetzt zu werden. ASS verhindert dies, indem es sich einfach selbst in diesem Tunnel festsetzt und ihn dadurch blockiert. Die Arachidonsäure-Moleküle, die dann später vorbeikommen, haben das Nachsehen: Sie kommen nicht mehr in den Tunnel hinein und können daher auch nicht in Prostaglandine umgewandelt werden.

Das Resultat: Die durch die Prostaglandine erhöhte Erregbarkeit der Schmerzrezeptoren an den Nervenenden wird wieder gesenkt. Wir empfinden keinen Schmerz mehr, oder er ist zumindest stark gelindert und auf ein erträgliches Maß reduziert.

Doch wer ASS einnimmt, schlägt gleich mehrere Fliegen mit einer Klappe: Die Prostaglandine erzeugen nämlich nicht nur Schmerzen, sondern auch entzündliche Vorgänge im Körper (zum Beispiel bei rheumatischen Erkrankungen). Auch solche Entzündungen werden - so vermutet man zumindest - unterbunden oder abgemildert, indem ASS die Herstellung von Prostaglandinen hemmt: Das entzündete Gewebe schwillt ab, die Erhitzung und die Schmerzen lassen nach.

Und auch die fiebersenkende Wirkung von ASS hängt mit der Hemmung der Prostaglandin-Synthese zusammen. Lange Zeit zerbrachen sich Wissenschaftler den Kopf darüber, warum Acetylsalicylsäure und ähnliche Medikamente zwar bei Fieber die Temperatur senken, aber auf eine normale Körpertemperatur seltsamerweise keinerlei Auswirkung haben. Die Entdeckung von Sir John Vane brachte auch in dieses Geheimnis Licht: Die Prostaglandine, die uns mit Schmerzen und Entzündungen plagen, sind nämlich auch beim Anstieg der Körpertemperatur - also bei Fieber - entscheidend mitbeteiligt.

Fieber: unangenehm, aber lebenswichtig

Ebenso wie der Schmerz ist auch das Fieber ein wichtiger Überlebensmechanismus unseres Körpers. Meist wird es durch eine Infektion mit Viren oder Bakterien ausgelöst; das kann ein harmloser Infekt - zum Beispiel eine Erkältung -, aber auch eine schwerere Erkrankung wie eine Lungenentzündung oder Salmonelleninfektion sein.

Wenn Viren oder Bakterien in unseren Körper eindringen, werden sie sofort von unseren stets wachsamen weißen Blutkörperchen angegriffen und bekämpft. Die Zerfallsprodukte der abgetöteten Krankheitserreger enthalten fiebererregende Eiweiße (Pyrogene). Diese Stoffe wirken auf das Wärmeregulationszentrum in unserem Gehirn und veranlassen es, unsere Körpertemperatur zu erhöhen, indem es ganz einfach den Sollwert für diese Temperatur (der normalerweise bei etwa 37 Grad liegt) höher einstellt. Unser Körper erhält vom Gehirn die Meldung „Es ist zu kalt - du mußt mehr Wärme erzeugen!" - und das, obwohl sich an unserer Körpertemperatur und auch an der Außentemperatur in Wirklichkeit überhaupt nichts geändert hat.

Deshalb beginnen viele Fieberanfälle mit einem leichten oder auch heftigeren Schüttelfrost: Wir beginnen zu frieren und zu zittern, oft klappern wir auch mit den Zähnen. Durch die gesteigerte Muskelaktivität beim Zittern und Zähneklappern wird in unserem Körper Wärme erzeugt; gleichzeitig wird unser Stoffwechsel gesteigert, Atmung und Puls werden beschleunigt, und die Blutgefäße unserer Haut verengen sich. Auf diese Weise werden sie weniger stark durchblutet, und es wird nicht mehr soviel Körperwärme an die Umgebung abgegeben. Das Ergebnis: Unsere Körpertemperatur steigt an; je nach Schwere des Infekts bekommen wir leichtes oder auch höheres Fieber, und obwohl wir gerade eben noch mit den Zähnen geklappert und uns unter einer dicken Decke verkrochen haben, ist uns jetzt plötzlich ganz heiß.

So unangenehm und belastend für unseren Organismus dieses Fieber auch sein mag - an sich ist es ein sehr sinnvoller Teil des Heilungsprozesses, denn durch den Temperaturanstieg werden die in den Körper eingedrungenen Mikroorganismen abgetötet. Deshalb soll man niemals das Fieber allein bekämpfen, sondern seine Ursache (bei schwereren bakteriellen Infektionen beispielsweise durch Antibiotika).

Aber hohes Fieber kann auch gefährlich sein, vor allem bei älteren Menschen oder geschwächten Patienten. Deshalb ist es manchmal erforderlich, fiebersenkende Medikamente einzusetzen. Und natürlich kann es auch sein, daß wir bei einem grippalen Infekt hin und wieder zu einem fiebersenkenden Mittel greifen - vielleicht, weil wir an diesem Tag einen wichtigen beruflichen Termin haben, bei dem wir unbedingt fit sein müssen, oder weil das Fieber uns so sehr schwächt und mitnimmt, daß wir uns ganz einfach ein wenig Erleichterung verschaffen möchten. Dagegen ist natürlich überhaupt nichts einzuwenden. Grundsätzlich ist es bei leichteren grippalen Infekten jedoch immer am besten, nicht in den natürlichen Heilungsvorgang unseres Körpers einzugreifen, sondern uns Bettruhe zu gönnen und auf unsere Selbstheilungskräfte zu vertrauen: Die angestiegene Körpertemperatur hilft unserem Organismus, rascher mit den Krankheitserregern fertig zu werden. Freilich braucht man dazu schon ein wenig Geduld.

Hohes Fieber (ab 39 Grad) und Fieber, dessen Ursache man sich nicht erklären kann oder das länger als drei Tage anhält, gehört stets in ärztliche Behandlung; das gleiche gilt für Fieber mit Begleiterscheinungen wie Kopfweh und Nackensteifigkeit, Bauchschmerzen oder Schmerzen beim Wasserlassen. Denn in solchen Fällen können hinter dem Fieber ernstere Erkrankungen stecken, und dann verschleiert man durch Eigenmedikation mit fiebersenkenden Mitteln nur die Symptome, statt nach der Ursache zu forschen. In einen solchen Fall muß der Arzt erst einmal die Diagnose abklären und dann die erforderliche Behandlung einleiten.

Prostaglandine – auch bei Fieber haben sie ihre Hand im Spiel

An dem Anstieg unserer Körpertemperatur bei Fieber sind die Prostaglandine als wichtige Botenstoffe in unserem Körper maßgeblich beteiligt. Indem ASS ihre Synthese unterbindet, schaltet sie einen wichtigen fiebererzeugenden Faktor aus. Außerdem erweitert die in ihren Wirkungen so vielseitige Acetylsalicylsäure gleichzeitig auch noch unsere Hautkapillaren; das sind winzig kleine, fein verzweigte Blutgefäße in unserer Haut, die bei der Regelung der Körpertemperatur eine wichtige Rolle spielen. Wenn sie sich erweitern, führt das zu einer vermehrten Schweißabsonderung, wodurch unser Körper viel Wärme an die Umgebung abgibt: Das Fieber sinkt, und wir fühlen uns wieder wohler.

Nicht nur ASS hat diese segensreichen Wirkungen, sondern auch andere steroidfreie entzündungshemmende Medikamente wie beispielsweise Indometacin oder Ibuprofen. Auch sie hemmen die Erzeugung von Prostaglandinen in unserem Körper; doch nur bei der Acetylsalicylsäure läßt sich diese Wirkung nicht mehr rückgängig machen. Andere steroidfreie Antiphlogistika dagegen „verstopfen" den Tunnel in dem Enzym Cyclooxygenase nur vorübergehend.

Eine anhaltende Kontroverse

John Vanes bahnbrechende Entdeckung der Prostaglandinsynthese-Hemmung erklärte zwar einen großen Teil der Wirkung von ASS; viele Wissenschaftler vermuten jedoch inzwischen, daß das nur die Spitze des Eisbergs ist. Wahrscheinlich hat die Acetylsalicylsäure auch noch vielfältige andere Wirkungen auf unseren Organismus, die nichts mit Prostaglandinen zu tun haben. Die Wissenschaftler forschen fieberhaft weiter, um dem Extrakt der Weidenrinde auch noch seine letzten Geheimnisse zu entreißen – und neuen medizinischen Einsatzgebieten auf die Spur zu kommen.

Einer davon ist Dr. Gerald Weissman, der in einem Labor an der New York University eifrig damit beschäftigt ist, einige von John Vanes Thesen zu widerlegen: Im Gegensatz zu Sir John glaubt er nämlich nicht, daß die Prostaglandine an allem schuld sind. Ein Teil der Wirkungsweise von ASS läßt sich nach Weissmans Meinung zwar schon mit der Prostaglandinsynthese-Hemmung erklären – zum Beispiel die schmerzlindernde und fiebersenkende Wirkung. Aber was den Einsatz von ASS bei Entzündungen angeht, ist Weissman sich schon nicht mehr so sicher, daß diese Wirkung tatsächlich auch auf die Unterbindung der Prostaglandinproduktion zurückzuführen ist.

Um entzündliche rheumatische Erkrankungen wirkungsvoll bekämpfen zu können, muß man nämlich viel höhere ASS-Dosen (3 bis 4 Gramm oder sogar noch mehr) einnehmen als zur Bekämpfung von Fieber und Schmerzen. Das heißt: Eine Dosis, die die Bildung von schmerz- und fiebererzeugenden Prostaglandinen verhindert, ist noch lange nicht in der Lage, Entzündungsprozesse in unserem Körper zu unterbinden. Deshalb meint Weissman, daß bei der Entzündungshemmung andere, noch unerforschte Wirkmechanismen von ASS mit im Spiel sein müssen.

Tatsächlich entdeckte er in den achtziger Jahren, daß ASS nicht nur die Prostaglandinsynthese hemmt, sondern auch bestimmte weiße Blutzellen inaktiviert, die in den ersten Entstehungsstadien entzündlicher Prozesse eine wichtige Rolle spielen. Diese Blutzellen hören auf den Namen „neutrophile Leukozyten“ und sind an und für sich ein sehr wirkungsvoller Bestandteil unseres Immunsystems: Sie stellen sozusagen die „erste Verteidigungstruppe“ unseres Körpers gegen eingedrungene Fremdorganismen wie Viren, Bakterien oder Pilze dar.

Doch wenn sie mit bestimmten entzündungsauslösenden Substanzen in Berührung kommen, verwandeln sie sich in verhängnisvolle Unheilstifter: Denn dann verklumpen sie miteinander oder heften sich an Blutgefäßwände an und setzen dabei Enzyme frei, die körpereigenes Gewebe angreifen und zerstören.

Deshalb spielen sie bei Autoimmunkrankheiten (das sind Erkrankungen, bei denen sich unser Immunsystem gegen den eigenen Körper wendet) eine wichtige Rolle – zum Beispiel bei der rheumatoiden Arthritis, oft auch chronische Polyarthritis genannt, weil sie in der Regel mehrere Gelenke gleichzeitig befällt. Das ist eine schwere rheumatische Erkrankung, bei der die Gelenke und das umliegende Gewebe langsam zerstört werden. Schließlich versteifen und verformen sich die Gelenke, was zu immer stärkerer Bewegungseinschränkung führt.

Wenn die neutrophilen Leukozyten nicht miteinander verklumpen oder sich an den Gefäßwänden anlagern, dann setzen sie auch keine zerstörerischen Enzyme frei. Hier setzt nach Weissmans Ansicht der Wirkmechanismus von ASS an: Sie hindert diese weißen Blutkörperchen am Verklumpen, so daß sie keine Entzündungen auslösen können. Und offenbar ist, um diese Blutzellen unschädlich zu machen, eben eine höhere ASS-Dosis notwendig als zur Hemmung der Prostaglandinsynthese.

Tatsächlich wurde bei klinischen Versuchen festgestellt, daß ASS-ähnliche Medikamente bei Testpersonen die Verklumpungsneigung der neutrophilen Leukozyten reduzierte. Demnach hätte John Vane unrecht mit seiner Behauptung, daß die Hemmung der Prostaglandinsynthese für alle Wirkmechanismen von ASS verantwortlich sei - auch für die entzündungshemmende Wirkung.[1]

„Ich habe den starken Verdacht, daß wir uns auch in Zukunft noch eine gute Weile mit dem *Aspirin* herumschlagen werden", meint Gerald Weissman - mit anderen Worten: Das Kapitel „ASS" ist noch lange nicht zu Ende geschrieben. Vieles muß erst noch erforscht werden. Neueste Erkenntnisse Weissmans scheinen seiner Theorie von den neutrophilen Leukozyten allerdings recht zu geben: Kürzlich entdeckten Weissman und seine Kollegen einen Rezeptor an den Neutrophilen, an dem das *Aspirin* andockt. Das ist ein eindeutiger Beweis dafür, daß ASS nicht nur auf die Prostaglandine, sondern auch auf die neutrophilen Leukozyten einwirkt.[2]

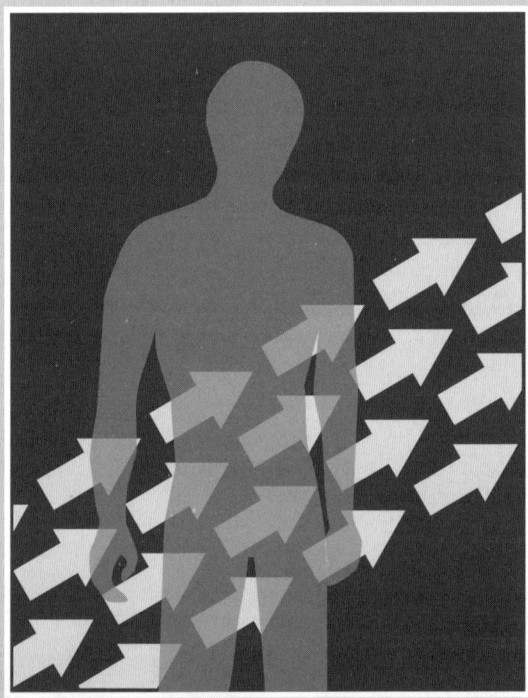

3

ASS gegen Rheuma, Schmerzen und Fieber

Nach seiner „Erfindung" im Jahre 1899 entwickelte *Aspirin* sich sofort zu einem internationalen Markterfolg. Dazu trugen nicht zuletzt die großen Grippewellen Anfang und Mitte dieses Jahrhunderts bei. Bald war das preiswerte und doch so wirksame Medikament buchstäblich in aller Munde. Außerdem wurde es zur Behandlung rheumatischer Erkrankungen eingesetzt. Heute greift man wegen der hohen ASS-Dosen, die man zur Therapie von Krankheiten des rheumatischen Formenkreises einnehmen muß, in Deutschland lieber zu anderen Antirheumatika. Aber bei der Behandlung von Grippe und Erkältungskrankheiten gehört ASS nach wie vor zu den Spitzenreitern.

Als die ASS Mitte 1899 unter dem Markennamen *Aspirin* auf den Markt kam, legte das Produkt sofort eine Art Kavalierstart hin. Publikumswerbung machte die Pharmaindustrie damals in ihren Anfängen noch nicht; man baute auf die Ärzteschaft, der man großzügig kostenlose Muster zuschickte, und hoffte, daß die neuen Medikamente sich bewährten. Und natürlich war auch die Mund-zu-Mund-Propaganda zufriedener Patienten eine nicht zu unterschätzende Reklame: Wer *Aspirin* verschrieben bekam und damit sein Leiden erfolgreich bekämpfen konnte oder zumindest spürbare Linderung erfuhr, erzählte das natürlich begeistert im Bekanntenkreis herum. Und so kamen viele Patienten zum Arzt und verlangten die neue Wundermedizin.

Aspirin wurde ein Renner, und dies international. Um 1902 existierten bereits so viele wissenschaftliche Arbeiten über *Aspirin*, daß es langsam schwierig wurde, den Überblick zu behalten.

Hauptsächlich setzte man das Mittel gegen schmerzhafte Gelenkentzündungen ein, also gegen Arthritis und Gelenkrheumatismus. Dies war ja auch die ursprüngliche Zielsetzung von Felix Hoffmann gewesen, als er sich mit der Salicylsäure auseinanderzusetzen begann. Um bei Erkrankungen des rheumatischen Formenkreises aber eine wirkliche Schmerzlinderung und Dämpfung des Entzündungsprozesses zu erzielen, sind hohe Dosen des Mittels notwendig. Um die Jahrhundertwende fand man die wirksame Dosis einfach durch Probieren heraus. Unbedenklich verabreichte man den Patienten dabei ASS-Mengen, die gut und gerne zwanzig Tabletten mit jeweils 500 mg ASS von heute entsprachen. Bedenken wegen möglicher Nebenwirkungen hatte man damals kaum, da ASS im Gegensatz zur alten Salicylsäure die Magenschleimhaut sehr viel seltener und in geringerem Ausmaße angriff. Wenn die Einnahme solcher Mengen dem einen oder anderen Patienten trotzdem Magendrücken bescherte, ignorierte man dies gerne in Anbetracht der segensreichen Wirkung des neuen Medikaments.

Daß *Aspirin* auch gegen Erkältungserkrankungen, Fieber und Kopfschmerzen sehr gut wirkte, war ein willkommener Nebeneffekt und erweiterte nach und nach die Therapiepalette des Mittels. Bei den damals hohen Dosierungen der ASS war es auch kein Wunder, daß man mit *Aspirin* Fieber und Kopfschmerzen sehr effizient bekämpfen konnte. Obwohl man damals noch nicht so weit war wie heute und nur über *Aspirin*-Tabletten verfügte, die bei Einnahme ohne ausreichende Flüssigkeitsmenge oft zu lange im Magen liegen blieben und so den Wirkstoff nicht ausreichend durch die Dünndarmschleimhaut ins Blut befördern konnten, wurde dies wohl durch die Überdosis ausgeglichen.

Standardmittel gegen rheumatische Erkrankungen

ASS war jedenfalls sehr lange, eigentlich noch bis vor kurzem, das Standardmittel zur Therapie des akuten rheumatischen Fiebers und anderer Erkrankungen des rheumatischen Formenkreises sowie der damit verbundenen Schmerzen in den Gelenken.[1]

Über die Ursachen rheumatischer Erkrankungen ist sich die Wissenschaft auch heute noch nicht einig. Unter dem früher so viel strapazierten Begriff Rheuma beziehungsweise Rheumatismus sind viele Krankheitserscheinungen versammelt, die oft keinen gemeinsamen Nenner haben. Heute spricht man realistischerweise und präziser von Erkrankungen des rheumatischen Formenkreises und meint damit Erkrankungen des Stütz- und Bewegungsapparates.

Bei einem solchen Leiden läßt sich das betroffene Gelenk nur unter Schmerzen bewegen. Ursache kann eine Entzündung des Gelenks (Arthritis) sein, die möglicherweise durch eine virusbedingte Störung des Immunsystems verursacht wird und meistens chronisch verläuft, oder aber ein mechanischer Gelenkverschleiß (Arthrose). Sind mehrere Gelenke betroffen, spricht man von einer Sonderform der Arthritis, nämlich der Polyarthritis.

Auch wenn der anfängliche Schmerz an sich gar nicht so schwerwiegend ist, reagieren die meisten Kranken dergestalt, daß sie ganz automatisch das betreffende Gelenk, so gut es geht, schonen. Das bedeutet aber, daß sich die Muskulatur des Gelenks langsam zurückbildet mit der fatalen Folge, daß jede weitere Bewegung nur noch mehr schmerzt. Und dies ist ein Teufelskreis, der dazu führen kann, daß die betroffenen Gelenke völlig versteifen.

Es müssen also sowohl die Schmerzen als auch der Entzündungsprozeß behandelt werden. Zwei Medikamentengruppen stehen heute dem Arzt zur Verfügung, einmal die kortisonhaltigen Medikamente (steroidale Antirheumatika) und nichtsteroidale, also Mittel ohne Kortison.

Kortisonpräparate – künstlich hergestellte Kortikosteroide, also eigentlich Hormone der Nebennierenrinde – wirken sehr gut, dürfen aber wegen möglicher gravierender Nebenwirkungen nur unter strenger ärztlicher Kontrolle angewandt werden.

Nichtsteroidale entzündungshemmende Rheumamittel, wozu auch die ASS als das älteste und immer noch sehr wirksame Mittel gehört, wirken ebenfalls gegen Entzündung und Schmerz. Sie haben allesamt aber den Nachteil, daß sie in hohen Dosierungen eingenommen werden müssen, und dies bringt die Gefahr von Magenblutungen oder Magengeschwüren mit sich.

In den vergangenen Jahren sind viele Rheumamittel – sie laufen unter dem Etikett NSAR, was soviel heißt wie: nichtsteroidale Antirheumatika – auf dem internationalen Pharmamarkt aufgetaucht und oft als wahre Wundermittel in der Pharmawerbung gepusht worden; und sie sind oft sehr rasch und manchmal auch unter lautstarkem publizistischem Getöse wegen ihrer eklatanten Nebenwirkungen wieder in der Versenkung verschwunden.

Ein weiteres Problem liegt in der ärztlichen Praxis: Allzu rasch werden vage Schmerzen in Gelenken auf rheumatische Erkrankungen zurückgeführt und ungezielt mit den NSAR behandelt. Oft wäre dies gar nicht nötig, und es würde ausreichen, lediglich die Schmerzen auszuschalten (was mit sehr viel geringeren Dosen von beispielsweise ASS- oder Paracetamol-Präparaten gelingt) und andere therapeutische Möglichkeiten auszuschöpfen, beispielsweise Bewegungstherapien, Haltungskorrekturen oder eine Veränderung der Lebensweise.

Trotzdem ist die Bedeutung der NSAR nicht zu bestreiten. Wer unter Schmerzen in den Gelenken leidet, versucht diese ganz automatisch möglichst wenig zu bewegen. Dies bedeutet, wie wir vorhin bereits gesehen haben, daß solche Gelenke langsam aus der Übung kommen und festfahren. Zudem trägt die Entzündung zusätzlich zur Versteifung des Gelenks bei. Wirklich an entzündlichem Rheuma erkrankte Patienten können sich ihre Beweglichkeit mit NSAR und zusätzlichen bewegungstherapeutischen Maßnahmen trotz der Krankheit über viele Jahre erhalten.

Die Nachteile der NSAR

Trotzdem müssen die Vor- und Nachteile dieser Mittel genau abgewogen werden, und man muß den Patienten konsequent auf mögliche Nebenwirkungen hin beobachten. Besonders bei Menschen über 65 Jahre, bei Frauen und Rauchern ist mit den NSAR Vorsicht geboten.

Magen- und Darmbeschwerden rufen fast alle NSAR hervor. Viele Rheumapatienten, die solche Mittel einnehmen, kennen das charakteristische Druckgefühl im Oberbauch, Aufstoßen oder Sodbrennen, im schlimmsten Fall sogar richtige Magenschmerzen. Durch eine Magenspiegelung läßt sich eine mögliche Beschädigung der Magenschleimhaut leicht erkennen und damit feststellen, ob der Patient auf diese Medikamente magenempfindlich reagiert. Da diese Mittel aber andererseits meistens gravierenden Schmerzen Einhalt gebieten können, nehmen viele Patienten leichtere Magenprobleme in Kauf.

Andere Antirheumatika als die ASS - dies sei nur am Rande erwähnt - tangieren außer dem Magen auch noch andere Organbereiche. Schwerwiegende Veränderungen des Blutbilds (Agranulocytose), Nieren- und Leberschäden oder allergischen Reaktionen sind bei ihnen keine Seltenheit. ASS gilt deshalb - trotz aller Vorbehalte wegen einer möglichen magenschädigenden Nebenwirkung - auch heute noch als gutes Rheumamittel, da es effektiv Entzündung und Schmerzen bekämpft. Die Magenprobleme sind mit neuen Darreichungsformen (beispielsweise als Brausetablette) schon etwas besser in den Griff zu bekommen. Allerdings müssen Rheumapatienten auch heute noch täglich 3000 bis 4000 mg ASS und mehr einnehmen.[2] Das Bundesgesundheitsamt empfiehlt bei entzündlichen rheumatischen Erkrankungen beim Erwachsenen eine Einzeldosis von 1000 mg. Die Tageshöchstdosis von 5000 g sollte nicht überschritten werden.

In Deutschland spielt die Acetylsalicylsäure in der Rheuma-Therapie keine besondere Rolle mehr, durchaus aber im Ausland. Besonders in den angelsächsischen Ländern gilt ASS noch immer als Substanz der ersten Wahl bei der Behandlung rheumatoider Gelenkerkrankungen. Ein Grund ist sicher auch, daß ASS, das Rheumatiker sehr lange und in hohen Dosen einnehmen müssen, preiswert ist. Neuere Rheumamittel kosten dagegen ein Vielfaches.

Aber auch vom Verhältnis Wirkung zu Nebenwirkungen her schneidet ASS auch heute noch nicht schlecht ab. Eine Studie aus dem Jahre 1993 untersuchte die Toxizität von ASS und anderen NSAR. Es heißt dort: „Der Toxizitätsindex betrug bei Aspirin nur 1,37 und bei verschiedenen ausgewählten anderen NSAR, die keine Salicylate enthielten, immerhin 1,87 bis 2,9", heißt es da. „Die verschiedenen Darreichungsformen von Aspirin unterschieden sich außerdem in ihrem Toxizitätsgrad: einfaches Aspirin hatte den Index 1,36, gepuffertes Aspirin 1,10 und Aspirin mit magensaftresistentem Überzug (in Deutschland Aspirin protect) 0,92." Die Autoren kommen zu dem verblüffenden und ermutigenden Resultat: „Das Aspirin in den allgemein verwendeten Dosen bei der Behandlung von rheumatoider Arthritis hat ein hervorragendes Sicherheitsprofil und ist das preiswerteste NSAR... Deshalb lassen sich die Bedenken gegen den Einsatz von Aspirin bei der Behandlung von rheumatoider Arthritis nicht so ohne weiteres rechtfertigen."[3]

Aspirin: Feldzug gegen Erkältung und Grippe

Aspirin ist das Allerweltsheilmittel gegen die wichtigsten Symptome der häufigsten Krankheiten: schmerzstillend, fiebersenkend, entzündungshemmend. Diese Hilfe bot die kleine Tablette mit dem Bayerkreuz um die Wende zum 20. Jahrhundert den Medizinern und der Weltbevölkerung an. Man hatte damals keine Ahnung, warum das Mittel diese erstaunliche Wirkung entfaltete, aber man war hochzufrieden, daß es so wirkte.

Zu Beginn des 20. Jahrhunderts hatte die Menschheit ein solches Mittel auch bitter nötig. Die immer weiter zunehmende Mobilität der Menschen - Eisenbahn, Autos und Flugzeuge sorgten für ein immer reibungsloseres Zueinanderfinden der Nationen -, ein weltweiter Handel und wirtschaftliche Verflechtungen ließen die Distanzen zwischen den Kontinenten immer weiter schrumpfen. Diese Veränderung ins neue Jahrhundert hinein hatte auch negative Folgen im Gesundheitsbereich. Mittelalterliche Geißeln wie die Pest gehörten zwar inzwischen der Vergangenheit an, dafür kamen aber neue Epidemien auf und jagten rasanter als je zuvor um den ganzen Erdball. Die Völker waren sich inzwischen ja so nahe gerückt. Die Influenza-Viren schlugen zu. Die spanische Grippe 1918/19 - jeder zweite Weltbürger war daran erkrankt - forderte in einem Jahr weltweit 20 Millionen Todesopfer. Allein in Amerika starben eine halbe Million Menschen. Zwischen 1957 und 1959 grassierte die asiatische Grippe und kostete kaum weniger Menschen das Leben. 1968/69 war es die Hongkong-Grippe, die in Amerika noch 34 000 Menchen, in Deutschland über 20 000 den Tod brachte.

Gegen Viren gibt es bis heute keine wirksamen Medikamente. Um die Jahrhundertwende, als *Aspirin* den Markt eroberte, gab es noch nicht einmal Sulfonamide und Antibiotika gegen bakterielle Infekte - Gerhard Domagk fand das Prontosil erst 1935, und Alexander Flemings Penicillin kam noch später auf den Markt. Mit ASS ließen sich zwar Todesfälle nicht vermeiden, aber die Symptomatik einer Grippeinfektion beträchtlich reduzieren und teilweise durchaus auch Schlimmeres, nämlich durch den viralen Infekt begünstigte Bakterieninfektionen, unterbinden. Wie gesagt, damals kannte man den Wirkungsmechanismus von ASS noch nicht, aber man verfügte bereits über das Mittel, das sich als so hilfreich erwies. Und ASS gilt auch heute noch als das Mittel zur Unterstützung gegen grippale Infekte. Ganz nebenbei: Diese durchschlagende Wirkung in den spektakulären Grippezeiten verhalf dem Medikament ohne Zweifel zusätzlich zu seinem weltweiten Ruhm, allerdings in den Köpfen der Menschen nicht unter dem chemischen Namen, sondern unter dem von Bayer erfundenen Handelsnamen: *Aspirin*, Königin der Salicylate.

Erkältungskrankheiten müssen nicht immer harmlos sein

Erkältungskrankheiten sind an der Tagesordnung. Aus einer Studie, deren Resultat 1995 publiziert wurde, geht hervor, daß von 3297 Personen in den letzten 12 Monaten 80 Prozent zumindest einmal erkältet waren. Besonders Kleinkinder packt es häufig: Sieben bis elf Infekte pro Jahr gelten als Durchschnitt. Schulkinder müssen nur noch mit - statistisch gesehen - fünf Infekten pro Jahr rechnen. Von den befragten Erwachsenen im Alter zwischen 18 und 29 Jahren erinnerten sich 92 Prozent an eine Erkältung pro Jahr. Mit zunehmendem Alter - damit sind die über 50jährigen gemeint - scheint die Anfälligkeit für Erkältungsinfekte zurückzugehen.[4]

Die Symptome einer Erkältung können mannigfach sein, auch der Schweregrad der Infektion. In der erwähnten Untersuchung nannten die meisten als Begleitsymptome Schnupfen, Husten, Mattigkeit, Halsschmerzen, Kopf- und Gliederschmerzen. Als am lästigsten wurden Kopf- und Gliederschmerzen und Schnupfen empfunden.

Was die Behandlung angeht, greifen die meisten Menschen zu bewährten Hausmitteln wie heißer Milch mit Honig, heißem Zitronenwasser oder Erkältungsbädern mit entsprechenden Badezusätzen. Man legt sich ins Bett, ißt bewußt Obst und Gemüse, trinkt viel. Kopfschmerzen bekämpft man mit rezeptfreien Mitteln. 40 Prozent kauften sich in der Apotheke Mischpräparate, der Rest griff zu ASS-Formulierungen.

Was passiert im Körper bei einer Grippeinfektion?

Die Erreger sind Viren, die über Mund und Nase in der Körper gelangen. Die Schleimhäute des Menschen tragen feinste Flimmerhärchen, die eindringende Keime mit kräftigen Bewegungen wieder nach außen zu befördern versuchen. Sind diese äußerst empfindlichen Flimmerhärchen aber durch bestimmte Faktoren - beispielsweise ständiges Rauchen oder das Einatmen kalter Luft - in ihrer Funktion beeinträchtigt, so werden die eingeatmeten Fremdkörper, unter ihnen auch die für die Erkältungserkrankung verantwortlichen Viren, nicht mehr abtransportiert. Die Viren gelangen in den Körper, und so haben sie die Chance, in Körperzellen einzudringen, sich zu vermehren und die Wirtszellen dann zu zerstören.

Das Immunsystem reagiert nun auf diese feindliche Invasion und versucht sie zu beseitigen. Freßzellen und Lymphozyten - die Schutzpolizei des Blutes - zerstören und umschließen die von Viren befallenen Schleimhautzellen. Dabei geben sie Zytokine ab, die ihrerseits die Gewebshormone Histamin (wirkt gefäßerweiternd) und Bradykinin (senkt den Blutdruck und steigert die Kapillardurchlässigkeit) absondern, eine lokale Entzündung des Gewebes bewirken und auf dem Blutweg die Information über die feindlichen Virusattacke in die Schaltstation des Hypothalamus tragen. Das entzündete Gewebe bildet Prostaglandine, und diese erhöhen die Körpertemperatur und rufen die bekannten Symptome wie Müdigkeit und Abgeschlagenheit hervor.

Es muß aber nicht bei der Virusinfektion bleiben. Indem das Flimmerepithel lädiert ist, kann es in der Nachfolge auch Bakterien gelingen, das Hindernis zu überwinden und in tiefere Gewebeschichten einzudringen. So kann plötzlich zum bereits bestehenden Virusinfekt noch eine Bronchitis oder gar Lungenentzündung treten.

Grippeinfekte sind in der Regel zwar von ihrer Symptomatik her lästig und unangenehm, aber nicht lebensbedrohend. Doch man darf solche meist banalen Infekte auch nicht auf die leichte Schulter nehmen. Unter bestimmten Umständen können sie sehr schnell verheerend wirken, wenn der Patient sich in schlechter körperlicher Verfassung befindet, beispielsweise älter ist oder gerade eine schwere Krankheit überstanden oder eine Operation hinter sich hat. Selbst bei jungen und an sich gesunden, kräftigen Menschen, die sich körperlich und psychisch verausgabt haben oder mit Tabak und Alkohol ihr Immunsystem schädigen, kann eine simple Virusgrippe zu einer bösartigen bakteriellen Lungenentzündung eskalieren.

Man sollte auf eine beginnende Erkältungserkrankung nicht mit Panik reagieren und sie sofort überbewerten; man muß sie aber ernst nehmen. Das amerikanische *Center for Disease Control* in Atlanta schätzt, daß sich in Deutschland rund 8 Millionen Menschen im Jahr mit bekannten Grippeviren infizieren. Und immerhin erkrankt 1 Prozent davon so schwer, daß eine stationäre Behandlung nötig ist. Und von diesem einen Prozent Patienten sterben immerhin 8 Prozent an den Folgen dieser Infektion, beispielsweise einer bakteriell verursachten Lungenentzündung.[5]

Weil Erkältungskrankheiten mit vielfältigen Symptomen aufwarten, hat die Pharmaindustrie eine Reihe von Mischpräparaten entwickelt, die via Werbung als Erkältungsmittel angepriesen werden. Diese frei verkäuflichen Medikamente enthalten Koffein, Ephedrin, antiallergisch wirkende Substanzen oder Chinin. Diese Wirkstoffe sind sicher in der Lage, die einzelnen Symptome zu reduzieren. So wirkt Chinin fiebersenkend, Koffein kann wie eine Tasse starker Kaffee Kopfschmerzen lindern, und Mittel gegen Allergien können eine laufende Nase beruhigen. Die meisten Mediziner halten von diesem Bombardement mit mehreren Wirkstoffen jedoch nur noch wenig. Sinnvoller erscheint es, das Übel mit einem einzigen Wirkstoff an der Wurzel zu bekämpfen, beispielsweise mit der alten Acetylsalicylsäure.

Mit ASS gegen die Erkältung

Wie und warum das funktioniert, zeigt der Mechanismus der ASS: Die Virusinfektion veranlaßt den Organismus, Prostaglandine und Leukotriene zu bilden, indem die von den Viren angegriffenen Körperzellen Fettsäuren absondern. Prostaglandine sind die Mediatoren, also die Vermittler, des Entzündungsprozesses, und dieser wiederum ruft eine erhöhte Körpertemperatur (Fieber), Schmerzen und ein allgemeines Krankheitsgefühl hervor.

ASS verhindert nun sehr wirkungsvoll die Prostaglandinbildung, womit auch die meisten Symptome einer Erkältungserkrankung unterbunden sind – aber eben nur die meisten, nicht alle. Diese Einschränkung bedeutet, daß auch ASS nicht die gesamte Symptomatik einer Erkältung wegzaubern kann. Der Grund: Außer Prostaglandinen entstehen noch andere Mediatoren im Infektionsprozeß, die durch die ASS nicht blockiert werden. Doch die ASS schafft es zumindest, den größten Teil der Mediatoren nachhaltig zu neutralisieren und dämpft so wesentlich die vielfältigen Symptome einer solchen Infektion. Das Immunsystem selbst sorgt in der Zwischenzeit dafür, daß die Eindringlinge schachmatt gesetzt werden. Dem Patienten geht es bald wesentlich besser, weil er nur noch unter geringen Symptomen zu leiden hat.

Um Schmerzen und Fieber bei einer Erkältungserkrankung effizient zu behandeln, empfiehlt sich bei erwachsenen Personen eine Einzeldosis von 500 bis 1000 mg ASS. Die Tageshöchstdosis sollte 3000 mg nicht überschreiten.

Übrigens kann man seinen Körper durch eine ganze Reihe von Maßnahmen kräftig bei der Bewältigung der Infektion unterstützen. So sollte man große Mengen Flüssigkeit zu sich nehmen, damit der Schleim im Respirationstrakt flüssig bleibt, um weitere Viren und vor allem Bakterien zu umhüllen und dann aus dem Körper zu befördern. Bekommt der Organismus nicht genügend Flüssigkeit, trocknen die Schleimhäute aus, und Viren und Bakterien können zur Schleimhaut einen innigen Kontakt herstellen und sich dort möglicherweise ansiedeln und vermehren.[6]

Ein harmloses Mittel gegen Operationsschmerzen

In der Regel finden nichtsteroidale Analgetika, so beispielsweise die ASS, in der Klinik nach operativen Eingriffen selten Anwendung. Und dies, obwohl viele Mediziner die Wirkungsqualität der ASS mit der von Opioiden vergleichen, also mit sehr kräftig schmerzstillenden Wirksubstanzen. Der Grund ist das Vorurteil, daß ein rezeptfreies und relativ harmloses Schmerzmittel wie die Acetylsalicylsäure bei ernsthaften Schmerzen wie denen nach einer Operation nicht wirksam genug sein könne. Gerne wird dann auch noch die erhöhte Blutungsgefahr bei Einnahme von ASS ins Feld geführt.

Es soll auch schon Patienten gegeben haben, die die Einnahme von ASS zur Behebung ihrer postoperativen Schmerzen mit dem Hinweis ablehnten, das Mittel sei doch für solche gravierende Schmerzen zu schwach und harmlos!

Eine bereits sieben Jahre alte Untersuchung an 100 Patienten, die sich einem orthopädischen oder unfallchirurgischen Eingriff unterziehen mußten, erbrachte, daß die Injektion von ASS im Vergleich zu dem Opioid Pentazocin einen ebenso guten schmerzstillenden Effekt hatte. Schon fünf Minuten nach der Injektion nahmen die Schmerzen beträchtlich ab. Die Schmerzunempfindlichkeit dauerte zwischen drei und vier Stunden! Nur wenige Patienten verlangten eine zweite Injektion oder waren mit der Wirkung der Injektion nicht ganz zufrieden. ASS schnitt nicht schlechter ab als das als stärker geltende Pentazocin! Und es waren auch keine Blutungskomplikationen zu beobachten. Letzteres wohl deshalb, da die ASS ja direkt in die Blutbahn gespritzt wurde, also die Magenschleimhaut nicht beschädigen konnte.[7]

„Zur postoperativen Analgesie eignete sich ASS besonders", resümierte der Chirurg M. Zenz aus Bochum, „wenn Eingriffe an den Weichteilen vorgenommen wurden, aber auch bei septischen Eingriffen und in der Knochenchirurgie wie auch bei chirurgischen Eingriffen im unteren Bauchraum, zum Beispiel bei gynäkologischen Operationen."[8]

ASS bei chronischen Schmerzen

Dem Laien mag es fast unglaublich vorkommen, es entspricht aber dem Tatbestand: Auch dort, wo mit schwersten Schmerzen zu rechnen ist, in der Schmerztherapie bei Krebskranken, wird die ASS eingesetzt. Die Substanz eignet sich für Patienten mit Knochenmetastasen, Entzündungen, Weichteiltumoren und soliden Tumoren.

Bei gravierenden Schmerzen muß das Mittel allerdings sehr hoch dosiert werden. Eine Dosis unter 4000 mg ist zuwenig, aber über 6000 mg darf auch nicht gegangen werden wegen möglicher Nebenwirkungen. Patienten mit empfindlichem Magen oder bereits bestehenden Magengeschwüren sollten möglichst keine ASS-Präparate erhalten. In diesen Fällen greift man zu Metamizol oder Paracetamol, wobei das eine oft allergische Reaktionen auslöst, das andere unter Umständen die Leber schädigt.

ASS gehört zu den Grundpfeilern der Onkologie. Bewährt hat sich die ASS beispielsweise bei Knochenkrebs. „Wir wissen", so Prof. Dr. med. M. Zimmermann aus Heidelberg, „daß bei Knochenmetastasen vermehrt Prostaglandine ausgeschüttet werden. Und wir vermuten, daß dies eine der Schmerzursachen ist. Deshalb sind alle Medikamente, die einen entzündungshemmenden Effekt haben, bei Knochenschmerzen indiziert. Dazu gehört auch Acetylsalicylsäure. Dieses analgetische Potential muß man ausnutzen. Man kann einen Patienten mit Knochenmetastasen über eine lange Periode mit dieser Substanz ausreichend schmerzfrei bekommen."[9]

ASS als Katerkiller

Krankheit ist es keine, doch wer an einem Kater leidet, fühlt sich sehr elend: Vom leichteren Druckgefühl im Kopf bis zu kräftigen Kopfschmerzen, Übelkeit und Brechreiz, Schwindel, Durstgefühl, Gliederschmerzen – das sind die herkömmlichen Symptome. Großes Erbarmen bräuchte man eigentlich mit Katerpatienten nicht zu haben, denn ihre Unpäßlichkeit haben sie sich selbst zuzuschreiben, einem in der Regel exzessiven Alkoholgenuß. Übermäßiger Alkoholgenuß bewirkt, daß die Nieren die ganze Nacht über auf Hochtouren laufen und sehr viel Flüssigkeit ausscheiden müssen. Und mit dieser Flüssigkeit werden natürlich auch übermäßig viele Mineralstoffe ausgeschwemmt. Der Alkohol weitet zusätzlich die Adern im Gehirn, und das schmerzt fast wie bei einer Migräneattacke. Der Magenschleimhaut setzt Alkohol natürlich ebenfalls mächtig zu.

Kein Mensch leidet gerne unter solchen Qualen, deshalb sucht man immer nach Abhilfe, eine Katerphase abzukürzen oder wenigstens zu lindern. Hausmittel gibt es genügend, manche taugen etwas, andere nur, wenn man daran glaubt. Daß der Alkoholsünder dank seines natürlichen Durstgefühls ein Glas Wasser nach dem anderen in sich schüttet, bewirkt automatisch die Natur, und dies völlig zu Recht, denn der Körper muß den Flüssigkeitsverlust wieder ausgleichen. Sinnvoll sind natürlich mineralstoffreiche Wässer, mit viel Hydrogenkarbonat und Natrium. Der berühmt-berüchtigte Salzhering, die Essiggurken oder die salzige Bouillon wirken in der gleichen Richtung, nämlich mineralstoffergänzend. Orangen- oder Grapefruitsaft und Kiwis gelten als Geheimwaffe gegen Katerleiden, weil sie dem Körper Vitamin C zuführen, und dies ist in einer solchen Regenerierungsphase nicht verkehrt. Gegen Kopfschmerzen freilich hilft nur ein Kopfschmerzmittel, beispielsweise die altbewährte Acetylsalicylsäure.

Katerprofis wissen, was man am nächsten Morgen einnimmt: eine ganz bestimmte Brausetablette, die als einzigartiger Katerkiller gilt, und dies seit mehr als sechs Jahrzehnten: *Alka-Seltzer*. Es soll Messeaussteller geben, die ihren Kunden morgens dezent eine Schale mit einzeln verpackten *Alka-Seltzer*-Tabletten hinstellen...

Hinter dem Warenzeichen *Alka-Seltzer* verbirgt sich nichts anderes als eine Brausetablette aus ASS, Natriumhydrogenkarbonat und Zitronensäure. Die Wirkung ist genial und einfach. Die ASS hemmt - wie bereits bekannt - die Prostaglandinsynthese und senkt die Schmerzempfindlichkeit der Nozizeptoren. Damit sind Kopf- und Gliederschmerzen bald beseitigt. Das Natriumhydrogenkarbonat bewirkt nicht nur, daß sich die Tablette sprudelnd auflöst und angenehm zu trinken ist, sie sorgt auch dafür, daß die ASS-Lösung vom Magen gut vertragen wird und vor allem die Magensäure puffert, also abschwächt: eine Wohltat für den alkoholgeschädigten Magen! (*Alka-Seltzer* wird deshalb im Ausland gerne auch als Antazidum - also magensäurebindendes Mittel - eingenommen.)

Alka-Seltzer wurde von der amerikanischen Pharmafirma Miles Laboratories in Elkhart, Indiana, 1931 „erfunden". Der damalige Chairman Andrew H. Beardsley besuchte die Lokalzeitung und stellte beiläufig mit Erstaunen fest, daß der Krankenstand der Setzer fast bei Null lag, obwohl eine schwere Grippeepidemie in seiner eigenen Firma unzählige Mitarbeiter ins Bett gezwungen hatte. Chefredakteur Tom Keene erzählte Beardsley stolz von seinem Hausmittel, mit dem er seine Belegschaft in solchen Grippezeiten gesund über die Runden brachte: Er ließ für alle eine Art heiße Zitronenlimonade brauen, in die simples Backpulver (Natriumhydrogenkarbonat) und ASS gemischt wurden. Beardsley hatte ein gutes Gespür für mögliche Erfolgsprodukte und merkte sich das Rezept. Sein Chefchemiker bastelte daraus eine Tablette: *Alka-Seltzer* war geboren.

Das Mittel wurde mit raffiniertem Marketing und einer enormen Werbung auf den Markt gebracht, eigentlich zuerst als Allerweltsheilmittel gegen Erkältungskrankheiten. Später entdeckte man weitere Indikationsfelder wie beispielsweise die Folgen einer alkoholdurchzechten Nacht. Nachdem der erste ASS-Hersteller Bayer 1978 die Firma Miles aufkaufte, gehört *Alka-Seltzer* heute nun auch zur großen ASS-Familie unter dem Bayerkreuz.

Alka-Seltzer ist im Grunde genauso ein ASS-Präparat wie alle anderen ASS-Produkte, es ragt nur durch seine spezielle Aufbereitung mit Natriumhydrogenkarbonat hervor und wirkt dadurch besonders magenfreundlich. Eine Tablette enthält relativ wenig ASS, nämlich nur 324 mg, weshalb bei Kopfschmerzen und Schmerzen allgemein mindestens zwei Tabletten eingenommen werden sollten, um den schmerzstillenden Effekt zu bewirken. Als Dosierung nennt Bayer als Einzeldosis zwei Tabletten, als Tageshöchstdosis acht Tabletten.

Im Prinzip könnte man die *Alka-Seltzer*-Tabletten auch bei allen anderen Anwendungen mit bewußt niedriger ASS-Menge – beispielsweise bei der Infarktprophylaxe – einsetzen, zumal sie durch ihre Darreichungsform magenfreundlich sind und ihr Wirkstoff den Magen auch rasch passiert.

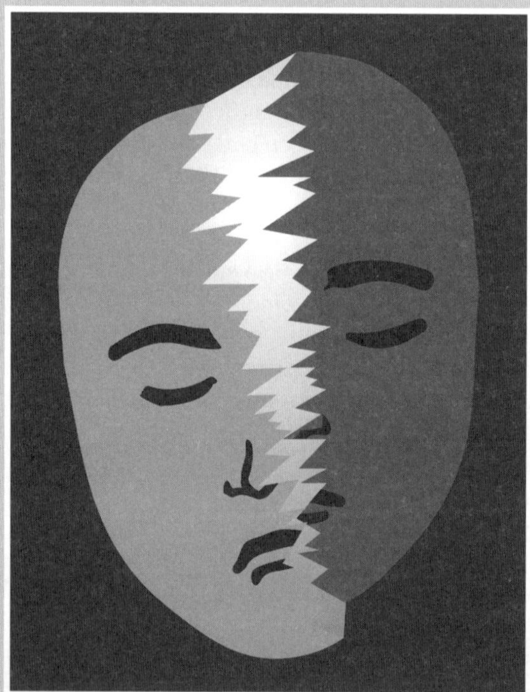

4

Rasche Hilfe gegen Kopfschmerzen

Der eine leidet nur hin und wieder darunter, dem anderen machen sie das Leben zur Hölle: Kopfschmerzen, das Leiden mit den vielen Gesichtern. Die „Kreissäge im Kopf“ kann sehr verschiedene Ursachen haben: Erkrankungen an Augen, Ohren oder Stirnhöhle zum Beispiel, einen Unfall oder einfach nur einen grippalen Infekt oder eine durchzechte Nacht. In vielen Fällen steckt die berüchtigte Migräne dahinter, häufig ist auch der Spannungskopfschmerz. In diesem Kapitel erfahren Sie, wann man seine Kopfschmerzen selbst behandeln kann und was es dabei zu beachten gilt.

Die wenigsten Menschen gehen wegen Kopfschmerzen - auch solchen, die keine Bagatelle mehr zu sein scheinen - zum Arzt. Man behandelt sich lieber selbst, vielleicht mit einem Eisbeutel auf dem Kopf oder einem Spaziergang in frischer Luft, dies freilich recht selten, denn in der Regel sucht man die Rettung kurzerhand in der Apotheke, wo man einfach ein Kopfschmerzmittel kauft.

Gegen diese Selbstbehandlung ist im Prinzip auch nichts einzuwenden - vorausgesetzt, daß sie funktioniert und der Patient dabei keinen Schaden nimmt.

Das Problem der Selbstbehandlung kann aber darin liegen, daß viele Menschen, die unter Kopfschmerzen leiden, über Ursachen und Art ihres Leidens nur wenig wissen und daher nur vermuten können, was dahintersteckt. So kann die Selbstbehandlung unter Umständen auch Schaden anrichten.

Kopfschmerzen können aber auch eine Krankheit sein, und da ist mit einer Selbstbehandlung wenig auszurichten, die nur darin besteht, irgendein Kopfschmerzmittel einzunehmen und eventuell sogar die Dosis nach eigenem Ermessen zu steigern, wenn das Mittel nicht gleich wirkt und die Schmerzen vertreibt.

Die Medizin unterscheidet zwischen primären und sekundären Kopfschmerzen - das heißt solchen, die auf eine akute Erkrankung hinweisen, sozusagen also nur Begleitmusik zu einem ganz anderen organischen Problem sind. Es gibt viele mögliche Ursachen: So können Kopfschmerzen beispielsweise Folge einer Kopfverletzung durch einen Unfall sein oder durch einen Hirntumor oder eine Erkrankung der Blutgefäße des Gehirns entstehen. Erkrankungen der Augen, Zähne und der Kiefer- oder Stirnhöhle oder der Ohren können ebenfalls Kopfschmerzen hervorrufen. Ebenso natürlich auch ein weitgreifender Störfall im Körper durch eine Infektion mit Fieber. Die primären Kopfschmerzen haben keine solche auslösende Ursache. Sie sind selbst das Problem. Zu dieser Gruppe rechnet man die gefürchtete Migräne, den lästigen Spannungskopfschmerz und den - freilich sehr seltenen - Cluster-Kopfschmerz.

Für den Patienten selbst ist es nicht einfach, seinen Kopfschmerz der richtigen Gruppe zuzuordnen. Leidet man unter einer Infektion oder hat man einen Unfall hinter sich, läßt sich die Ursache des Kopfschmerzes schon eher darauf zurückführen. Ob hinter den Schmerzen aber eine andere Erkrankung steht, vielleicht ein erhöhter Augendruck oder eine Stirnhöhlenvereiterung, merkt der Patient selbst nicht. Deshalb ist es notwendig, die Ursachen beim Arzt abklären zu lassen. Unumgänglich ist dies, wenn man regelmäßig unter unerklärlichen Kopfschmerzen leidet.

Welche Kopfschmerzarten kennt man?

Primäre Kopfschmerzen

- Migräne
- Spannungskopfschmerz
- Cluster-Kopfschmerz

Sekundäre Kopfschmerzen

- Kopfschmerzen bei Kopfverletzungen
- Kopfschmerzen bei Blutgefäßerkrankungen
- Kopfschmerzen bei nichtgefäßbedingten Hirnerkrankungen
- Kopfschmerzen bei Allgemeininfektionen
- Kopfschmerzen bei Erkrankungen von Kopf- und Gesichtsstrukturen (z. B. Trigeminus-Neuralgie)
- Kopfschmerzen durch Kopfschmerzmittel bzw. deren Entzug

Wann man zum Arzt gehen sollte

Wenn Sie gelegentlich unter leichten Kopfschmerzen leiden, die sich auch nur als geringfügiges Druckgefühl im Schädel äußern, und Sie zudem den Anlaß zu kennen glauben – ein Wetterumschwung, eine lange feuchtfröhliche Nacht, ein beginnender Schnupfen oder ein stressiger, arbeitsreicher Tag –, dann brauchen Sie keine Bedenken zu haben. Unter Umständen reicht es, wenn Sie eine Tasse Kaffee trinken, joggen oder einfach einmal ausspannen und an die frische Luft gehen.

Nehmen Sie aber hartnäckige Kopfschmerzen nicht auf die leichte Schulter! Wenn Sie sich dabei ertappen, daß Sie immer öfters zu einer Kopfschmerztablette greifen, ist das ein Alarmzeichen. Kopfschmerzen nach einem Unfall, bei dem womöglich der Schädel verletzt wurde, vielleicht auch ohne äußere Verletzungsmerkmale, sollten Sie veranlassen, sofort einen Arzt aufzusuchen. Experimentieren Sie keinesfalls auf eigene Faust mit Kopfschmerzmitteln und dem beruhigenden Gedanken herum, daß sich mit der Zeit schon alles in Wohlgefallen auflösen wird.

Kopfschmerzen in Verbindung mit Nackenschmerzen, hohem Fieber, Abgespanntheit und Müdigkeit sollten Sie auch nicht selbst zu kurieren versuchen. Dies gilt besonders dann, wenn noch weitere Symptome hinzukommen wie Gefühlsstörungen, Schwindel, Seh- und Sprachstörungen, Lähmungserscheinungen. Oder wenn es Ihnen zusätzlich übel ist und Sie sich erbrechen müssen.

In all solchen Fällen liegt der Verdacht nahe, daß die Kopfschmerzen auf eine andere und womöglich ernsthafte Erkrankung hinweisen, die einer sofortigen Abklärung und Behandlung bedarf. Kopfschmerzmittel beseitigen nur den Schmerz, jedoch nicht die Ursache der Erkrankung, für die die Schmerzen nur ein Alarmsignal sind.

Grundsätzlich gehören alle Kopfschmerzen, die ungewohnt sind, plötzlich auftreten und zunehmen und auch nach längerer Zeit nicht verschwinden, in ärztliche Behandlung.

Selbst wenn man Kopfschmerzen an sich nicht als besonders stark empfindet, diese aber langsam zu einem ständigen Begleiter werden und noch andere körperliche Veränderungen dazukommen (Gewichtsverlust, Konzentrationsstörungen, psychische Veränderungen), ist der Gang zum Arzt unausweichlich. Kopfschmerzen, die neu auftreten und sich nicht mit den üblichen Befindlichkeitsstörungen erklären lassen, sollten besonders Menschen ab dem 40. Lebensjahr ernst nehmen.

Aber auch für den Mediziner ist es nicht immer so einfach, möglichen organischen Schäden auf die Spur zu kommen, die Kopfschmerzen verursachen. Vielleicht hängt dies mit der Spezialisierung unserer Medizin zusammen. Wer mit Kopfschmerzen beispielsweise zum Orthopäden geht, wird hören, daß die Ursache seines Problems in der Halswirbelsäule liege. Das können Verletzungen oder Irritationen der Halswirbelsäule sein oder rheumatische Erkrankungen, die aber wiederum nicht so leicht faßbar sind. Massagen, eine chiropraktische Behandlung oder schmerz- und entzündungshemmende Medikamente könnten die empfohlene Therapie sein. Der Augenarzt dagegen wird eine Erklärung darin sehen, daß sich das Sehvermögen verschlechtert habe und das Auge deshalb überanstrengt sei. Eine neue Brille würde also Problem und Schmerzen beseitigen. Der Zahnarzt kann mögliche Ursachen in beschädigten Zähnen oder einer anomalen Bißstellung vermuten. Aber dies sind noch lange nicht alle Anhaltspunkte, um einen sekundären Kopfschmerz zu erklären.

Es ist keine Seltenheit, daß Kopfschmerzen hartnäckig bestehenbleiben, obwohl alle möglichen Fachärzte die aus ihrer Sicht relevanten Probleme ausgeschlossen oder durch eine Behandlung behoben zu haben meinen. Oft wissen sich Ärzte dann auch nicht anders zu helfen als derjenige Patient, der ihre Hilfe erst gar nicht in Anspruch nimmt: Sie verschreiben dem geplagten Patienten ein Kopfschmerzmittel.

Im Grunde ist dies dann der Weg, den viele Patienten ohne Arzt selbst beschreiten. Freilich ist das oft nicht wirkungsvoll und sogar gefährlich. Wirken Tabletten nämlich nicht oder immer weniger, so steigern die Patienten oft eigenmächtig die Dosis. Das wiederum katapultiert sie in einen Teufelskreis: Kopfschmerzmittel können nämlich auch Kopfschmerzen auslösen! Die Medizin spricht dabei vom Kopfschmerzmittel-Kopfschmerz oder vom durch Kopfschmerzmittel induzierten Kopfschmerz.

Häufig ist eine Diagnose unumgänglich

Um die Qual eines Migräneanfalls oder der Kopfschmerzen vom Spannungstyp wirkungsvoll und rasch zu beseitigen, muß man zuerst genau wissen, unter welcher Art von Kopfschmerz man denn überhaupt leidet.

Die Kopfschmerzforscher Marianne Petersen-Braun und Hartmut Göbel untersuchten 1994 in einer Studie das Selbsttherapieverhalten von 470 Patienten, die unter Migräne litten.

68 Prozent dieser Patienten hatten noch nie einen Arzt wegen ihrer Probleme aufgesucht. Dabei waren bei 60 Prozent von ihnen die Gesundheitsstörungen immerhin so schwerwiegend, daß sie während ihrer Schmerzattacken nicht arbeiten konnten und sogar bettlägerig waren. „19 Prozent der Patienten“, so eine Zusammenfassung der Studie, „versuchen die Kopfschmerzen mit physikalischen Maßnahmen wie kalten Kompressen oder Massagen zu bekämpfen, 5 Prozent reiben pflanzliche Öle ein, und nur 3 Prozent der Patienten können auch während der Kopfschmerzen ungestört ihre tägliche Routine ausführen.“[1] Die Mehrzahl der Patienten hat keine Ahnung, welches Medikament für sie das richtige ist. Der Rest holt sich Informationen bei Bekannten und dem Apotheker, gelegentlich auch aus Presseartikeln.

Die Studie kommt zu dem traurigen Schluß, daß die große Mehrheit der unter Migräne leidenden Patienten noch immer nicht weiß, wie man das Problem in den Griff bekommen kann.

Vom Unsinn der Kombinationspräparate

Selbstmedikation gilt bei Kopfschmerzpatienten als die Regel. Geleitet werden sie dabei mehr oder weniger vom Zufall, der Empfehlung eines Apothekers oder auch der Pharmawerbung. Leider greifen viele auf diese Weise immer noch zu Präparaten, in denen mehrere Substanzen kombiniert sind.

Solche Kombinationspräparate sind, wie später noch aufgezeigt werden wird, ein großes Problem. Über zwei Drittel der Patienten, die unter Migräne leiden und nicht zum Arzt gehen, greifen zu rezeptfreien Kopfschmerzmitteln. Die meisten Patienten haben aber von der Ursache ihrer Migräne oder ihres Spannungskopfschmerzes nur ungenaue Vorstellungen. Das bedeutet, daß sie bestimmte Kopfschmerzmittel, die an sich helfen, unter Umständen nicht richtig dosieren und damit auch nicht die gewünschte Wirkung erzielen. So wissen sie oft auch nicht, daß bei Migräneattacken das Schmerzmittel mit einem Medikament gegen Übelkeit, einem Antiemetikum, kombiniert werden muß, damit der Organismus durch eine Stabilisierung des Magen-Darm-Traktes überhaupt erst in die Lage versetzt wird, dieses Mittel in ausreichender Menge und innerhalb kurzer Zeit aufzunehmen und wirken zu lassen.

Wie entstehen Kopfschmerzen?

Der Schmerz ist eine Signaleinrichtung des menschlichen Körpers, ohne die er nicht existieren könnte.

Das periphere Nervensystem ist über den gesamten Organismus verstreut und sammelt über freie Nervenendigungen (sogenannte Schmerzrezeptoren oder Nozizeptoren), die in der Haut, in Muskeln, Knochen, Blutgefäßen und den inneren Organen liegen, ständig Informationen über Vorgänge innerhalb und außerhalb des Körpers, ganz gleich, ob es sich um Entzündungen oder Verletzungen der Haut oder der Muskeln, Knochen, Gelenke und Organe handelt. Alle Veränderungen – also mechanische, thermische oder elektrische Reize – werden sekundenschnell von den Nozizeptoren über das Rückenmark ins Gehirn geleitet.

Dabei fungiert der Thalamus, ein Teil des Zwischenhirns, als Kontrollstation der Schmerzinformationen. Hier wird entschieden, wie die

Schmerzimpulse weitergeleitet werden: als leichtere, gedämpfte Schmerzen etwa oder als heftige. Die Schmerzimpulse können auf ihrem Weg zum Großhirn aber nicht nur durch den Thalamus verändert werden. Sie durchlaufen vorher schon mehrere Schleusen, durch die die Schmerzreize verstärkt oder abgeschwächt werden. Im Gehirn werden die Schmerzimpulse dann ins Bewußtsein gehoben.

Der Sinn dieses Systems ist klar: Wird der Körper an irgendeiner Stelle beschädigt, muß dem Gehirn dieses Problem bewußt werden, damit es eine Gegenmaßnahme einleiten kann. Über die ableitenden Nervenfasern des Rückenmarks werden die Impulse des Gehirns zur Gegenreaktion beispielsweise an die Muskulatur geschickt. Wer den Finger in eine Kerzenflamme steckt und deshalb verbrennt, empfindet sofort einen Schmerz, der ihn veranlaßt, den Finger sekundenschnell aus der Flamme zurückzuziehen.

In gewissen Grenzen läßt sich ein Schmerz auch durch das Bewußtsein beherrschen - es kann gleichsam seine Intensität herunterspielen. (So kann es zum Beispiel mit Hilfe meditativer Techniken durchaus gelingen, krankheitsbedingte Schmerzen ohne Medikamente weitgehend auszuschalten.)

Der Organismus verfügt über zwei grundsätzliche Schmerzqualitäten, einen blitzschnell auftretenden, grellen, gut lokalisierbaren Oberflächenschmerz und einen langsameren, aber dafür auch länger anhaltenden, dumpfen, bohrenden Schmerz in der Tiefe, der nicht exakt zu orten ist. Beide Schmerzimpulse laufen über verschiedene Nervenbahnen: die schnellen Impulse über dicke, markhaltige A-Delta-Fasern mit einer Geschwindigkeit von 15-20 Metern pro Sekunde, die langsameren über dünne, marklose C-Fasern mit einer Geschwindigkeit von 0,5-2 Metern pro Sekunde.

Umgekehrt kann es auch passieren, daß das Nervensystem dem Gehirn Schmerzen signalisiert, obwohl es dafür keinen Anlaß gibt. Am deutlichsten wird dies bei sogenannten Phantomschmerzen, das heißt, daß man an der Stelle eines amputierten Gliedes Schmerzen empfindet.

Das Gehirngewebe selbst ist zwar nicht schmerzempfindlich, sehr wohl aber die Gehirnhäute und die Blutgefäße des Gehirns, denn diese sind mit Nervenfasern versorgt. Kommt es beispielsweise zu einer Beschädigung des Gehirns durch einen Unfall, oder erkranken die Blutgefäße des Gehirns, so signalisieren die Nervenenden dieses Ereignis direkt dem Gehirn.

Das Übel wird nicht konsequent beseitigt

Nur die wenigsten Menschen nehmen ihre Kopfschmerzen aber so ernst, daß sie sich in ärztliche Behandlung begeben. Offenbar hilft man sich in den meisten Fällen lieber selbst.

Wegen jeder Art von Kopfschmerzen freilich gleich zum Arzt zu gehen wäre volkswirtschaftlich Unsinn und vom Gesundheitswesen nicht zu leisten. Aber selbst bei schwerwiegenderen Kopfschmerzen finden nur die wenigsten Patienten den Weg in eine ärztliche Praxis. Das mag damit zusammenhängen, daß Kopfschmerzen allgemein als eine Störung der Befindlichkeit, jedoch nicht als Krankheit angesehen werden. Und so schert man alle Kopfschmerzen über einen Kamm. Man fragt Familienmitglieder oder Freunde und Bekannte, was man denn gegen den Kopfschmerz tun könne. Vielleicht geht man auch in eine Apotheke und verlangt ein Mittel dagegen. Wenn der Apotheker kein guter Berater ist, schiebt er eines der unzähligen Präparate über die Theke und überläßt dem Patienten sogar die Dosierung: Sie stehe ja auf dem Beipackzettel.

Unter solchen Voraussetzungen kann sich ein Patient kaum erfolgreich selbst behandeln. Er muß genau wissen, welche Art von Kopfschmerzen ihn plagen. Er muß sich über die charakteristischen Symptome klarwerden, um zu wissen, ob es sich um Migräne handelt oder nicht. Dies ist für die Behandlung, gerade auch die Selbstbehandlung, von entscheidender Bedeutung. Aus diesem Grund wollen wir die beiden wichtigsten Kopfschmerzarten – die Migräne und den Kopfschmerz vom Spannungstyp – mit ihren charakteristischen Symptomen beschreiben.

Migräne

Unter Migräne versteht man eine ganz bestimmte Art von Kopfschmerzen, die auf keine konkrete Beschädigung des Gehirns zurückzuführen ist. Eine Migräneattacke trägt unverkennbar typische Symptome. Charakteristisch ist auch der Verlauf der Krankheit.

„Erfahrene" Migräniker wissen, wann ein erneuter Anfall bevorsteht: Die Krankheit setzt sehr langsam, beinahe behutsam ein. Wenige Stunden bis zwei Tage vor Beginn des Anfalls tauchen die typischen Vorboten der Migräne auf. Der Patient beginnt sich anders zu fühlen: Seine Leistungsbereitschaft ist etwas vermindert, er fühlt sich müde, abgeschlagen, oft sogar reizbar, ja geradezu aggressiv. Oder er empfindet ein gewisses Hochspannungsgefühl oder eine unerklärliche Euphorie. Manche Menschen verspüren plötzlich die Lust, Süßigkeiten in sich hineinzuschaufeln. Der Kopf ist schwer; vielleicht tauchen bereits erste leichte Kopfschmerzen auf. Das Gewebe der Hände oder Füße kann leicht geschwollen sein.

Manche Migräniker erleben vor Eintritt der eigentlichen Schmerzphase neurologische Empfindungsstörungen, die der Mediziner als Aura bezeichnet. In der Regel halten diese bis zu einer Stunde an. So können die Patienten plötzlich in den Fingern ein leises Kribbeln verspüren, das sich dann weiter ausbreitet. Dies kann sich bis zu einem Taubheitsgefühl oder gar zu Lähmungserscheinungen ausweiten. Meistens hat man diese Empfindungen nur in einer Körperhälfte. Selbst leichtere Sprachstörungen werden beobachtet. Die häufigste und damit für die Migräne typischste Form der Sehstörungen sind sternförmige Figuren in der Nähe des Blickpunktes, blinde Flecken (Skotome), die innerhalb von 20 Minuten größer werden und sich zum Blickrand hin ausbreiten. Der Patient kann auch unter Flimmersehen leiden oder Doppelbilder wahrnehmen.

Jetzt beginnt die Schmerzphase: meistens ein einseitiger Kopfschmerz, der beim nächsten Anfall aber durchaus auf die andere Seite wechseln kann, bohrend, pulsierend, hämmernd, drückend. Der Schmerz wird nicht punktuell empfunden, sondern großflächig im Bereich von Schläfen und Stirn und in Nacken und Hinterkopf. Von Minute zu Minute verstärkt sich dieser Schmerz und kann ein Ausmaß erreichen, das für den Patienten unerträglich ist.

Nicht nur wegen dieser überaus starken Schmerzen ist die Migräne eine äußerst gravierende Erkrankung, auch die restlichen Begleiterscheinungen können einem das Leben zur Hölle machen: Magen und Darm spielen verrückt; die Patienten leiden unter heftiger Übelkeit, Erbrechen, Durchfällen, Verstopfung, Harndrang. Füße und Hände sind schlecht durchblutet und fühlen sich unangenehm kalt an. Das Gesicht ist blaß und fahl. Es besteht eine große Licht-, Lärm- oder Geruchsempfindlichkeit und allgemeine Reizbarkeit. Oft verträgt der Migräniker es nicht einmal, wenn man seine Haut leicht berührt oder streichelt. Die geringste körperliche Anstrengung verstärkt diese Pein.

Diese Krankheitssymptome können derart heftig ausgeprägt sein, daß sich die Patienten in ein abgeschiedenes, dunkles Zimmer zurückziehen müssen und für Arbeit und Alltag gänzlich ausfallen. Nach einer Zeitspanne zwischen vier Stunden und drei Tagen verschwinden die Symptome gänzlich.

An diese Bilderbuchbeschreibung muß sich eine Migräne freilich nicht halten. Manche Patienten erleben keine Aura, sondern nur die heftige Schmerzphase, andere wiederum kennen ausschließlich die neurologischen Ausfälle der Aura und werden dafür von jeglicher Art von Schmerzen verschont. Ebenso kann sich die Auraphase länger als typisch hinziehen, manchmal bis zu einer Woche, oder einer Schmerzattacke folgt nach einer nur kurzen schmerzfreien Phase die nächste.

Es gibt noch einen weiteren Faktor, der nur für den Migränekopfschmerz gilt: Einer Migräneattacke gehen in der Regel ein ganz bestimmter oder auch mehrere Auslöser voraus. Migräniker kommen diesen ursächlichen Lebensumständen im Lauf der Zeit meist ganz gut auf die Schliche und bemühen sich dann natürlich, bekannte Auslöser zu vermeiden, um sich so die Migränepein zu ersparen.

Auslösefaktoren können ein Wetterumschwung sein, Streß oder Schlaf, wobei sowohl ein Zuwenig als auch ein Zuviel an Schlaf ausschlaggebend sein kann. Bei Frauen kommen auch oft Hormone mit ins Spiel: So besteht bei manchen Frauen ein Zusammenhang zwischen Periode und Beginn einer Migräne, was offenbar mit dem Abfall des weiblichen Geschlechtshormons Östrogen zusammenhängt. Alkohol und Genußmittel wie Schokolade, Käse oder Zitrusfrüchte gelten ebenfalls als bekannte Migränestarter. Auch Wurst- und Fleischwaren können einen Migräneanfall in Gang setzen; schuld daran sind Nitrite, die bei diesen Nahrungsmitteln als Konservierungsstoffe verwendet werden. Man könnte diese Liste noch weiter fortsetzen, denn es kommen auch ganz individuelle Auslöser in Frage; manchmal wirken auch verschiedene Faktoren zusammen. Und schließlich mag auch der Lebensstil eines Menschen mit für die Migräne verantwortlich sein.

Wie entsteht die Migräne?

Über die Entstehung der Migräne ist sich die Wissenschaft nicht einig. Es existiert eine Reihe von Theorien, von denen sich drei bis heute in der Diskussion gehalten haben. Wahrscheinlich sind alle Theorien richtig: Die Migräne scheint einmal mehr nach diesem, einmal mehr nach jenem Mechanismus abzulaufen.

Die erste – die vaskuläre Theorie – besagt, daß die Migräneattacken auf eine Erkrankung der Blutplättchen zurückgehen. Wenn es zu einem

Anfall kommt, setzen die Blutplättchen vermehrt Serotonin frei. (Das ist ein Neurotransmitter, das heißt ein chemischer Botenstoff, der an der Übertragung von Nervenimpulsen zwischen den Nervenzellen beteiligt ist. Serotonin ist in unserem Körper hauptsächlich in den Blutplättchen gespeichert und besitzt die Fähigkeit, Blutgefäße zu verengen.)[2]

Dieses Serotonin bewirkt also nun, daß im Gehirn die kleinen Blutgefäße verengt werden, was zu einer Mangeldurchblutung führt. Der Migränepatient erlebt dies als Aura, als zickzacklinienartige Sehstörungen, die bei einem Migräneanfall häufig dem Schmerzempfinden vorausgehen.

Inzwischen wird das freigesetzte Serotonin wieder abgebaut, und sein plötzlicher Mangel weitet die Blutgefäße. Diesen Vorgang empfindet der Patient als Kopfschmerzen.

Gegen diese Theorie spricht freilich, daß sich mit ihr beispielsweise die einseitig auftretenden Schmerzen nicht erklären lassen. Außerdem hat man festgestellt, daß die Serotoninkonzentrationen im Blut nicht mit den verschiedenen Migränesymptomen (Aura und Kopfschmerzen) korrelieren.[3]

Die zweite Hypothese - die Theorie der herabgesetzten Hirnaktivität - geht von der Annahme aus, daß das Migränegeschehen vom Hypothalamus (einem Teil unseres Zwischenhirns) ausgeht. Bestimmte Reize - so haben Tierversuche gezeigt - hemmen die elektrische Hirnaktivität, und diese Hemmung dehnt sich vom Hypothalamus aus langsam über das ganze Gehirn aus. Bisher konnte ein solches Phänomen aber nur bei Tieren und nicht bei Menschen nachgewiesen werden.[4]

Die dritte und nach dem heutigen Stand der Wissenschaft überzeugendste Theorie ist die der neurogenen Entzündung (trigeminovaskuläre Hypothese): Nach dieser Theorie kommt es bei der Migräne im Gehirn zu einer besonderen Art von Entzündung. Normalerweise entstehen Entzündungen ja dadurch, daß Zellen oder Blutgefäße entzündungsfördernde Botenstoffe freisetzen, die dann auf die Schmerzrezeptoren an den Nerven einwirken und auf diese Weise Schmerzempfindungen hervorrufen oder verstärken. Inzwischen nimmt man jedoch an, daß es auch noch ein anderes Entzündungsgeschehen gibt, das genau umgekehrt abläuft: Bei der Migräne - so vermuten Kopfschmerzforscher - lösen Nerven durch Abgabe bestimmter chemischer Stoffe eine schmerzhafte Entzündung in den Blutgefäßen des Gehirns aus.[5]

Bei Versuchen an Ratten hat sich diese Theorie übrigens bestätigt: Wenn man ihren Trigeminusnerv (einen Hirnnerv, der sich in drei ins Gesicht führende Äste gabelt) reizte, kam es daraufhin zu einer Entzündung der Gefäße in ihrem Gehirn und ihren Hirnhäuten, und es wurden auch vermehrt Prostaglandine (die ja Entzündungen hervorrufen) und Neurotransmitter freigesetzt.

Es handelt sich hierbei um eine aseptische, also nicht durch Fremdkörper wie Bakterien, Viren oder Pilze hervorgerufene Entzündung. (Da sie von den Nerven ausgeht, bezeichnet man sie auch als „neurogene" Entzündung.) Diese Entzündung konnte man aber anschließend mit einer Gabe von ASS wieder beheben – was nicht verwunderlich ist, wenn man bedenkt, daß ASS eine entzündungshemmende Wirkung hat und die Synthese von Prostaglandinen unterbindet.[6]

Wie kann es nun zu einer solchen Fehlfunktion der Gehirnnerven kommen? Das erklären sich die Kopfschmerzforscher damit, daß der Migräniker infolge seiner individuellen Veranlagung zu übersteigerter Nervenaktivität neigt. Man hat die Gehirnströme von Migränepatienten untersucht und festgestellt, daß sich deren Gehirn im Vergleich zu dem von Nichtmigränikern ständig in Alarmbereitschaft befindet. Ein normales Gehirn reagiert nach mehrmaligen gleichartigen Reizen nicht mehr: Es schaltet einfach ab. Migräniker bleiben aber auch gegen ständig wiederkehrende Reize empfindsam. Sie befinden sich also ständig in einem Zustand großer Überanspannung, geradezu in permanenter Hochspannung. Deshalb hat man bei einer Migräneattacke das Bedürfnis, sich von allen Reizen (Licht, Lärm) abzuschirmen; man will nur noch seine Ruhe haben.

Und das ist wohl auch der Grund, warum plötzliche innere oder äußere Veränderungen (zum Beispiel Streß und starke Emotionen, Licht oder Lärm, aber auch ein Durchbrechen des normalen Schlaf-Wach-Rhythmus oder eine sonstige plötzliche Veränderung der Lebensgewohnheiten) bei Menschen, die dafür anfällig sind, einen Migräneanfall auslösen: Ihr reizempfindliches Gehirn verträgt diesen Ansturm zusätzlicher Reize nicht.

Solche Reize lösen im Gehirn des Migränikers überschießende Reaktionen aus: Es setzt übermäßig viele Botenstoffe (unter anderem Serotonin) frei. Dadurch erschöpft es natürlich seinen Vorrat an Botenstoffen. So lange, bis wieder neues Serotonin gebildet worden ist, arbeitet das Gehirn jetzt fehlerhaft; und aufgrund dieser Funktionsstörung kommt es zu der bereits erwähnten Entzündung, die die Blutgefäße schmerzhaft weitet, und auch zu anderen typischen Migränesymptomen. Denn da das Gehirn sehr viele Vorgänge im Körper steuert, sind die Symptome dieser Fehlfunktion dementsprechend vielfältig und beschränken sich nicht auf den Kopfschmerz. Unter anderem wird leider auch das Brechzentrum im Hirnstamm aktiviert; das erklärt die Übelkeit bei einer Migräneattacke.

Und woher kommt die Einseitigkeit des Migränekopfschmerzes? Ganz einfach: Der Trigeminusnerv ist paarig angelegt – auf jeder Kopfseite befindet sich ein Nervenstamm. Wird nur eine Seite dieses Nervs gestört, so haben wir auch nur in einer Kopfhälfte Schmerzen. Man hat festgestellt, daß die schmerzhaft erweiterten Blutgefäße während eines Migräneanfalls tatsächlich häufig gerötet und geschwollen sind. Das spricht für die Richtigkeit der Entzündungstheorie.[7]

Spannungskopfschmerz

Eigentlich kommt dieser Kopfschmerztyp der Häufigkeit nach an erster Stelle; dennoch wissen die wenigsten Menschen über seine Symptome Bescheid. Irgendwie wird alles, was nach schweren Kopfschmerzen aussieht, in einen Topf geworfen und als Migräne etikettiert. Aber Spannungskopfschmerzen äußern sich ganz anders als Migräne.

Die Schmerzen treten in der Regel auf beiden Kopfseiten gleichzeitig auf und sind drückender, ziehender Natur. Es ist kein heftiger, greller, bohrender und pulsierender Schmerz wie bei der Migräne, sondern ein dumpfer Begleiter, der den ganzen Kopf umfangen hält. Der Schmerz ist im Stirn- und Nackenbereich zu lokalisieren. Man könnte es auch so ausdrücken: Die Schmerzen legen sich wie eine schwere Haube um den Kopf oder drücken wie ein Band auf den Schädel.

Allgemeine Krankheitszeichen, wie sie dem Migräniker bekannt sind, kennt der Spannungskopfschmerz-Patient nicht. Sein Magen-Darm-Trakt ist unbehelligt. Die körperliche Leistungsfähigkeit ist nicht derartig eingeschränkt wie beim Migräniker. Manchmal ist eine betont intensive körperliche Betätigung sogar ein probates Mittel, dieser Kopfschmerzen Herr zu werden.

Die Medizin unterscheidet beim Spannungskopfschmerz zwei wichtige Kategorien. Er kann als episodischer Spannungskopfschmerz hier und da auftreten und zwischen wenigen Minuten und mehreren Tagen anhalten. Der chronische Spannungskopfschmerz stellt sich sehr viel häufiger ein und kann im Extremfall von morgens bis abends ein getreulicher Begleiter sein. Als chronisch wird dieser Schmerz bezeichnet, wenn er ein halbes Jahr lang zumindest an 15 Tagen im Monat auftritt.

Die Ursache des Spannungskopfschmerzes ist von der Wissenschaft noch nicht eindeutig geklärt. Der Name dieser Kopfschmerzart führt aber leicht in die Irre, weil er dem naiven Leser vorzumachen scheint, daß diese Kopfschmerzen durch eine Art von Spannung – beispielsweise eine erhöhte Strapazierung der Kopf- und Halsmuskeln – entstehe. In der Tat kann dies ein vordergründiger Auslöser der Schmerzen sein, wenn man zum Beispiel stundenlang hinter dem Computerbildschirm sitzt und sich dadurch die Nackenmuskulatur verkrampft. Die Schmerzen werden aber nicht durch die Muskelverkrampfung ausgelöst, sondern durch einen komplizierten biochemischen Vorgang im Körper.

Eine sehr plausible Theorie geht davon aus, daß unser Nervensystem selbst bestimmt, auf welche Art und in welcher Intensität Schmerzimpulse im Körper zum Gehirn transportiert werden, um dort ins Bewußtsein zu rücken. Im Hypothalamus sitzen spezielle Filter, die durch biochemische Botenstoffe, beispielsweise das Serotonin, reguliert werden. Diese Filter „entscheiden" darüber, welche Schmerzimpulse im Gehirn wahrgenommen werden und welche nicht.

Man könnte sich nun vorstellen, daß beispielsweise eine verkrampfte Nackenmuskulatur dem Gehirn ständig Schmerzen signalisiert: Diese Informationen werden aber vom Schmerzregulierungssystem als nicht so wichtig eingestuft und deshalb weitgehend zurückgehalten.

Wird nun dieses System aber zeitlich überbeansprucht, so geht der im Gehirn gespeicherte Vorrat an Botenstoffen (Serotonin) zu Ende. Bis diese nachgebildet sind, bleibt das Filtersystem gestört und läßt eine zu große Menge an Schmerzimpulsen ins Bewußtsein gelangen. So entstehen dann Spannungskopfschmerzen. Man vermutet, daß vielfältige Faktoren dieses Schmerzfiltersystem „lahmlegen" können: also nicht nur Muskelverspannungen (etwa durch Sitzen am Schreibtisch in schlechter Haltung), sondern auch eine Überanstrengung der Augen durch Arbeiten bei schlechtem Licht, Depressionen und andere psychische Probleme, beispielsweise durch Streß.[8]

Für diese Erklärung spricht, daß eine Ruhepause oder körperliche Bewegung, die dem Organismus verstärkt Sauerstoff zuführt, dafür sorgen, daß die Botenstoffe rascher nachproduziert werden. So wird das Filtersystem wieder in Gang gesetzt. Die Kopfschmerzen verschwinden.

Ist eine Selbstbehandlung sinnvoll?

Akute Schmerzen sind unangenehm, aber lebenswichtig: Sie machen den Menschen auf eine Störung im Körper aufmerksam. Ehe man nicht weiß, welche Störung sich tatsächlich hinter einem Schmerzsignal verbirgt, darf man den Schmerz nicht ausschalten. Kopfschmerzen sind aber einerseits eine einfache und andererseits eine sehr komplizierte Materie. Sie können auf eine gefährliche Erkrankung des Körpers hinweisen, sie müssen es aber nicht. Und weil sie zu den häufigsten, ja alltäglichsten Leiden der Menschen gehören, pflegt man sie von vornherein auch nicht sehr ernst zu nehmen.

Mehrere Untersuchungen haben es an den Tag gebracht: Wegen Kopfschmerzen geht man nicht zum Arzt. Man versucht, sich selbst zu behandeln. Die einen probieren es mit natürlichen Mitteln – Eisbeutel, frische Luft, Vitamine –, die anderen suchen die Rettung in einem der Medikamente, denen die Werbung so wundersame Wirkungen zuschreibt.

Viele Menschen interessieren sich aber auch dann noch nicht für mögliche Hintergründe ihrer Kopfschmerzen, wenn diese sich als hartnäckig erweisen, immer öfters und intensiver wiederkehren und dazu noch eine Reihe anderer Symptome mit sich bringen. Und da beginnt eine Selbstbehandlung gefährlich zu werden.

Banale Kopfschmerzen, bei denen Regulationsvorgänge des Körpers für kurze Zeit aus dem Gleichgewicht geraten, sich aber rasch wieder einpendeln, wobei es sich also um keine organischen Schäden handelt, sind an der Tagesordnung. Die Ursachen dafür sind vielfältig: Manchmal kennt man sie nur zu gut, manchmal bleiben sie verborgen. Kopfschmerzen nach einer durchzechten Nacht oder einer stressigen Arbeitswoche verwundern niemanden. Frauen sind Kopfschmerzen im Zusammenhang mit ihrer Monatsblutung oft von Jugend an ein bekanntes Übel. In solchen Situationen braucht man keinen Arzt. Jeder soll selbst entscheiden, ob er sein Kopfweh standhaft aushalten und ignorieren kann, ob er Abhilfe in natürlichen Methoden – auch mit Hilfe von Entspannungstechniken – sucht oder ob er sich für ein rezeptfreies Kopfschmerzmittel entscheidet, um den lästigen Schmerz rasch loszuwerden.

Um Kopfschmerzen selbst zu behandeln, sollte man sich diese Faustregel merken: Sie müssen leicht und seit langem bekannt sein, und sie dürfen nicht öfter als an zehn Tagen im Monat auftreten. Sobald aber Änderungen eintreten – wenn die Schmerzen beispielsweise heftiger werden, wenn sich ihre Qualität verändert, wenn sie vielleicht länger anhalten als sonst oder sich plötzlich auf andere Bereiche des Kopfes ausdehnen –, ist eine weitere Selbstbehandlung ohne genaue Diagnose unverantwortlich.

Die Eigenverantwortung des mündigen Patienten freilich gilt auch für den Arztbesuch. Wenn ein Mediziner nicht über neurologische Fachkenntnisse verfügt, kann er (auch durch den Streß des Praxisalltags bedingt) durchaus geneigt sein, die Kopfschmerzen seines Patienten (die dieser oft nicht einmal treffend zu beschreiben vermag) genausowenig ernst zu nehmen wie der Patient selbst und diesem einfach ein Kopfschmerzmittel zu verschreiben. Diese „Medikamentation" des Arztes ist dann von derselben Qualität wie die des Patienten, der gegen seinen Schmerz kurzerhand eine Tablette schluckt.

Der Patient muß seinem Arzt also schon sehr präzise beschreiben, wie sich seine Kopfschmerzen äußern. Wenn er merkt, daß der Arzt nicht weiter auf das Problem eingeht, sondern nur ein Schmerzmittel verschreiben will, muß er darauf drängen, mögliche Hintergründe der Schmerzen durch weitere Untersuchungen herauszufinden oder auch die Überweisung an einen Neurologen zu veranlassen. Es ist gar nicht so einfach, Ärzte zu finden, die sich mit Kopfschmerzen genau auskennen. Auch allgemeine Schmerzambulanzen müssen keinesfalls auf Kopfschmerzen spezialisiert sein und sind so auch oft nicht die ideale Anlaufstelle für einen Kopfschmerzpatienten.

Die Deutsche Migräne- und Kopfschmerzgesellschaft (DMKG) empfiehlt, gelegentliche Kopfschmerzen grundsätzlich nur mit Monopräparaten zu behandeln. Empfohlen werden Acetylsalicylsäure (ASS) in einer Dosierung von 1000 mg als Einzelgabe, Paracetamol ebenfalls in einer Gabe von 1000 mg oder Ibuprofen in einer Dosierung von 400 mg.[9]

Tabu müssen bei der Kopfschmerzbehandlung sogenannte Kombinationspräparate mit mehreren Substanzen und Zusätzen von Beruhigungsmitteln und Coffein sein. Weil die einzelnen Wirkstoffpartner in solchen Mitteln unterschiedlich dosiert sind, können sie nicht effektiv gegen den Schmerz wirken und verleiten den Patienten dazu, mehrere Tabletten einzunehmen. Wenn sich in einem solchen Medikament sowohl von ASS wie von Paracetamol jeweils eine niedrige Dosis befindet, dann addiert sich der Wirkungseffekt eben nicht aus beiden Substanzen. Sinnvoll ist nur eine richtige Dosis von einer der beiden Substanzen. Dazu kommt die möglicherweise anregende oder gar euphorisierende Wirkung von Zusätzen wie Coffein, die zusammen mit der geringen Wirkung der niedrig dosierten Wirksubstanzen rasch zum Medikamentenmißbrauch führen kann. Damit ist aber ein medikamentenbedingter Dauerkopfschmerz vorprogrammiert.

Am effektivsten und wirkungsvollsten von den drei Monopräparaten ist die ASS. Als Spitzenreiter gilt die Brausetablette mit ASS und Vitamin C, wie sie beispielsweise als *Aspirin plus C* von Bayer angeboten wird, dann folgt die normale ASS-Tablette (zum Beispiel die Standard-*Aspirin*-Tabletten à 500 mg), schließlich Paracetamol.

Wie wird Migräne behandelt?

Ein ernsthaftes Kopfschmerzleiden wie die Migräne sollte man nicht selbst behandeln. Auch wenn man sich an den klassischen Symptombeschreibungen orientiert und recht sicher ist, daß man unter Migräne leidet, sollte man doch nicht den Weg zu einem Neurologen scheuen, um mögliche andere Krankheitsursachen ausschließen zu lassen.

Die Migräneanfälle selbst kann der Patient dann durchaus ohne ständige ärztliche Begleitung meistern. Ganz ohne Arzt am Anfang geht es aber schon deshalb nicht, weil zum Kopfschmerzmittel zusätzlich ein weiteres (verschreibungspflichtiges) Medikament, ein Antiemetikum, notwendig ist, das den in Mitleidenschaft gezogenen Magen-Darm-Trakt normalisiert. Erst dann kann das Schmerzmittel vom Darm auch richtig aufgenommen werden. Bei Migräneattacken verlangsamen sich nämlich der Prozeß der Magenentleerung und die Darmbewegungen. Daher bleiben Schmerzmittel in Tablettenform lange im Magen liegen (wobei sie ihn auch noch zusätzlich belasten) und können nicht mehr richtig wirken. Denn der größte Teil der Wirkstoffe wird erst vom Darm in den Blutkreislauf aufgenommen.

„Heilen" läßt die Migräne sich nach wie vor nicht. Man kann jedoch die Übelkeit und die quälenden Migräneschmerzen durch Einnahme entsprechender Medikamente lindern oder den Migräneattacken sogar vorbeugen. Dabei kommt der Acetylsalicylsäure eine sehr wichtige Rolle zu.

Der Kopfschmerzforscher Hans Christoph Diener hat einen Dreistufenplan aufgestellt, mit dem man der Migräne Herr werden kann:

■ **Stufe 1**

Zunächst nimmt man – falls man an Übelkeit oder Erbrechen leidet – ein Antiemetikum ein, in der Regel *Metoclopramid* oder *Domperidon*. Diese Medikamente kann man in Tablettenform oder als Tropfen einnehmen; für starke Übelkeit oder Erbrechen – wenn man nichts bei sich behalten kann – gibt es Zäpfchen; und bei schweren Migräneattacken können Antiemetika sogar vom Arzt injiziert werden. Man muß dieses Mittel – so die bisherige Praxis – etwa fünfzehn bis dreißig Minuten vor dem Schmerzmittel einnehmen. Neuere Erkenntnisse besagen aber, daß eine gleichzeitige Einnahme denselben Effekt hat.[10]

■ **Stufe 2**

Als nächstes wird ein Schmerzmittel eingenommen: ASS, Paracetamol oder Ibuprofen. Wichtig ist dabei jedoch, auf eine genügend hohe Dosis zu achten: 1000 bis 1500 mg pro Einzeldosis sind schon erforderlich. (Das bedeutet also beispielsweise, wenn man ASS als Brauselösung einnimmt: 2 bis 3 Tabletten in 250 ml Wasser.[11]) Bei Kindern gibt man ein- bis zweimal 250 bis 500 mg ASS. Viele Migränepatienten machen den Fehler, ihr Schmerzmittel zu niedrig zu dosieren.

Bei richtiger Dosierung tritt die schmerzlindernde Wirkung meist nach 20 Minuten bis einer Stunde ein. Als zusätzliche Maßnahme ist Reizabschirmung wichtig: Man sollte sich (auch am Arbeitsplatz) nach Möglichkeit eine Zeitlang in einen ruhigen, abgedunkelten Raum zurückziehen. Auch Entspannungstechniken können helfen.[12]

Bei schwereren Migräneattacken – wenn der Arzt konsultiert oder der Patient sogar ins Krankenhaus eingeliefert wird – kann ASS (beispielsweise die Injektionslösung *Aspisol* von Bayer) in Kombination mit Metoclopramid auch intravenös injiziert werden.

■ Stufe 3

Manchmal muß man bei gravierenden Migräneattacken aber auch schwerere Geschütze auffahren. Unter einer schweren Attacke versteht man einen Migräneanfall, bei dem die oben beschriebenen zwei Stufen der Migränebehandlung nicht ausreichend wirken oder bei dem sehr ausgeprägte neurologische Symptome (Aura, Lähmungserscheinungen etc.) auftreten. Solche Migräneanfälle werden mit Ergotalkaloiden (*Ergotamin*) oder *Sumatriptan* behandelt; beide Medikamente sind verschreibungspflichtig, und die Ersteinnahme erfordert eine ärztliche Beratung und Untersuchung, denn sie können auch erhebliche Nebenwirkungen haben.

Ergotalkaloide sind Mutterkornalkaloide, das heißt Wirksubstanzen aus einem giftigen Pilz, der auf bestimmten Getreidearten schmarotzt. Es gibt sie als Tablette, Zäpfchen oder Aerosol-Spray zum Inhalieren. Leider haben diese Präparate auch etliche Nachteile: Erstens wirken sie nur bei 50 bis 60 Prozent der Patienten, und auch dann nur bei frühzeitiger Einnahme; zweitens darf man sie nicht zu häufig einnehmen, da sonst medikamentenbedingter Kopfschmerz und andere Nebenwirkungen (zum Beispiel schwere Durchblutungsstörungen) auftreten können. Als Maximaldosis gilt daher: nicht mehr als 2 mg pro Tag, nicht mehr als 6 mg pro Woche – und auf jeden Fall nur Monopräparate verwenden!

Wegen der Nachteile der Mutterkornalkaloide setzt man heute bei schweren Migräneattacken gern ein anderes Medikament ein, das bei uns erst seit Anfang der neunziger Jahre auf dem Markt ist: *Sumatriptan*. Wie Ergotamin blockiert es die neurogene Entzündung, indem es bestimmte Serotoninrezeptoren stimuliert. Der Behandlungserfolg ist bei *Sumatriptan* größer als bei Ergotamin (er liegt bei etwa 86 Prozent), die Wirkung

Dreistufen-Behandlungsplan bei Migräne

1 *Erbrechen, Übelkeit, Magen-Darm-Mobilität gestört*

Metoclopramid*	Tabletten (20 mg) oder 30-60 Tropfen oder Zäpfchen (20 mg)
Domperidon*	Tabletten (10-20 mg) oder 30 Tropfen bei schwerer Migräne: Injektion vom Arzt

↓

2 *Kopfschmerz*

1000 mg	Acetylsalicylsäure	Brausetabletten
500-1000 mg	Paracetamol	Zäpfchen
200 mg	Ibuprofen	Tabletten

↓ bei starker Migräne

3 Sumatriptan*

100 mg	Tablette
6 mg	Spritze

↔ oder

Ergotamin*
maximal 2 mg pro Tag: Tabletten, Zäpfchen, Spray

* verschreibungspflichtige Medikamente

tritt sehr rasch ein (oft bereits nach 10 Minuten), und man muß es nicht gleich zu Beginn einer Migräneattacke nehmen, sondern es ist auch später noch wirksam. Allerdings können auch hier gravierende Nebenwirkungen auftreten; es ist schon von Angina-pectoris-Anfällen und Herzinfarkten nach Einnahme von *Sumatriptan* berichtet worden.

Warum ASS Migräneanfälle sogar verhindern kann

Am besten ist es, erst gar nicht die volle Entfaltung der Migränesymptome abzuwarten, sondern bereits bei den ersten Vorboten eines Anfalls Gegenmaßnahmen zu ergreifen. Wer schon ein bißchen „Erfahrung" mit seiner Migräne hat, der kennt die ersten Symptome, die bei ihm auf einen drohenden Kopfschmerzanfall hindeuten: beispielsweise Gähnen, Appetit auf ganz bestimmte Speisen oder eine besondere Reizbarkeit. Treten diese warnenden Anzeichen auf, so kann der Patient mit einer Dosis von mindestens 500 mg ASS, als Brauselösung eingenommen (gegebenenfalls in Kombination mit *Metoclopramid* oder *Domperidon*), das „Gewitter im Kopf" in der Regel noch verhindern.

Aber auch zur Langzeitprophylaxe von Migräneanfällen eignet sich ASS. Amerikanische Untersuchungen zeigten, daß man mit einer Dosierung von 1300 mg ASS pro Tag die Häufigkeit der Anfälle deutlich reduzieren kann. Eine andere Studie hat ergeben, daß ein solcher vorbeugender Effekt schon mit einer weitaus geringeren Dosis von 300 mg pro Tag zu erreichen ist.[13]

Freilich ist ASS bei der Vorbeugung gegen Migräne nicht mehr das Mittel der ersten Wahl. In dieser Hinsicht haben die Betarezeptorenblocker - kurz: Betablocker - der Acetylsalicylsäure den Rang abgelaufen. Nach einer Studie liegt die vorbeugende Wirksamkeit des Betarezeptorenblockers *Metoprolol* mit einer täglichen Dosierung von 200 mg bei 67 Prozent, wohingegen ASS bei einer Tagesdosis von dreimal 500 mg nur 14 Prozent Erfolgsaussichten hat. Ganz so verloren hat ASS das Terrain aber auch gegenüber den Betarezeptorenblockern nicht: Verglichen mit *Propranolol* hat sich die ASS als gleich wirksam erwiesen.

Man nimmt heute an, daß für die Migränevorbeugung relativ niedrige Dosierungen ausreichend sind. Die Meinungen gehen auseinander: 80 mg scheinen eher zu gering zu sein, während eine Tagesdosis von 500 mg gute Resultate erbringt. Eine Studie an 5139 männlichen britischen Ärzten über einen Zeitraum von sechs Jahren ergab, daß ASS in einer Tagesdosis von meist 500 mg die Häufigkeit von Migräneanfällen um 29 Prozent verringerte.[14] Eine weitere Studie erbrachte, daß ASS auch bei Frauen eine ähnlich signifikante vorbeugende Wirkung hat.

Auch beim Spannungskopfschmerz bringt ASS Linderung

Da bei Spannungskopfschmerzen keine Übelkeit auftritt und Magen und Darm nicht lahmgelegt sind, ist die Behandlung hier einfacher: Man braucht ASS nicht mit anderen Medikamenten zu kombinieren. Bei gelegentlichen Spannungskopfschmerzen, die nur kurz anhalten, hilft in der

Regel schon eine Einzeldosis von 500 bis 1000 mg ASS. (Ibuprofen - 200 bis 400 mg - wirkt ähnlich wie ASS; Paracetamol in einer Dosis von 500 bis 1000 mg ist möglicherweise nicht so wirksam.)[15] Bei starken Schmerzen sollte man eine Startdosis von 1000 mg einnehmen; bei Bedarf - etwa, wenn die Wirkung nachläßt oder nicht ausreicht - ist dann auch noch „Nachschub" erlaubt. Über 3000 mg ASS pro Tag sollte man jedoch nicht einnehmen, und man sollte sich auch nicht an mehr als zehn Tagen im Monat mit ASS behandeln, sonst besteht die Gefahr einer Verschlimmerung des Kopfschmerzleidens.

Nimmt man ASS wiederholt ein, so sollte man dies vor oder zu den Mahlzeiten tun; denn nach einer Mahlzeit wird das Medikament langsamer absorbiert, und das könnte den Patienten dazu verleiten, vorschnell eine weitere Dosis einzunehmen.

Treten Spannungskopfschmerzen sehr häufig auf - das heißt mindestens jeden zweiten Tag und länger als drei Monate -, so hilft nur noch eine medikamentöse Langzeitprophylaxe mit trizyklischen Antidepressiva unter ärztlicher Aufsicht.

In welcher Darreichungsform eignet ASS sich am besten zur Behandlung von Kopfschmerzen?

Am empfehlenswertesten bei Spannungskopfschmerz und Migräne ist ASS als Brauselösung (beispielsweise *Aspirin-plus-C-* oder *Alka-Seltzer-*Brausetabletten) - denn wenn das Medikament den Magen-Darm-Trakt in gelöster Form erreicht, gelangt es am schnellsten in den Darm (wo es in den Körper aufgenommen wird) und belastet den Magen (der gerade bei Migräne ja ohnehin empfindlich reagiert) am wenigsten. Das beigefügte Vitamin C in den Brausetabletten macht sie noch magenverträglicher. Überrascht einen der Kopfschmerz unterwegs oder in irgendeiner anderen Situation, in der keine Flüssigkeit zum Auflösen der Tablette verfügbar ist, so kann man sich mit Kautabletten (etwa *Aspirin Direkt*) behelfen. Man muß sie allerdings schon sehr gründlich kauen, um eine optimale Wirkung zu gewährleisten und seinen Magen zu schonen.

Die erwähnten Kau- und Brausetabletten sind gepuffert und wirken daher besonders magenverträglich. Wer Acetylsalicyinsäure lieber als Tablette einnimmt, muß unbedingt darauf achten, genügend Flüssigkeit nachzutrinken, damit die Tablette sich im Magen gut auflösen kann. Sonst liegt sie unter Umständen lange im Magen, reizt die Magenschleimhaut und kann ihre Wirkung nur langsam entfalten.

Dauerkopfschmerzen durch Schmerzmittelmißbrauch

Wer eine Migräne oder einen Kopfschmerz vom Spannungstyp selbst behandelt, ohne genau über die Voraussetzungen seines Leidens und seine Behandlung Bescheid zu wissen, macht das Problem oft noch schlimmer, als es ohnehin schon ist: Der unvernünftige Griff zur Kopfschmerztablette kann einen Patienten nämlich in den Teufelskreis des Kopfschmerzmittel-Kopfschmerzes, also eines durch Medikamente verursachten Schmerzes, bringen. Für den Experten sind die Symptome des Kopfschmerzes durch Tablettenmißbrauch eindeutig: Die Patienten klagen über beidseitigen, pulsierenden, diffusen Dauerkopfschmerz ohne die charakteristischen Begleiterscheinungen der Migräne.

Der Mechanismus ist einfach: Wer dem Körper ständig Kopfschmerzmittel zuführt, sorgt dafür, daß die Schmerzrezeptoren im Körper gegen die Substanz abstumpfen, unkontrolliert alle Schmerzimpulse zum Gehirn durchlassen und nur noch reagieren, wenn die Dosis des Schmerzmittels erhöht wird. An dieses neue Niveau freilich gewöhnen sich die Rezeptoren dann auch wieder sehr schnell, und der Patient erhöht die Dosis in seiner Verzweiflung immer weiter.

Die Gründe dafür sind vielfältig. Zum einen führt die Unkenntnis darüber, wie man bei bestimmten Kopfschmerzen ein Mittel zu dosieren hat, zum Mißbrauch. Bei Migräne beispielsweise muß – wie wir inzwischen wissen – das Medikament rechtzeitig und in ausreichender Dosierung eingenommen werden, um überhaupt zu wirken. Nimmt man es zu spät oder in zu geringer Menge ein, bleiben die Schmerzen und verführen dazu, eine zusätzliche und höhere Dosis einzunehmen.

Manche Patienten fürchten ihre Kopfschmerzen dermaßen, daß sie bereits prophylaktisch im praktisch noch schmerzfreien Augenblick zur Tablette greifen. In solchen Fällen ist der beschriebene Abstumpfungs- und Gewöhnungseffekt natürlich geradezu vorprogrammiert.

Problematisch sind auch Kombinationspräparate, also Kopfschmerzmittel, in denen verschiedene Substanzen – beispielsweise ASS, Paracetamol oder Ibuprofen – mit weiteren Stoffen wie Koffein vermischt sind.

Mehrere Substanzen in einer Tablette bergen nämlich den Nachteil, daß keine Substanz ausreichend hoch dosiert ist und deshalb jene Substanz, die den Kopfschmerz erfolgreich bekämpfen könnte, in zu geringer Menge enthalten ist.

Zusatzstoffe wie Koffein können auch einen anregenden, manchmal sogar Euphorie-Zustand herbeiführen, den der Kopfschmerzpatient deshalb unbewußt schätzen lernt, weil diese positiven Gefühle ihm auch etwas von der Angst vor seinen Schmerzen nehmen können.

Die Behandlung von Schmerzmittelmißbrauch – in der Regel muß sie stationär erfolgen – besteht in einem regelrechten Entzug.

Bei Einnahme von ASS als Monopräparat ist die Gefahr, sich einen Kopfschmerzmittel-Kopfschmerz zuzuziehen, wie die Erfahrung gezeigt hat, relativ gering; aber natürlich ist sie niemals auszuschließen. Deshalb sollte man monatlich nicht mehr als 30 g ASS (das entspricht 60 Tabletten zu je 500 mg) einnehmen und sich auch nur an höchstens zehn Tagen im Monat selbst damit behandeln. Die Tageshöchstdosis darf 3 g nicht überschreiten!

Wie wirkt ASS bei Migräne?

Daß ASS bei Migräneanfällen und anderen Kopfschmerzen erstaunlich gut und rasch hilft, zeigt die Praxis; wie ASS wirkt, ist noch weitgehend ein Feld wissenschaftlicher Hypothesen.

Daß ASS schmerzstillend wirke – so argumentieren viele Kopfschmerzforscher –, reicht nicht aus, um die Wirkungsweise dieser Substanz zu erklären, denn eines der stärksten Schmerz- und Betäubungsmittel, das Morphin (ein Alkaloid des Opiums), beseitigt zwar schwerste Schmerzzustände, bleibt aber bei Migräneanfällen völlig wirkungslos. Auch die Tatsache, daß ASS bereits zur Vorbeugung von Migräneattacken eingesetzt werden kann, ist mit der analgetischen Wirkung des Medikaments nicht zu erklären. Denn wie kann ein schmerzlinderndes Medikament wirken, wenn noch gar keine Schmerzen da sind?[16]

Aus diesen Beobachtungen kann man schließen, daß ASS vielleicht bei Migräne auch analgetisch wirkt, aber nicht ausschließlich. ASS muß noch einen anderen Wirkmechanismus besitzen, wenn sie gegen Migräneschmerzen wirkt. Schon Gerald Weissman hatte ja mit seiner Entdeckung der entzündungsauslösenden neutrophilen Leukozyten, die durch ASS inaktiviert werden, Sir John Vanes Theorie einen ersten Schlag versetzt und gezeigt, daß die Hemmung der Prostaglandinsynthese zwar eine sehr plausible Erklärung für den Wirkmechanismus von ASS ist, aber keineswegs die einzige.

Inzwischen häufen sich die Beweise dafür, daß an der Wirkung der Acetylsalicylsäure mehrere verschiedene Faktoren beteiligt sein müssen. Viele Anstöße zu neuen Untersuchungen und Erkenntnissen kamen aus dem Lager der Kopfschmerzforscher.

Die periphere Wirkung allein kann es nicht sein

Hierzu muß man zunächst einmal wissen, daß man bei Schmerzmitteln – und auch bei anderen Medikamenten – zwischen einer peripheren und einer zentralen Wirkung unterscheidet. „Peripher" bedeutet, daß das Medikament an der Stelle der Verletzung oder Schmerzauslösung wirkt; „zentral" heißt, daß es in Vorgänge im Gehirn oder im Zentralnervensystem eingreift und dort beispielsweise die Fähigkeit blockiert, Schmerz weiterzuleiten oder zu empfinden.

Wenn ASS also in dem Gewebe, in dem ein Schmerzreiz ausgelöst wird, die Prostaglandinsynthese hemmt, so ist das eine periphere Wirkung. Dieser Wirkmechanismus der Acetylsalicylsäure ist schon seit Vanes Entdeckung in den siebziger Jahren bekannt; deshalb bezeichnet man ASS als „peripheres Analgetikum". Im Gegensatz dazu ist beispielsweise Morphin ein zentrales Analgetikum, denn es blockiert die Übertragung von Schmerzsignalen im Gehirn und im Rückenmark.

Bei der Bekämpfung der Migräne jedoch wirkt Acetylsalicylsäure, wie inzwischen gezeigt werden konnte, keineswegs nur peripher (was in diesem Fall ja auch gar nichts nützen würde), sondern direkt im Gehirn – also zentral – und entfaltet auch dort ihre entzündungshemmende Wirkung. Wie das funktioniert, weiß man noch nicht so genau; aber auch hierfür gibt es bereits mehrere Theorien.

Offenbar greift ASS in die Synthese von Serotonin ein – einem Botenstoff, der bei Vorgängen im Gehirn (und auch bei der Entstehung der Migräne) eine wichtige Rolle spielt.[17] Vermutet wird außerdem, daß ASS eine stabilisierende Wirkung auf die Blutgefäße hat: Das heißt, abnormal (und schmerzhaft) erweiterte Gefäße ziehen sich unter Einwirkung von Acetylsalicylsäure wieder zusammen. Hierfür spricht auch die Beobachtung, daß ASS – wie bereits in den sechziger Jahren beobachtet wurde –

den Blutdruck leicht anhebt: „Wenn wir uns nicht wohlfühlen und Aspirin nehmen, fühlen wir uns oft kreislaufmäßig stabiler", erklärt Kopfschmerzforscher K. H. Grotemeyer. Auch dieser Effekt ist mit der Prostaglandinsynthese-Hemmung allein nicht zu erklären.

Inzwischen gibt es noch viele weitere neue Forschungsergebnisse, die für eine zentrale Wirkungsweise von ASS sprechen:

- In Versuchen mit Mäusen wurde gezeigt, daß die schmerzlindernde Wirkung der Acetylsalicylsäure proportional zur ASS-Konzentration im Gehirn anstieg.

- ASS hat nachweislich Wirkungen aufs Gehirn, die sich mit der Hemmung der Prostaglandinsynthese nicht erklären lassen: So kann sie zum Beispiel die Reaktionszeit verkürzen.

- Bei einer Überdosis ASS stellen sich Symptome wie Übelkeit, Schwindelgefühl und eine starke Erhöhung der Körpertemperatur ein. Auch das spricht für einen zentralen Wirkmechanismus.[18]

- Neueste Forschungsergebnisse von Professor Ilmar Jurna von der Universität des Saarlandes (Homburg) deuten darauf hin, daß ASS die Prostaglandinsynthese nicht nur in verletztem oder entzündetem Gewebe hemmt, sondern auch im Rückenmark: Er wies in Versuchen mit Ratten nach, daß sich Schmerzreize lindern ließen, indem man den Tieren ASS ins Rückenmark injizierte. Versuche in Belgien, bei denen Tumorpatienten ASS ins Rückenmark injiziert wurde, wodurch ihre Schmerzen nachließen, wiesen in die gleiche Richtung.[19] Offenbar sind Prostaglandine also auch an der Weiterleitung von Schmerzinformationen im Zentralnervensystem beteiligt; und auch hier setzt die Wirkung von ASS an.

5

ASS beugt dem Herzinfarkt vor

Umfassende Studien in den achtziger Jahren brachten es an den Tag: ASS ist als Notfallmedikament beim akuten Herzinfarkt unverzichtbar. Sie verhindert die Entstehung neuer Blutgerinnsel und verringert die Sterblichkeitsrate um fast 25 Prozent. Und nicht nur das: Auch bei Angina pectoris, Ballondilatationen und Bypass-Operationen ist die Acetylsalicylsäure ein unentbehrlicher Helfer in der Not. Sie sorgt dafür, daß wieder eröffnete Herzkranzgefäße und Bypässe sich nicht wieder verschließen, Angina-pectoris-Anfälle nachlassen oder sich zumindest nicht so weit verschlimmern, daß es zum Herzinfarkt kommt. Eine großangelegte Studie deutet sogar darauf hin, daß ASS selbst bei Menschen, die noch nicht an einer Erkrankung der Herzkranzgefäße leiden, infarktvorbeugend wirkt.

Der Herzinfarkt ist nach wie vor die häufigste Todesursache in den Industrienationen. Allein in der Bundesrepublik Deutschland sterben jährlich 100 000 Menschen daran; und dreimal so viele erleiden einen nicht tödlichen Infarkt.

Die Ursache dieses größten Übels unserer heutigen Wohlstandsgesellschaft ist in den meisten Fällen eine langsam - und leider oft lange Zeit unbemerkt - fortschreitende Erkrankung unserer Blutgefäße: die Arteriosklerose.

In der Umgangssprache wird sie häufig als „Arterienverkalkung" bezeichnet; diese Bezeichnung ist jedoch nicht ganz zutreffend, denn sie beschreibt nur einen Teil des Problems.

Der erste Schritt dieser verhängnisvollen Erkrankung besteht darin, daß sich an der Arterieninnenwand nach und nach Kalk, Fette und Bindegewebe ablagern. Es kommt zu herdförmigen Verdickungen, die man - ebenso wie den Belag an unseren Zähnen - als „Plaque" bezeichnet. Dadurch werden die Blutgefäße enger und weniger elastisch: Der Blutstrom wird behindert, die Sauerstoffversorgung des betroffenen Gewebes ist eingeschränkt.

Zu diesem langsamen, allmählichen Prozeß tragen die verschiedensten Faktoren bei: zum Beispiel fortschreitendes Alter, genetische Veranlagung, aber auch Bluthochdruck, ein zu hoher Cholesterinspiegel und vor allem das Rauchen.

Erstes Warnsignal: Angina pectoris

Besonders gefährlich ist ein solcher Prozeß im Bereich der Koronararterien (Herzkranzgefäße), die unser Herz mit Blut versorgen: Sind sie verengt, so reicht die Sauerstoffversorgung des Herzmuskels nicht mehr aus. In Ruhe, wenn das Herz weniger Sauerstoff braucht, macht sich dieser Mangel vielleicht gar nicht bemerkbar; doch sobald man sich anstrengt - beispielsweise beim Treppensteigen - oder unter starkem Streß steht und der Herzmuskel infolgedessen mehr Sauerstoff braucht, zeigen sich die Symptome: ein leichter bis starker Brustschmerz, oft auch ein Druckgefühl, als werde einem der Brustkorb zugeschnürt. Der Schmerz beginnt in der Regel hinter dem Brustbein, kann aber bis in Kehle und Oberkiefer, bis in die Schulterblätter und den Rücken oder sogar in die Arme ausstrahlen. Auch Schweißausbrüche, Schwindel und Atemnot können hin-

1. 2. 3. 4.

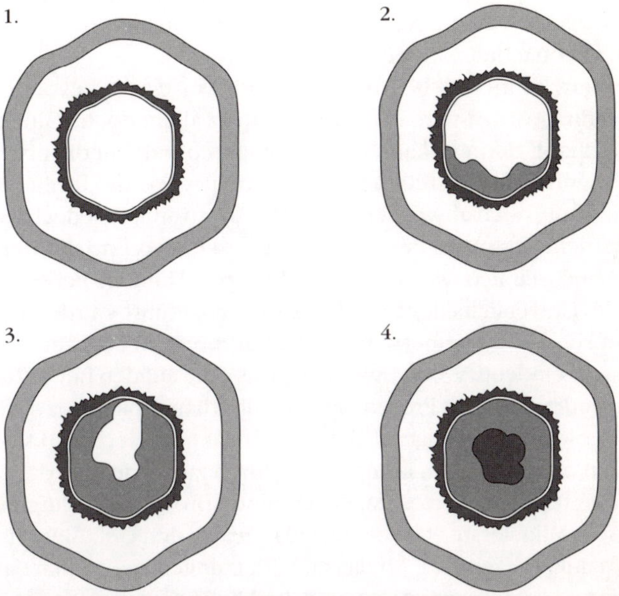

Abbildung 1 zeigt eine normale, durchgängige Arterie, die Abbildungen 2 und 3 verschiedene Stadien der Verengung einer Arterie durch arteriosklerotische Ablagerungen. Zum Schluß (Abbildung 4) wird das ohnehin schon stark verengte Gefäß durch ein Blutgerinnsel völlig verschlossen.

zukommen. Ruht man sich dann aus, so verschwinden die Beschwerden wieder. Dieses Krankheitsbild bezeichnet der Mediziner als Angina pectoris. Wer den Verdacht hat, darunter zu leiden, sollte sofort einen Arzt aufsuchen, denn Angina pectoris ist der Vorbote eines Herzinfarkts. Kritisch wird es, wenn die Angina-pectoris-Anfälle sich verändern, das heißt, wenn sie häufiger und intensiver werden oder länger dauern als gewohnt oder wenn sie sich nun schon bei geringeren Belastungen einstellen als sonst: Solche Veränderungen treten meistens in den Wochen und Monaten vor einem Herzinfarkt auf.

„Alarmstufe eins" besteht, wenn die Angina-pectoris-Symptome nicht nur bei Belastungen, sondern auch im Ruhezustand (häufig in den frühen Morgenstunden) auftreten: Denn dann ist die Arteriosklerose schon so weit fortgeschritten, daß die Sauerstoffversorgung des Herzmuskels selbst in Ruhe nicht mehr gewährleistet ist. Der Mediziner spricht dabei von einer „instabilen Angina pectoris", während er die gleichen Symptome, solange sie nur in Belastungssituationen auftreten, als

„stabile Angina pectoris" bezeichnet. Bei einer instabilen Angina pectoris kann es jederzeit zum Infarkt kommen; daher müssen solche Patienten stationär beobachtet werden.

Wer durch eine solche Angina pectoris vor einem bevorstehenden Herzinfarkt gewarnt wird, der hat aber trotz allem noch „Glück im Unglück" gehabt, denn er kann durch entsprechende medizinische Maßnahmen und eine Umstellung seiner Lebensweise die drohende Katastrophe häufig noch abwenden. Viele Menschen spüren jedoch gar nichts von dem schleichenden Prozeß der Arteriosklerose, und der Herzinfarkt trifft sie buchstäblich wie ein Blitz aus heiterem Himmel. Bei einer Studie, die an der Universitätsklinik Heidelberg durchgeführt wurde, zeigte sich, daß von rund 900 Männern mit Herzinfarkt nur 30 Prozent in den Wochen davor eindeutige Beschwerden hatten, die auf den bevorstehenden Infarkt hindeuteten. 38 Prozent spürten überhaupt nichts davon![1]

Was geschieht nun eigentlich bei einem akuten Herzinfarkt?

In den meisten Fällen kommt er dadurch zustande, daß das ohnehin schon durch Arteriosklerose stark verengte Koronargefäß durch ein Blutgerinnsel völlig verstopft wird. Die Plaques an den Gefäßinnenwänden reißen nämlich leicht ein. An diesen Verletzungen lagern sich dann Blutplättchen (Thrombozyten) an und verklumpen miteinander, um die Wunde abzudichten. Das ist an sich ein ganz natürlicher, ja sogar lebensnotwendiger Vorgang: Denn wenn wir uns verletzen, müssen sich Blutplättchen an der verletzten Stelle anheften und diese wieder verstopfen. Das Blut muß gerinnen und einen Blutpfropfen (Thrombus) und an der Haut den Schorf bilden – sonst würden wir ewig weiterbluten.

Was bei äußeren Verletzungen sinnvoll ist, kann jedoch bei lädierten Blutgefäßen in unserem Inneren tödliche Folgen haben: Wird ein Herzkranzgefäß durch so einen Blutpfropf verstopft, so wird der Blutstrom unterbrochen, und der Teil des Herzmuskels, der von dem betroffenen Gefäß mit Blut und damit auch mit Sauerstoff versorgt wurde, stirbt ab. Je nachdem, ob ein kleines oder großes Blutgefäß durch den Thrombus verstopft wird, ist dann auch ein kleiner oder größerer Teil des Herzens vom Infarkt betroffen. Deshalb ist Herzinfarkt nicht gleich Herzinfarkt; es gibt leichtere und schwerere Infarkte.

Woran erkennt man einen Herzinfarkt?

Meistens ist das erste, was man beim Herzinfarkt spürt, ein plötzlich einsetzender, häufig brennender und immer heftiger werdender Schmerz hinter dem Brustbein - ähnlich wie beim Angina-pectoris-Anfall, nur meist intensiver und länger anhaltend. Oft strahlt der Schmerz auch in die linke Schulter, den linken Arm oder in den Oberbauch, ja sogar in Hals und Kieferbereich aus. Der Patient hat ein Druck- und Engegefühl im Brustkorb und häufig Todesangst. Meist fühlt er sich schwach; auch Kurzatmigkeit, Schweißausbrüche, Übelkeit, Erbrechen und Schwindelgefühl, ja sogar Bewußtlosigkeit können auftreten.

Manchmal ist der Herzinfarkt gar nicht so leicht von den üblichen Symptomen einer Angina pectoris zu unterscheiden. Deshalb gilt: Jeder Angina-pectoris-Anfall, der länger als eine Viertelstunde dauert, ist infarktverdächtig. In so einem Fall - und natürlich auch bei den anderen beschriebenen Herzinfarktsymptomen - ist sofort ein Notarzt zu rufen!

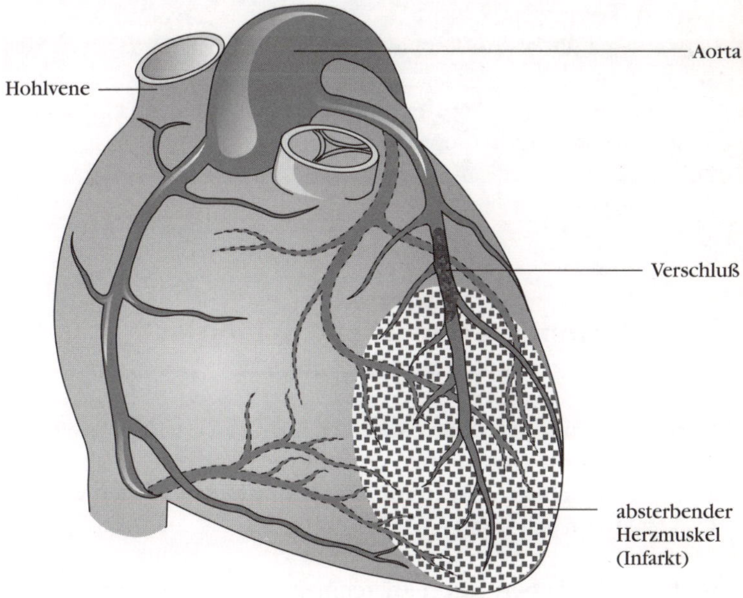

Beim Herzinfarkt wird eines der Koronargefäße, die den Herzmuskel mit Sauerstoff versorgen, durch ein Blutgerinnsel verstopft - ein Teil des Muskels stirbt ab.

Erste Anzeichen eines Herzinfarkts

Die folgenden Symptome können einzeln oder zusammen auftreten, sie müssen es aber nicht. Bei Diabetikern und älteren Menschen sind die Symptome häufig nur sehr gering oder auch gar nicht ausgeprägt.

- Plötzlich sehr starker, oft brennender Schmerz hinter dem Brustbein, der in Schulter-, Arm-, Hals-, Kiefer- und evtl. auch Oberbauchbereich ausstrahlen kann
- Druck- und Engegefühl im Brustbereich
- Nur Oberbauchschmerzen
- Blasse Hautfarbe
- Kalter Schweiß
- Allgemeines Schwächegefühl
- Unregelmäßiger Pulsschlag
- Übelkeit, Erbrechen
- Atemnot
- Unruhe, Todesangst
- Schwindelgefühl bis zur Bewußtlosigkeit

Es kann auch ein plötzlicher Herztod (Sekunden-Herztod) eintreten, meist infolge von Herzrhythmusstörungen.

Wer ist besonders herzinfarktgefährdet?

Nicht jeder Mensch läuft Gefahr, einen Herzinfarkt zu erleiden. Es gibt besondere Risikofaktoren, von denen sich etliche durch eine entsprechende Änderung der Lebensweise leicht ausschalten ließen. Zu den wichtigsten Risikofaktoren gehören:

■ **Zunehmendes Lebensalter:** Je älter man wird, um so mehr steigt die Gefahr, einen Herzinfarkt zu erleiden. Denn im Alter werden die Blutgefäße weniger elastisch, und mit den Jahren sammeln sich immer mehr Ablagerungen an den Gefäßwänden an.

■ **Männliches Geschlecht:** Männer erleiden wesentlich häufiger - und im Durchschnitt 10 bis 15 Jahre früher - einen Herzinfarkt als Frauen.[2] Das liegt daran, daß Frauen vor den Wechseljahren - und vermutlich auch Frauen, bei denen während und nach den Wechseljahren eine Hormonersatztherapie durchgeführt wird - durch ihre weiblichen Geschlechtshormone bis zu einem gewissen Grad vor Arteriosklerose geschützt sind.

■ **Erbliche Veranlagung:** Personen, deren Eltern, Großeltern oder Geschwister einen Herzinfarkt erlitten haben oder an einer Erkrankung der Herzkranzgefäße litten, sind besonders gefährdet, denn bei Erkrankungen der Herzkranzgefäße spielen auch genetische Faktoren eine Rolle.

■ **Zigaretten:** Einer der wichtigsten Risikofaktoren für einen Herzinfarkt ist das Rauchen. Bei Nichtrauchern beträgt das Durchschnittsalter der Ersterkrankung an einem Infarkt 63 Jahre, bei starken Rauchern 53 Jahre - sie erleiden also im Schnitt zehn Jahre früher einen Herzinfarkt. Vor allem für Infarkte bei jüngeren Menschen ist das Rauchen eine ausschlaggebende Ursache.[3]

■ **Fettstoffwechselstörungen:** Sie sind als Risikofaktor fast ebenso wichtig wie das Rauchen. Hinter dem Begriff „Fettstoffwechselstörungen" verbirgt sich ein zu hoher Cholesterin- und/oder Triglyzeridspiegel. Überschüssiges Cholesterin hat nämlich die Eigenschaft, sich an den Gefäßwänden anzulagern. Allerdings ist Cholesterin nicht gleich Cholesterin. Man unterscheidet zwischen dem „guten" HDL- und dem „schlechten" LDL-Cholesterin. Das letztere lagert sich an den Gefäßwänden ab: Die verhängnisvollen „Plaques" in den Arterien bestehen zu einem großen Teil aus LDL-Cholesterin! Das „gute" HDL-Cholesterin hingegen sorgt für den Abbau von überschüssigem LDL-Cholesterin in der Leber.

Um sicherzugehen, daß die Cholesterinwerte in Ordnung sind, sollte man also unbedingt ab dem 40. Lebensjahr alle zwei bis drei Jahre und ab dem 55. Lebensjahr einmal jährlich seinen Cholesterinspiegel messen lassen: Er sollte nicht über 200 mg/dl liegen. Man hat festgestellt, daß Herzinfarkte bei Cholesterinwerten zwischen 200 und 250 mg/dl fast doppelt so häufig auftreten! Bei mehr als 250 mg/dl ist das Risiko natürlich noch wesentlich höher.[4] Wer einen zu hohen Cholesterinwert hat, muß ihn daher regelmäßig vom Arzt kontrollieren lassen und ihn durch eine entsprechend cholesterinarme Ernährung oder - falls das nicht ausreicht - durch Medikamente senken. Auch Triglyzeride beschleunigen den Prozeß der Arteriosklerose; deshalb sollte der Triglyzeridspiegel im Blut niemals höher als 200 mg/dl sein. Der Triglyzeridspiegel wird bei einer ärztlichen Untersuchung automatisch immer zusammen mit den Cholesterinwerten gemessen.

■ **Bluthochdruck:** Lange Zeit spürt man ihn gar nicht, und gerade das macht ihn so gefährlich. Denn unbemerkt und ohne jegliche Symptome schädigt er das Gefäßsystem und bereitet der lebensbedrohlichen Arteriosklerose den Weg. Deshalb sollte man nicht nur seinen Cholesterinspiegel, sondern auch seinen Blutdruck ab einem Alter von 40 Jahren alle zwei bis drei Jahre kontrollieren lassen. Als Hochdruck bezeichnet man einen systolischen Wert ab 160 mm Hg und/oder einen diastolischen Wert ab 95 mm Hg. Ein zu hoher Blutdruck kann die verschiedensten Ursachen haben: erbliche Veranlagung, organische Erkrankungen (beispielsweise Nierenkrankheiten oder Störungen des Hormonhaushalts), Übergewicht, falsche Ernährung, Rauchen, Bewegungsmangel - und natürlich Streß. Denn bei psychischen Belastungen spannt sich die Muskulatur in den Wänden unserer Blutgefäße an, und sie verengen sich: Der Blutdruck steigt. Stehen wir unter Dauerstreß, so bleibt die Gefäßverengung bestehen und damit auch der hohe Blutdruck. Ein erhöhter Blutdruck kann medikamentös oder durch eine Umstellung der Lebensweise aber meist recht gut eingestellt werden.

■ **Fettleibigkeit:** Wer Übergewicht hat, bei dem sind oft auch der Blutzuckerspiegel und die Blutfettwerte erhöht. Auch ein zu hoher Blutdruck wird durch Fettleibigkeit begünstigt. Das heißt, hier kommen gleich mehrere Risikofaktoren zusammen, die einem Herzinfarkt den Weg bereiten können. Deshalb kann man mit einer Gewichtsreduktion sein Risiko, einen Infarkt zu erleiden, drastisch senken!

■ **Diabetes:** Bei Diabetikern ist das Risiko, an Arteriosklerose zu erkranken, etwa doppelt so hoch. Auch der Blutdruck ist bei ihnen meistens erhöht; damit kommt noch ein weiterer Problemfaktor hinzu.

Ab einem gewissen Alter sollte jeder Mensch sich über sein persönliches Herzinfarkt-Risikoprofil klarwerden. Falls Sie feststellen, daß mehrere der obengenannten Risikofaktoren auf Sie zutreffen, sprechen Sie mit Ihrem Arzt darüber! Durch entsprechende Gegenmaßnahmen, zum Beispiel medikamentöse Behandlung und vor allem eine andere Lebensweise, läßt sich das Risiko eines Herzinfarkts dann häufig noch ausschalten oder zumindest deutlich verringern. Um festzustellen, ob einem Patienten in nächster Zeit ein Herzinfarkt droht, kann der Arzt ein Belastungs-EKG durchführen. Dabei werden die Herzaktionsströme bei einer körperlichen Belastung - zum Beispiel beim „Radeln" auf einem stehenden Spezialfahrrad - gemessen. Auf diese Weise lassen sich Durchblutungsstörungen des Herzmuskels feststellen.[5]

Vom Hausmittel zum Lebensretter

Da der akute Herzinfarkt immer noch in etwa einem Drittel aller Fälle zum Tode führt und viele Patienten, die ihn überleben, hinterher in ihrer Lebensqualität und Leistungsfähigkeit erheblich eingeschränkt sind, kommt der Herzinfarktprävention natürlich eine bedeutende Rolle zu. Ebenso wichtig ist die sofortige ärztliche Behandlung eines akuten Herzinfarkts: Werden in den ersten sechs Stunden die richtigen Medikamente gegeben, so steigen die Überlebenschancen eines Infarktpatienten beachtlich an.

Zahlreiche klinische Studien haben in den letzten 15 Jahren den Nachweis erbracht, daß der Acetylsalicylsäure hier eine wichtige Rolle zukommt, und zwar sowohl bei der medikamentösen Behandlung des akuten Herzinfarkts als auch bei der Infarktprophylaxe. ASS - die viele Jahre lang als bloßes Kopfschmerz- und Erkältungsmittel ein relativ unbeachtetes Dasein in den Hausapotheken fristete - avancierte damit schlagartig vom Hausmittel zum Lebensretter und setzte eine Kaskade wissenschaftlicher Studien in Gang, die immer neue und erstaunlichere Einsatzmöglichkeiten aufdeckten.

Schon Ende der vierziger Jahre hatte der kalifornische HNO-Arzt Dr. Lawrence L. Craven beobachtet, daß bei Patienten nach einer operativen Entfernung der Rachenmandeln ungewöhnlich lange und heftige Blutungen auftraten, wenn sie zur Linderung ihrer Schmerzen eine hohe Dosis Acetylsalicylsäure einnahmen. Andere Ärzte hatten bereits ähnliche Erfahrungen gemacht. Craven sah darin ein mögliches neues Einsatzgebiet von ASS für die Zukunft: „Wenn weitere Studien tatsächlich die Vermutung bestätigen, daß Acetylsalicylsäure die Gerinnungszeit des Blutes verlängert", schrieb er im Jahre 1950 in einem medizinischen Fachartikel, „dann könnte dieses Medikament bei der Verhinderung von Thrombosen - unter anderem auch in den Herzkranzgefäßen - wertvolle Dienste leisten."[6] Deshalb empfahl er seinen männlichen Patienten im Alter von 40 bis 65 Jahren, zur Herzinfarktprophylaxe täglich 250 bis 750 mg ASS einzunehmen; und tatsächlich trat bei keinem der Patienten, die diesen Rat befolgten, ein Infarkt auf.

1980 wurde in den USA eine großangelegte Studie durchgeführt, um den Einsatz verschiedener Medikamente beim akuten Herzinfarkt zu testen und festzustellen, welche am wirksamsten waren. In der Studie ISIS-1 (der geheimnisvoll-ägyptisch anmutende Name ist ein Kürzel für „International Study of Infarct Survival") testeten Wissenschaftler unter der Leitung des Epidemiologen Rory Collins, ob die intravenöse Verabreichung von Betablockern innerhalb der ersten Stunden nach einem Herzinfarkt sinnvoll sei.

Betablocker sind Medikamente, die den Blutdruck senken und die Arbeit des Herzmuskels verringern, indem sie Herzfrequenz und -kontraktionskraft reduzieren. Auf diese Weise sinkt der Sauerstoffbedarf des Herzens. Betablocker werden bei Angina-pectoris-Beschwerden erfolgreich eingesetzt.

Die Studie, an der 16 027 Patienten teilnahmen, ergab, daß die Gabe von Betablockern nach einem Herzinfarkt die Sterblichkeitsrate um 15 Prozent senkte. Das war besser als nichts, aber doch kein so berauschendes Ergebnis, daß die Mediziner es nicht für notwendig gehalten hätten, Untersuchungen mit anderen Medikamenten durchzuführen.

Bei der Studie ISIS-2 sollte ein Präparat namens Streptokinase getestet werden. Streptokinase gehört zu den Thrombolytika – Medikamenten, die in der Lage sind, ein Blutgerinnsel (Thrombus) aufzulösen. Da ein Herzinfarkt ja in den meisten Fällen dadurch entsteht, daß ein Herzkranzgefäß durch einen solchen Thrombus verstopft wird, hielt man dies für eine erfolgversprechende Behandlung: Denn wenn es gelang, das Blutgefäß durch Streptokinase wieder durchgängig zu machen, war die unterbrochene Blutversorgung des Herzens wieder gewährleistet, und man konnte das Absterben des Herzmuskelgewebes vielleicht noch verhindern.

Gleichzeitig wollte man aber auch noch ein anderes Medikament testen. In letzter Minute entschloß man sich für ASS, weil inzwischen allgemein bekannt war, daß ASS das für die Blutgerinnung so wichtige Zusammenklumpen der Blutplättchen verhindert, also der Bildung von Thromben entgegenwirkt. Die Acetylsalicylsäure hatte auch noch den zusätzlichen Vorteil, daß sie billig war. Eigentlich war das Ganze eher eine Art „Versuchsballon": „Es erschien wie eine Laune", erklärte Collins später, „und die meisten Forscher erwarteten sich nichts davon."[7] An der 1985 begonnenen Studie nahmen über 17 000 Patienten mit akutem Herzinfarkt aus über 400 Krankenhäusern in 16 Ländern teil. Es war eine randomisierte Studie, das heißt, der Zufall entschied, welches Medikament sie zusätzlich zu der üblichen Therapie erhielten:

- Eine Patientengruppe bekam einen Monat lang täglich 162,5 mg ASS.

- Eine andere Testgruppe erhielt eine intravenöse Streptokinase-Infusion, die den Patienten über eine Stunde hinweg zugeführt wurde.

- Eine dritte Patientengruppe bekam beide Medikamente - die Streptokinase-Infusion und zusätzlich einen Monat täglich 162,5 mg ASS.

- Die vierte Patientengruppe erhielt nur Placebos, also Scheinmedikamente, die keinen Wirkstoff enthalten.

Die Behandlung begann maximal 24 Stunden nach Einsetzen der Herzinfarktsymptome; die Patienten wurden fünf Wochen lang beobachtet.

Die Ergebnisse dieser Studie, die 1988 bekanntgegeben wurden, versetzten die Fachwelt in Erstaunen: Beide Medikamente - sowohl Streptokinase als auch ASS - erwiesen sich als sehr wirksam bei der Behandlung eines akuten Herzinfarkts. Die Gabe von ASS allein senkte die Todesrate im Vergleich zu Placebo um 23 Prozent und die Anzahl der nicht tödlichen Reinfarkte und Schlaganfälle sogar um 50 Prozent. Auch Streptokinase allein verringerte die Todesrate der Patienten um 25 Prozent; die Reinfarktrate stieg hierbei allerdings um 30 Prozent an.

Aber die Kombination von ASS und Streptokinase übertraf alle Erwartungen: Bei der Patientengruppe, die beide Medikamente erhielt, sank die Sterblichkeitsrate um über 40 Prozent - das heißt, beide Arzneien in Kombination waren fast doppelt so wirksam wie eine allein. Und im Gegensatz zur alleinigen Streptokinase-Behandlung stieg die Reinfarktrate bei der Kombination von ASS und Streptokinase nicht an.[8] Das ließ darauf schließen, daß ASS und Streptokinase sich in ihrer Wirkung gegenseitig ergänzten und verstärkten. Hinzu kam, daß beide Medikamente äußerst kostengünstig waren! Dies wurde als bahnbrechender Fortschritt in der Geschichte der medizinischen Forschung gefeiert.

ASS war damit unversehens ins Rampenlicht der Öffentlichkeit getreten. Im August 1988 bildete die „Business Week" auf ihrer Titelseite eine große weiße *Aspirin*-Tablette ab; darüber prangte die Schlagzeile „Wunderheilmittel". Und die heute von Bayer aufgekaufte amerikanische Firma Sterling kürzte den Werbeetat für ihre *Aspirin*-Tabletten, weil sie der Meinung war, daß die sensationellen neuen Entdeckungen der medizinischen

Forschung die beste Reklame für dieses Medikament waren, die es geben konnte. Wozu mußte man da noch Geld für Werbung ausgeben?[9]

Auf der Jahrestagung der amerikanischen Kardiologengesellschaft in Atlanta im Jahre 1991 erklärten britische und amerikanische Herzspezialisten ASS zum unentbehrlichen Notfallmedikament beim akuten Herzinfarkt.[10] In einer Nachkontrollstudie zu ISIS-2 wurde dann geprüft, wie viele Patienten fünf Wochen, zwei Jahre und vier Jahre nach ihrem Herzinfarkt überlebt hatten. Dabei zeigte sich, daß ASS und Streptokinase nicht nur kurzfristig die Überlebensrate von Herzinfarktpatienten verbessern, sondern durchaus auch einen Langzeiteffekt haben. „50 Todesfälle bei 1000 so therapierten Herzinfarkt-Patienten konnten verhindert werden", erklärt Collins begeistert. „Seit dieser Meilenstein-Studie wurden Millionen von Herzinfarktpatienten mit Streptokinase und ASS behandelt. Pro Million Behandelte wurden 50 000 Leben gerettet."[11]

ASS – beim akuten Herzinfarkt unverzichtbar

Inzwischen gehören ASS und Streptokinase (oder andere Thrombolytika) zu den Standardmedikamenten bei der Behandlung eines akuten Herzinfarkts. Wichtig ist allerdings, daß diese Therapie möglichst schnell eingeleitet wird – sonst wirkt sie nicht mehr.

Ist ein Herzkrankzgefäß durch einen Thrombus verschlossen, so stirbt das betroffene Herzmuskelgewebe, das nun nicht mehr mit Sauerstoff versorgt werden kann, innerhalb von vier bis sechs Stunden ab. Ist diese Frist verstrichen, so ist eine Auflösung des Gerinnsels nicht mehr sinnvoll. Je früher mit der Auflösung begonnen wird, um so mehr Herzmuskelgewebe kann vor dem Untergang bewahrt werden, und um so geringer sind die Auswirkungen des Infarkts! Sobald die Diagnose „Herzinfarkt" feststeht, kann der Notarzt bereits in der Wohnung des Patienten oder im Rettungswagen die intravenöse Lysetherapie mit Streptokinase einleiten. In 70 bis 80 Prozent der Fälle läßt sich das verschlossene Herzkranzgefäß dadurch wieder eröffnen; damit sind die schlimmsten Folgen des Herzinfarkts gebannt. Die Infarktsterblichkeit in dem Zeitraum bis zur Entlassung aus der Klinik läßt sich damit nachweislich um bis zu 30 Prozent senken.[12] Zusätzlich sollte sofort mit einer ASS-Therapie begonnen werden. Sie verringert die Sterblichkeit von Patienten mit akutem Herzinfarkt um knapp 25 Prozent – vorausgesetzt, man nimmt ASS möglichst gleich nach Einsetzen der Infarktsymptome ein und setzt die Einnahme dann mindestens einen Monat lang fort.[13]

Die möglichst rasche Einnahme von ASS ist deshalb so wichtig, weil in der Frühphase eines Herzinfarkts jederzeit an anderer Stelle ein neuer Thrombus entstehen kann. Das heißt, während das Blutgerinnsel, das den Herzinfarkt verursacht hat, durch Streptokinase aufgelöst wird, ballen sich in einem anderen Herzkranzgefäß vielleicht schon wieder Blutplättchen zu einem neuen Thrombus zusammen. Dieser Thrombenbildung wirkt ASS entgegen und ist damit die optimale Ergänzung zur Streptokinase.

Deshalb sollte man bei Verdacht auf Herzinfarkt so schnell wie möglich den Notarzt benachrichtigen. Je eher die Therapie eingeleitet und der Patient ins Krankenhaus eingeliefert wird, um so höher sind seine Überlebenschancen – nicht nur, weil der Thrombus möglichst schnell aufgelöst und eine neue Thrombenbildung verhindert werden muß, sondern

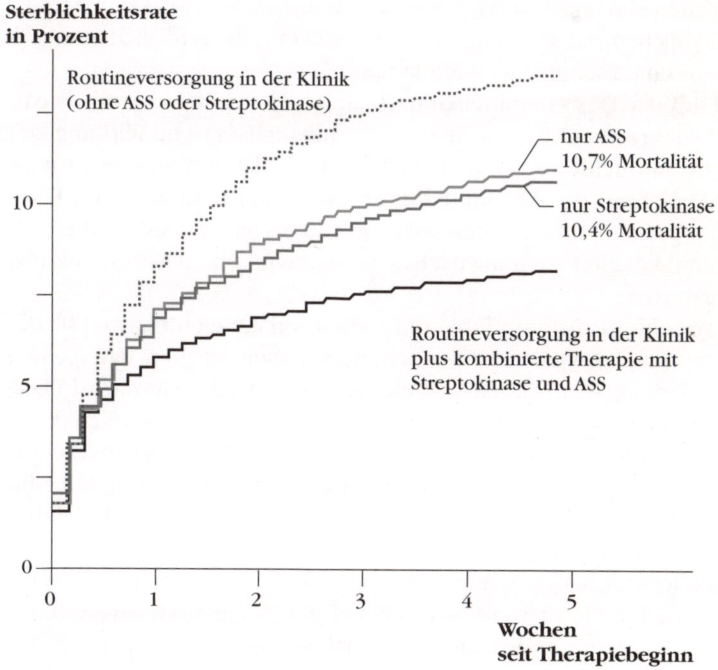

Ergebnis der Studie ISIS-2: ASS allein und Streptokinase allein senkte die Sterblichkeitsrate beim akuten Herzinfarkt jeweils um rund 25 %; die Kombination von ASS und Streptokinase übertraf alle Erwartungen. Die Anzahl der Todesfälle ließ sich damit um 40 % senken.

auch, weil in der Frühphase eines Herzinfarkts jederzeit schwere Komplikationen eintreten können, die sich nur im Krankenhaus in den Griff bekommen lassen: lebensgefährliche Herzrhythmusstörungen, aber auch Schockzustände und Herzversagen. In den ersten Stunden eines akuten Herzinfarkts ist die Sterblichkeitsrate am höchsten!

Und genau hier liegt das Problem: Obwohl die Intensivbehandlung des akuten Herzinfarkts in den letzten Jahren enorme Fortschritte gemacht hat, sterben immer noch zu viele Patienten in den ersten Stunden nach Eintritt der Herzinfarktsymptome, noch vor der Einlieferung ins Krankenhaus, weil sie zu spät den Arzt benachrichtigt haben. Der Patient oder die Angehörigen zögern meist zu lange mit dem Anruf beim Notarzt – und vergeuden damit kostbare Sekunden und Minuten, die ein Leben retten könnten.

Über die Frage der richtigen ASS-Dosis ist man sich bis heute allerdings noch nicht hundertprozentig im klaren; hier gehen die Meinungen der Wissenschaftler auseinander. Die Dosierungsempfehlungen schwanken zwischen 100 und 160 mg Acetylsalicylsäure täglich. Man kann wohl davon ausgehen, daß eine Tagesdosis von 100 mg gut verträglich ist und den gewünschten schützenden Effekt hat.[14]

Die erste Dosis unmittelbar nach Einsetzen der Infarktsymptome darf aber ruhig etwas höher sein: Um eine möglichst rasche Wirkung zu erzielen, empfiehlt die Antiplatelet Trialists' Collaboration – eine Gruppe von Forschern, die sich mit der Prävention und Behandlung von Thrombosen befaßt – eine Anfangsdosis von 160 bis 300 mg ASS. In dieser Dosierung sind ihrer Meinung nach keine unerwünschten Nebenwirkungen zu erwarten.

Magensaftresistente Tabletten sollten zerkaut werden, weil sie dann noch schneller wirken: Untersuchungen haben ergeben, daß die maximale Wirkung beim Zerkauen dieser ASS-Tabletten bereits nach 15 bis 30 Minuten eintritt, beim normalen Schlucken dagegen erst nach drei bis vier Stunden.[15] Wichtig ist auch, genügend Wasser nachzutrinken, damit die Tablette nicht lange „im Magen liegt", sondern rasch in den Dünndarm gelangt, wo der Wirkstoff resorbiert wird. Alternativ dazu kann der Notarzt 500 mg ASS (*Aspisol* von Bayer) intravenös spritzen.[16]

Professor Charles Hennekens, der seit vielen Jahren umfassende klinische Studien zum Einsatz von ASS bei der Herzinfarktprävention und -behandlung durchführt, empfiehlt, daß selbst Patienten, die bereits regelmäßig eine niedrige Dosis ASS einnehmen, zur Verstärkung noch eine weitere Dosis nehmen sollen, wenn sie plötzlich herzinfarktverdächtige Brustschmerzen bekommen.[17]

Gibt es noch andere Medikamente, die beim akuten Herzinfarkt helfen?

Ebenso ungeklärt wie die optimale Dosierung ist die Frage, ob man ASS und Streptokinase beim akuten Herzinfarkt noch mit weiteren Medikamenten kombinieren soll. Auch hierzu sind inzwischen schon einige interessante Untersuchungen durchgeführt worden. Bei der ISIS-3-Studie – mit 46 000 Patienten eine der größten Therapiestudien in der Medizingeschichte – standen gleich zwei wichtige Fragen auf dem Programm:

- Welches Thrombolytikum ist zur Auflösung eines Gerinnsels beim akuten Herzinfarkt am effektivsten und gleichzeitig am sichersten? Drei verschiedene Präparate wurden getestet: Die Streptokinase, die sich bereits in ISIS-2 bewährt hatte, und außerdem APSAC (Anisoylated Plasminogen Streptokinase Activator Complex) und das gentechnologisch hergestellte tPA (tissue Plasminogen Activator).

- Hilft es, wenn man den Patienten zusätzlich zu ASS und dem Thrombolytikum auch noch Heparin verabreicht? Heparin gehört zu den Antikoagulanzien: Das sind Medikamente, die die Blutgerinnung hemmen – im Gegensatz zur Acetylsalicylsäure, die mit ihrer Wirkung bereits einen Schritt vorher ansetzt und das Zusammenballen der Blutplättchen verhindert. Antikoagulanzien werden zur Vorbeugung und Behandlung einer gesteigerten Blutgerinnung eingesetzt, wie sie beispielsweise bei Thrombosen, Schlaganfällen und Herzinfarkten vorliegt. Im Gegensatz zu Thrombolytika wie Streptokinase können sie jedoch bereits vorhandene Thromben nicht auflösen. Heparin wird intravenös oder subkutan injiziert; alternativ dazu sind auch Dauerinfusionen möglich.

Bei dem Test der drei Thrombolytika trug Streptokinase ganz klar den Sieg davon. Zwar war sie nicht wirksamer als die anderen beiden Medikamente – in jeder der drei Patientengruppen waren fünf Wochen nach Infarktbeginn ungefähr 10 Prozent gestorben. Aber Streptokinase erwies sich eindeutig als sicherer: Das heißt, es kam seltener zu Schlaganfällen durch Hirnblutungen als bei den anderen zwei Präparaten. Das ist eine große Gefahr bei der Behandlung mit Thrombolytika: Denn natürlich lösen diese Medikamente nicht nur den Thrombus auf, der das Herzkranzgefäß verstopft und somit den Herzinfarkt ausgelöst hat, sondern auch andere Blutgerinnsel, die durchaus einen Sinn haben, weil sie frische

Wunden verschließen – also beispielsweise einen Blutpfropf auf einem frischen Magengeschwür. Ganz allgemein ist die Blutungsneigung bei der Behandlung mit Thrombolytika erhöht, und deshalb kann es auch leicht zu einer möglicherweise tödlichen Hirnblutung kommen.

Nicht ganz so klar waren die Ergebnisse im Hinblick auf die zusätzliche Gabe von Heparin. Bei der Studie erhielten jeweils 22 000 Infarktpatienten entweder einen Monat lang täglich 162 mg ASS oder aber ASS in Kombination mit Heparin, das eine Woche lang alle 12 Stunden subkutan gegeben wurde. Allerdings verbesserte dieses Heparin die Wirkung von ASS nur noch ganz geringfügig: Nach der ersten Behandlungswoche waren in der Gruppe ASS + Heparin 7 Prozent der Patienten verstorben, in der Gruppe, die nur ASS erhalten hatte, hingegen 7,5 Prozent. Das ist zwar nur ein minimaler Unterschied, aber angesichts der gigantischen Anzahl von Patienten, die an der Studie teilnahmen, sicherlich kein Zufall.

Andererseits traten in der ASS + Heparin-Gruppe aber auch mehr Schlaganfälle durch Hirnblutung auf – was eigentlich kein Wunder ist, wenn man bedenkt, daß beide Medikamente in den Vorgang der Blutstillung beziehungsweise -gerinnung eingreifen: ASS hemmt die Zusammenballung von Blutplättchen und Heparin die Blutgerinnung. Da ist es eigentlich zu erwarten, daß eine Kombination beider Medikamente zu vermehrten Blutungskomplikationen führt.

Deshalb ist – trotz der etwas größeren Überlebensrate bei ASS + Heparin – hier Vorsicht geboten: „Nach den Daten der ISIS-Studie retten Sie fünf Leben, wenn Sie 1000 Infarktpatienten heparinisieren, nehmen aber gleichzeitig bei 2 von 1000 einen Schlaganfall in Kauf“, erklärt der Oxforder Kardiologe Peter Sleight auf die Frage, ob er beim akuten Herzinfarkt für eine Zusatzbehandlung mit Heparin plädiere oder nicht. Wenn man zusätzlich Heparin verabreicht, so meint er, dann muß dies sicherlich in einer sehr niedrigen Dosierung geschehen: „Wenn Streptokinase und ASS, vielleicht auch noch ein vernünftiges *sanftes* Heparinisierungsschema, routinemäßig eingesetzt werden, und zwar schon nach Beginn der ersten Infarktzeichen, können allein in den USA Tausende von Leben gerettet werden, weltweit Zehntausende“, meint Sleight.[18]

ASS, Streptokinase und Heparin gleichzeitig zu geben empfiehlt sich allerdings nicht – denn das würde das Blutungsrisiko noch mehr erhöhen. Sinnvoller ist es, Heparin erst im Anschluß an die Streptokinase-Behandlung zu injizieren.[19]

Bei der ISIS-4-Studie wurde dann noch ein weiteres zusätzliches Medikament getestet. Alle 58 000 Herzinfarktpatienten erhielten ASS und Streptokinase als Basistherapie; denn diese beiden Medikamente hatten sich inzwischen schon so gut bewährt, daß man sie den Patienten nicht mehr vorenthalten durfte. Zusätzlich wurde unter anderem ein ACE-Hemmer namens *Captopril* getestet. ACE-Hemmer erweitern die Blutgefäße und senken auf diese Weise den Blutdruck – was bei Koronargefäßen, die durch Arteriosklerose stark verengt oder durch einen Thrombus verstopft sind, natürlich sinnvoll ist. Und tatsächlich ließ sich durch diesen ACE-Hemmer eine weitere Senkung der Sterblichkeitsrate erreichen: Von 1000 zusätzlich mit *Captopril* behandelten Testpersonen blieben 5 mehr am Leben als in den Gruppen, die den ACE-Hemmer nicht erhalten hatten. Hier eröffnen sich neue Perspektiven für die Herzinfarkt-Behandlung.

Doch der ASS-Spezialist Professor Patrono hält schon die Entdeckung der ISIS-2-Studie, daß sich durch den Einsatz von Acetylsalicylsäure beim akuten Herzinfarkt unzählige Leben retten lassen, für eine Sensation. „Die praktische Bedeutung wird noch immer unterschätzt", erklärt er in einem Interview und hebt die Tragweite dieser Entdeckung vor allem auch für weniger zivilisierte Länder hervor: „Während weltweit gesehen nur ein kleiner Teil von Patienten rechtzeitig lysiert werden kann, ist ASS überall, selbst in entlegensten Gegenden, sofort einsetzbar, auch wenn nur der Verdacht auf einen Infarkt besteht. Einfacher geht es nicht."[20]

Erste Hilfe beim Herzinfarkt

- Als erstes: Sofort den Notarzt über die örtliche Notrufnummer rufen
- Versuchen, beruhigend auf den Patienten einzuwirken
- Den Patienten 150 bis 300 mg Aspirin einnehmen lassen (Tablette nicht schlucken, sondern lieber zerkauen)
- Beengende Kleidungsstücke lösen
- Für eine bequeme Lagerung mit erhöhtem Oberkörper sorgen
- Keine körperliche Aktivität
- Bei Bewußtlosigkeit: Atmung überprüfen und Puls fühlen (Puls nur an der Halsschlagader fühlen, nicht an der Hand)

Weiteres Vorgehen bei Bewußtlosigkeit

- Falls Atmung und Puls vorhanden, Atemwege freimachen (z. B. Zahnprothese herausnehmen) und den Patienten in die stabile Seitenlage bringen
- Falls Puls vorhanden, aber keine Atmung (kommt selten vor), Atemwege freimachen und 10 x von Mund zu Nase oder Mund zu Mund beatmen, anschließend Kontrolle von Atmung und Puls, gegebenenfalls Maßnahmen fortsetzen
- Falls kein Puls und keine Atmung vorhanden, Atemwege freimachen, Mund-zu-Mund- oder Mund-zu-Nase-Beatmung und Herzdruckmassage nach der Ein- oder Zwei-Helfer-Methode
- Wünschenswert wäre es, wenn jeder die Basismaßnahmen der Herz-Lungen-Wiederbelebung erlernt

ASS bei Angina pectoris

Aber nicht nur beim akuten Herzinfarkt, nein, auch bei Patienten, die infarktgefährdet sind, weil sie an einer Erkrankung der Herzkranzgefäße leiden und vielleicht auch schon die typischen Angina-pectoris-Symptome haben, kann ASS helfen.

Wenn Sie an einer Angina pectoris leiden, wird Ihr Arzt Ihnen zunächst einmal das Rauchen untersagen - ein Verbot, das Sie sehr ernst nehmen sollten, denn durch Rauchen schreitet der verhängnisvolle Prozeß der Arteriosklerose immer weiter voran.

Außerdem wird er Ihnen Medikamente verschreiben. Hier gibt es mehrere Möglichkeiten:

- Nitrate erweitern die Herzkranzgefäße und beheben auf diese Weise die arteriosklerosebedingte schlechte Durchblutung im Herzmuskel, mithin also auch den Sauerstoffmangel, der bei Belastungen auftritt und die bekannten, quälenden Angina-pectoris-Symptome auslöst. Es gibt sie in

Tablettenform, aber auch als Spray, Salbe, Infusion, Pflaster oder Kapseln. Mit diesen Nitratpräparaten kann man dem Auftreten von Angina-pectoris-Anfällen vorbeugen; sie können aber bei einem akuten Anfall auch rasche Linderung verschaffen. Hierfür eignen sich besonders die Nitrokapseln, die man zerbeißt, und das Nitrospray, das man sich in die Mundhöhle sprüht: Beide wirken innerhalb von Minuten.

■ Wenn diese Medikamente nicht ausreichen oder wenn Nebenwirkungen (zum Beispiel starke Kopfschmerzen) auftreten, können statt dessen auch die bereits erwähnten Betablocker eingenommen werden – oder man entscheidet sich für Kalcium-Antagonisten. Auch diese Präparate erweitern die Arterien am Herzen und im ganzen Körper und verbessern dadurch die Blutzufuhr zum Herzmuskel. Manche Kalcium-Antagonisten, zum Beispiel *Nifedipin* oder *Adalat*, verhindern gleichzeitig auch die Neuablagerung von Cholesterin in den Herzkranzgefäßen.[21]

■ Eine ähnliche gefäßerweiternde Wirkung haben die ACE-Hemmer, eine neue Medikamentengruppe. All die genannten Mittel wirken dadurch, daß sie die Blutgefäße erweitern, gleichzeitig auch blutdrucksenkend.

■ Zusätzlich können – je nachdem, welche Faktoren zur Erkrankung der Herzkranzgefäße geführt haben – noch weitere Medikamente erforderlich sein, beispielsweise Mittel zur Senkung erhöhter Blutfette; denn nicht immer reicht eine Umstellung der Ernährung aus, um einen stark erhöhten Cholesterin- und/oder Triglyzeridspiegel zu senken. In solchen Fällen muß das Problem medikamentös angegangen werden.

All diese Medikamente lindern die Beschwerden und reduzieren wichtige Risikofaktoren wie Bluthochdruck oder Cholesterin, reichen allein jedoch zur Behandlung einer Angina pectoris nicht aus. Um einem Herzinfarkt vorzubeugen, sollte zusätzlich ASS eingenommen werden.

Mittlerweile haben mehrere Studien gezeigt, daß ASS bei der instabilen Angina pectoris das Risiko eines Herzinfarkts senkt. Ehe die positive Wirkung der Acetylsalicylsäure bei Herzinfarktpatienten und Infarktgefährdeten entdeckt wurde, starben ungefähr 10 Prozent aller Patienten, die an instabiler Angina pectoris litten, innerhalb eines Jahres. ASS senkt diese Sterblichkeitsrate immerhin um bis zu 70 Prozent.[22]

Unklar ist allerdings auch hier wieder die Frage der Dosierung. Erfolge wurden mit Tagesdosierungen zwischen 75 mg und 300 mg ASS erzielt; um diese Frage endgültig zu klären, sind aber wohl noch etliche weitere Studien erforderlich. Das Kunststück wird in der „Gratwanderung“ bestehen, die höchstmögliche Wirkung bei gleichzeitig geringsten Nebenwirkungen zu erzielen. Die Firma Bayer empfiehlt in ihrer Broschüre „*Aspirin protect* – Acetylsalicylsäure als Thrombozytenaggregationshemmer“ eine Tagesdosis von 100 mg pro Tag, die sie für ausreichend wirksam und gleichzeitig gut verträglich hält.[23] Die Antiplatelet Trialists' Collaboration rät ebenso wie beim akuten Herzinfarkt auch hier, in den ersten Tagen eine höhere Dosis von mindestens 160 mg oder auch 300 mg ASS pro Tag einzunehmen, um eine möglichst rasche Wirkung zu erzielen.[24]

Die Behandlung sollte so früh wie möglich einsetzen und langfristig fortgeführt werden. Eine spürbare Wirkung zeigt sich meist schon nach einigen Tagen: Die schmerzhaften, angsteinflößenden Angina-pectoris-Attacken werden seltener.[25]

Außerdem sind die Mediziner sich auch hier bis jetzt noch nicht darüber im klaren, ob zusätzlich Heparin eingesetzt werden soll. Bei einer 1990 in Schweden durchgeführten Studie ergab sich für die Kombination von ASS mit Heparin ein etwas wirksamerer Herzinfarktschutz. Andere Untersuchungen scheinen dies zu bestätigen.[26]

Auch bei stabiler Angina pectoris verringert ASS offenbar das Risiko eines Herzinfarkts. Zwar ließen sich bei den hier durchgeführten Studien die Beschwerden durch ASS nicht lindern und traten auch nicht seltener auf als vorher; aber die Gefahr, einen Herzinfarkt zu erleiden, reduziert sich für Patienten mit stabiler Angina pectoris, die ASS einnehmen, um immerhin etwa 33 Prozent, und auch der plötzliche Herztod tritt seltener ein. Empfohlen wird eine Langzeitbehandlung mit ASS in einer Dosis von 75 mg aufwärts.[27]

Ein kleiner Ballon löst große Probleme

In vielen Fällen wird bei Patienten mit fortgeschrittener Arteriosklerose der Herzkranzgefäße auch eine Ballondilatation durchgeführt. Bei diesem Verfahren – auch „perkutane transluminale Koronarangioplastie“ (PTCA) genannt – wird das verschlossene Herzkranzgefäß mittels eines kleinen Ballons wieder aufgedehnt. Durch einen Herzkatheter führt man von der Leiste oder Ellenbeuge aus einen aufblasbaren Ballon bis in das verengte Herzkranzgefäß hinein. Ist der Ballon an der Engpaßstelle angelangt, so wird er aufgeblasen und drückt die arteriosklerotischen Ablagerungen an die Gefäßwand: Das Blut kann wieder ungehindert fließen. In 90 Prozent aller Fälle gelingt die Wiedereröffnung des verschlossenen Gefäßes mit diesem Verfahren, für das weder Narkose noch örtliche Betäubung notwendig ist: Der Patient kann die Aufdehnung des verengten oder verschlossenen Gefäßes selbst am Monitor beobachten und empfindet dabei nur selten einen ganz leichten Schmerz.

Eine solche Ballondilatation wird häufig bei Patienten mit Angina pectoris durchgeführt, wenn die Beschwerden durch Medikamente allein nicht verschwinden oder mit der Zeit schlimmer werden - oder wenn ein Herzkranzgefäß hochgradig eingeengt ist, so daß es jederzeit zum Herzinfarkt kommen kann. Aber auch beim akuten Infarkt greift man oft zu dieser Methode. Gegenüber der Blutgerinnselauflösung mit Streptokinase hat die Ballondilatation einen eindeutigen Vorteil: Die Lysetherapie beseitigt nur das Gerinnsel; mit dem Ballon hingegen läßt sich auch die arteriosklerotische Gefäßeinengung, die ja die Wurzel allen Übels war, um immerhin mehr als 50 Prozent reduzieren. Die Ablagerungen, die danach noch übrig sind, beeinträchtigen die Blutversorgung in der Regel nicht.[28] Allerdings muß auch dieser Eingriff genau wie die Lysebehandlung mit Streptokinase in den ersten vier bis sechs Stunden nach Eintreten des Herzinfarkts durchgeführt werden, weil sich später das Absterben des Herzmuskelgewebes nicht mehr verhindern läßt.

Leider lösen sich die arteriosklerotischen Plaques aber bei vielen Patienten nicht für immer und ewig in Wohlgefallen auf. In einem Drittel aller Fälle verengt sich die aufgeweitete Gefäßstelle innerhalb des nächsten halben Jahres wieder durch arteriosklerotische Ablagerungen, und der Patient steht vor dem gleichen Problem: hochgradige Verengung des Herzkranzgefäßes mit starken Angina-pectoris-Beschwerden und/oder der Ge-

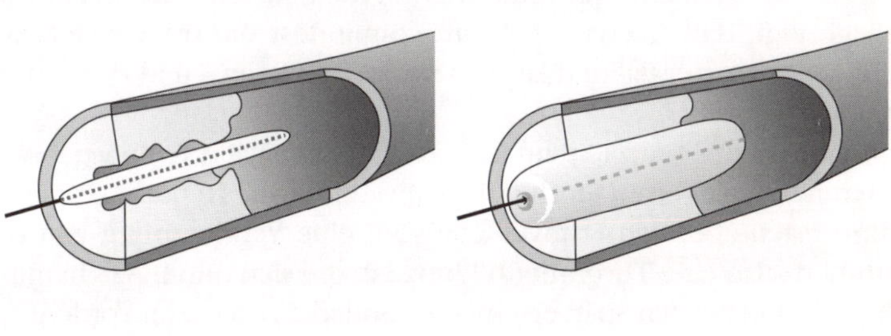

Bei der Ballondilatation wird das verengte Blutgefäß durch Aufblasen eines kleinen Ballons wieder aufgedehnt: Die arteriosklerotischen Ablagerungen werden auf diese Weise einfach an die Gefäßwand gedrückt.

fahr eines akuten Herzinfarkts. Bei 7 bis 20 Prozent der Patienten verschließt sich das ballondilatierte Gefäß bereits kurz nach dem Eingriff wieder; in 25 bis 55 Prozent der Fälle kommt es zu späteren Verschlüssen innerhalb der ersten 6 bis 12 Monate nach der Ballondilatation.

Wahrscheinlich tragen mehrere Faktoren zu diesem Prozeß bei: Bei der Aufdehnung wird mit dem Koronargefäß nicht gerade sanft umgegangen. Meist kommt es dabei zu Einrissen in den Gefäßinnenwänden und den arteriosklerotischen Plaques - und natürlich haben die Blutplättchen nichts Eiligeres zu tun, als sich sofort an diesen verletzten Stellen anzulagern und Thromben zu bilden, um die Wunde zu verschließen. Für sie gibt es keinen Unterschied zwischen äußeren Verletzungen - wo dieser Prozeß äußerst sinnvoll ist - und Kratzern auf einem Arteriosklerosebeet oder an der Gefäßinnenwand, wo solche Klumpen aus Blutplättchen natürlich nur Unheil anrichten können. Sie reagieren auf alle Verletzungen auf die gleiche Art und Weise.

Wahrscheinlich ist dieser Verklumpungsprozeß in erster Linie für die frühen Gefäßverschlüsse verantwortlich. An den späteren Verschlüssen dagegen sind wohl eher Anlagerungen von Bindegewebszellen beteiligt.[29]

In so einem Fall bleibt nur eines: Die wieder verengte Stelle muß erneut per Ballon aufgedehnt werden. Dies ist auch problemlos möglich und wird sehr häufig gemacht.

Aber wer möchte sich schon alle halben Jahre einen Herzkatheter einführen und ein Koronargefäß mit dem Ballon aufdehnen lassen? Zum Glück gibt es inzwischen auch noch eine andere Möglichkeit, dieses Problem zumindest teilweise in den Griff zu bekommen.

Was kann man tun? Zunächst einmal: kompromißlos mit dem Rauchen aufhören; denn sonst ist die Bildung neuer Plaques an den Wänden der aufgedehnten Gefäße praktisch programmiert. Das läßt sich durch keinerlei Medikamente verhindern. Außerdem haben verschiedene Studien gezeigt, daß Acetylsalicylsäure zumindest die frühen Gefäßverschlüsse nach einer Ballondilatation reduzieren kann - und zwar immerhin um 50 Prozent.[30]

Auf die später auftretenden Gefäßverschlüsse hat ASS hingegen wohl keinen nennenswerten Einfluß. Das spricht für die Hypothese, daß die Hauptursache bei den Frühverschlüssen eine Verklumpung von Blutplättchen, also eine Thrombenbildung ist, die sich durch ASS hemmen läßt, während bei den Spätverschlüssen andere Prozesse im Vordergrund stehen, die ASS nicht beeinflussen kann.[31]

Auch hier sind allerdings noch jede Menge Fragen offen: Wiederum ist es vor allem die Frage der Dosierung, die den Medizinern vorläufig noch

Kopfschmerzen bereitet. Die Empfehlungen der Wissenschaftler schwanken zwischen 100 und 300 mg ASS pro Tag; in der Bayer-Broschüre wird der Verträglichkeit wegen auch hier wieder zu einer Tagesdosis von 100 mg geraten. Hier sind sicher noch viele weitere medizinische Studien notwendig, um endgültige Klarheit zu schaffen.[32]

Man ist sich bis jetzt auch noch nicht sicher, ob eine Kombination mit anderen Medikamenten sinnvoll ist oder nicht. In einigen Versuchen wurde Acetylsalicylsäure zusammen mit Dipyridamol eingesetzt, einem Wirkstoff, der genau wie ASS die Zusammenballung der Blutplättchen - und damit die Gerinnselbildung - hemmt. Die Ergebnisse dieser Studien sind jedoch leider ziemlich widersprüchlich: Bei einer Untersuchung konnte die Zahl der Thrombusneubildungen in den ballondilatierten Gefäßen durch die zusätzliche Gabe von Dipyridamol verringert werden, bei einer anderen jedoch schien sich dieses zusätzliche Medikament eher ungünstig auszuwirken.[33]

Klar ist hingegen, wann mit der ASS-Therapie begonnen werden sollte: möglichst schon am Abend vor dem Eingriff, um einer Gerinnselbildung während der Ballondilatation vorzubeugen.[34]

ASS hält Bypässe offen

In manchen Fällen wird bei Angina pectoris oder beim akuten Herzinfarkt auch eine Bypass-Operation durchgeführt. Dabei wird der verschlossene Gefäßteil durch ein anderes, neu eingesetztes Blutgefäß überbrückt: Es wird also eine Art Umgehungskreislauf geschaffen. Meist verwendet man dafür Venenteile des Patienten aus dem Ober- oder Unterschenkel. Von da an fließt das Blut unter Umgehung des verstopften Gefäßteils durch den Bypass; die Durchblutung des Herzens ist wieder verbessert, die Gefahr eines Herzinfarkts zumindest vorübergehend gebannt. In über 85 Prozent aller Fälle ist dieser Eingriff erfolgreich, das heißt, die Patienten sind anschließend von ihren Angina-pectoris-Beschwerden frei.[35] Gegenüber der Ballondilatation hat die Bypass-Operation allerdings einige Nachteile:

- Es handelt sich um einen wesentlich aufwendigeren und daher natürlich auch komplikationsträchtigeren Eingriff, der zwei bis drei Stunden dauert: Die Operation wird am stillstehenden Herzen durchgeführt; der

Patient wird während dieser Zeit an eine Herz-Lungen-Maschine angeschlossen. In der Regel kann er erst zwei bis drei Wochen nach dem Eingriff wieder aus der Klinik entlassen werden – bei einer Ballondilatation dagegen schon nach ein bis zwei Tagen.

■ Eine Ballondilatation kann am gleichen Gefäßsegment mehrfach durchgeführt werden, während eine Bypass-Operation nur in begrenztem Umfang wiederholbar ist.

Aus diesen Gründen wird die Bypass-Operation meist nur in schwereren Fällen durchgeführt – beispielsweise, wenn alle drei Herzkranzgefäße durch arteriosklerotische Ablagerungen stark eingeengt sind. In diesem Fall werden drei Bypässe gelegt. Ist dagegen nur ein einziges Gefäß betroffen, so wird der Arzt dem Patienten im allgemeinen eher zu einer Ballondilatation raten.[36]

Leider ergibt sich bei beiden Eingriffen das gleiche Problem: Es ist mit einem Wiederverschluß durch neue arteriosklerotische Ablagerungen und Gerinnsel zu rechnen,wobei diese Gefahr bei Bypässen aus körpereigenem Material des Patienten (beispielsweise Venenteilen) geringer ist als bei Bypässen aus synthetischem Material.[37]

ASS kann – ähnlich wie bei der Ballondilatation – auch bei Bypässen Frühverschlüsse verhindern, hat jedoch auf spätere Verschlüsse relativ wenig Einfluß. Eine Metaanalyse der Antiplatelet Trialists' Collaboration im Jahre 1994 ergab, daß sich das Verschlußrisiko durch ASS im Vergleich zu Placebo immerhin um 41 Prozent reduzieren läßt. Durch eine siebenmonatige Behandlung mit ASS kann man bei 92 von 1000 behandelten Patienten einen Wiederverschluß des Bypasses verhindern, wobei hohe ASS-Dosen laut dieser Analyse nicht wirksamer sind als Tagesdosen von 75 bis 325 mg.[38] Die Firma Bayer empfiehlt nach Bypass-Operationen eine Dosis von 100 mg ASS täglich.[39]

Bei dieser Metaanalyse zeigte sich auch, daß die Behandlung mit Acetylsalicylsäure in etwa gleich erfolgreich ist, ob man nun vor der Operation oder bis zu 24 Stunden nach dem Eingriff mit der Einnahme von Acetylsalicylsäure beginnt. Bei einem Einnahmebeginn vor der Operation ist aber die Gefahr von Blutungen während des Eingriffs natürlich sehr viel höher. Deshalb wird heute zur Senkung des Blutungsrisikos im allgemeinen erst sechs bis 24 Stunden nach der Operation mit der Acetylsalicylsäure-Therapie begonnen.[40]

Länger sollte man allerdings nicht warten: Setzt die Wiederverschluß-Prophylaxe mit Acetylsalicylsäure nämlich später als 48 Stunden nach der

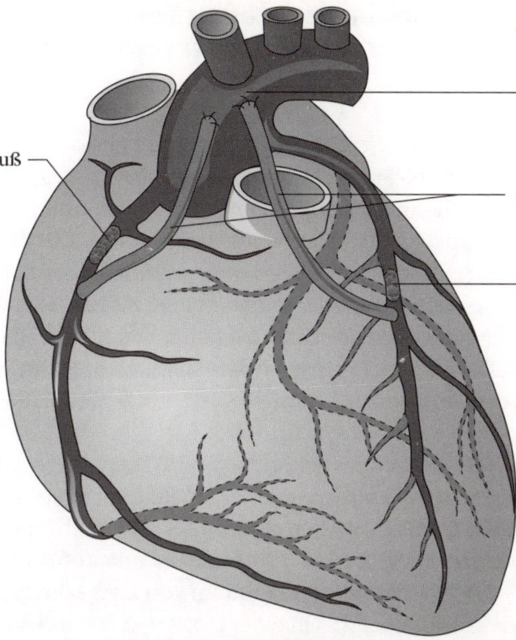

Bei der Bypass-Operation werden Engstellen in den Herzkranzgefäßen durch „Umgehungskreisläufe" (meist Venenteile des Patienten) überbrückt.

Operation ein, so kann ASS seine gerinnselbildungshemmende Wirkung nicht rechtzeitig entfalten.[41]

Ob eine zusätzliche Einnahme von Dipyridamol sinnvoll ist, auch diese Frage ist noch nicht geklärt: Bis jetzt ergab nur eine einzige Studie einen zusätzlichen Nutzen für Dipyridamol.[42]

Unklar ist vorläufig auch noch, wie lange ASS nach einer Bypass-Operation oder Ballondilatation eingenommen werden sollte, denn es liegen bis jetzt noch nicht genügend Vergleichsstudien mit unterschiedlicher Behandlungsdauer vor. In den ersten Monaten nach dem Eingriff ist das Risiko eines Gefäßverschlusses am höchsten, aber auch hinterher kann es jederzeit zu Verschlüssen kommen. Den vorliegenden Untersuchungen zufolge ist eine ASS-Behandlung von einem Jahr das Minimum; eventuell sollte aber auch länger, vielleicht lebenslang, ASS gegeben werden.[43]

Sekundärprävention: Auch hier ist ASS unverzichtbar

Bei jedem Menschen, der bereits einen Herzinfarkt erlitten hat, ist das Risiko eines Zweitinfarkts drastisch erhöht. Es ist also wichtig, gleich, nachdem der Patient sich von seinem ersten Infarkt erholt hat, Maßnahmen zur Vorbeugung eines zweiten Herzinfarkts einzuleiten. Der Mediziner bezeichnet dies als Sekundärprävention oder Sekundärprophylaxe. Dabei kommt es vor allem darauf an, die individuellen, meist durch die Lebensweise bedingten Risikofaktoren auszuschalten: zu hohen Blutdruck, zu hohen Cholesterinspiegel, Rauchen usw. Häufig werden zur Normalisierung des Blutdrucks oder der Blutfettwerte auch Medikamente eingesetzt.

Daneben spielt ASS bei der Sekundärprophylaxe eine wichtige Rolle. Schon Anfang der siebziger Jahre fand in England die erste große Studie statt, die feststellen sollte, ob sich durch ASS die Gefahr eines zweiten Herzinfarkts verringern läßt. Über 1200 Männer unter 65 Jahren nahmen daran teil. Sie erhielten über einen Zeitraum von zwei Jahren nach ihrem ersten Herzinfarkt entweder ASS in einer Dosis von 300 mg oder Placebo. Das Ergebnis sprach eindeutig für ASS: In der Placebo-Gruppe starben 61 Menschen, in der ASS-Gruppe nur 47.[44]

Weitere Studien wiesen in die gleiche Richtung. 1980 führte der Statistiker Richard Peto erstmals eine Analyse vieler verschiedener, aber von ihrer Methode her vergleichbarer Untersuchungen zur reinfarktprophylaktischen Wirkung von ASS durch - eine sogenannte Metaanalyse. Ziel solcher Metaanalysen ist es, durch Einbeziehung einer größeren Anzahl von Studien zu einem repräsentativeren Ergebnis zu kommen und den Zufall weitgehend auszuschalten. Denn wenn sich bei *einer* Untersuchung eine positive Wirkung von ASS zur Vorbeugung eines zweiten Herzinfarkts zeigt, so kann dies immer noch purer Zufall sein; doch wenn sich ein solches Resultat aus einer Untersuchung mehrerer Studien ergibt, kann man schon davon ausgehen, daß ASS tatsächlich die Reinfarktrate senkt.

Peto wertete sechs große Studien mit insgesamt über 10 800 Herzinfarktpatienten aus, die zur Reinfarktprophylaxe täglich 300 bis 1 500 mg ASS erhalten hatten, und zwar über einen Zeitraum von ein bis vier Jahren. Bei den mit ASS behandelten Patienten war die Anzahl nicht tödlicher Reinfarkte um 30 Prozent reduziert; durch Herz-Kreislauf-Erkrankungen bedingte Todesfälle kamen um rund 10 Prozent seltener vor. Der Erfolg der ASS-Behandlung schien nicht von der gewählten Dosis abhängig zu sein: Die Acetylsalicylsäure hatte in einer Tagesdosis von 300 mg dieselbe schützende Wirkung wie bei einer Dosierung von 1 500 mg.[45] Daher empfiehlt die Firma Bayer für die Reinfarktprophylaxe 300 mg *Aspirin* als Tagesdosis.

Die APRICOT-Studie („Antithrombotics in the Prevention of Reocclusion in Coronary Thrombolysis") schließlich ergab, daß die Acetylsalicylsäure anderen Medikamenten bei der Reinfarktprophylaxe überlegen ist: 300 Patienten erhielten nach einem akuten Herzinfarkt und Lysetherapie entweder 300 mg ASS pro Tag, Placebo oder Coumadin. Das ist ein Medikament, das ähnlich wie Heparin die Blutgerinnung hemmt und auf diese Weise der Thromboseentstehung vorbeugt. Das Ergebnis sprach für die Acetylsalicylsäure: In der ASS-Gruppe traten die wenigsten Reinfarkte auf![46]

Und selbst wenn es zu einem Reinfarkt oder zu anderen lebensbedrohlichen Herzbeschwerden kommen sollte, verlaufen diese doch zumindest weniger dramatisch, wenn der Patient vorher regelmäßig ASS eingenommen hat. Das ergab eine in den neunziger Jahren in Spanien durchgeführte Untersuchung an 539 Patienten, die wegen koronarer Komplikationen ins Krankenhaus gekommen waren. 214 hatten in der Woche davor ASS eingenommen, die übrigen nicht. In der ASS-Patientengruppe wurde lediglich in 51 Fällen ein Herzinfarkt diagnostiziert, in der anderen Gruppe waren es immerhin 176 Herzinfarkte – die übrigen Patienten litten an instabiler Angina pectoris. In Prozentzahlen umgerechnet, bedeutet dies, daß das Risiko, einen Herzinfarkt zu erleiden, sich durch ASS offenbar um 72 Prozent reduzieren läßt – ein sehr ermutigendes Ergebnis! Außerdem verliefen die Infarkte bei den Patienten, die ASS eingenommen hatten, weniger schwer. Ein solcher Schutz ist laut dieser Studie schon bei einer Wochendosis zwischen 500 und 1000 mg ASS gewährleistet.[47]

Diese Studien reichen aus, um eine langfristige Behandlung mit ASS bei Patienten nach dem ersten Herzinfarkt zur Standardtherapie zu erheben. Professor Dr. H. Lydtin von der Medizinischen Klinik in Starnberg erklärte auf dem 95. Deutschen Internistenkongreß in Wiesbaden 1989, hinsichtlich der gesicherten Wirksamkeit in der Sekundärprophylaxe des Herzinfarkts seien ASS und Betablocker mit weitem Abstand führend; erst dann kämen andere Medikamente wie blutdruck- und cholesterinspiegelsenkende Mittel, Gerinnungshemmer, Kalcium-Antagonisten, ACE-Hemmer und andere. Sie können eine Therapie mit ASS zwar gut ergänzen, aber nicht ersetzen.[48]

Eine Studie mit überwältigendem Resultat

Besonderes Aufsehen aber erregte die Entdeckung, daß sich durch Einnahme von Acetylsalicylsäure auch bei Menschen, die noch nicht an einer koronaren Herzkrankheit leiden, das Risiko eines Herzinfarkts drastisch senken läßt. Dies wurde durch eine großangelegte medizinische Studie bereits in den achtziger Jahren zweifelsfrei erwiesen.

Die amerikanische Ärztestudie (Physicians' Health Study) paßte in jeder Hinsicht ins Land der Superlative: Über 22 000 Ärzte nahmen daran teil; fast 4 Millionen Dollar ließ die amerikanische Regierung es sich kosten, diese Studie zu unterstützen. Mit dieser Summe konnte der Harvard-Internist Charles Hennekens es sich schon leisten, einigen Aufwand zu betreiben: Zunächst verschickte er an 261 248 männliche Ärzte im Alter von 40 und 84 Jahren Fragebogen. Dann ging er an die mühselige Arbeit, die Spreu vom Weizen zu sondern: Alle, die schon einmal einen Hirnschlag erlitten hatten oder an einer Herz-Kreislauf-Erkrankung litten, mußten aus der Studie ausgeschlossen werden, ebenso Personen, die zur Bekämpfung rheumatischer Erkrankungen bereits ASS nahmen - denn das hätte natürlich das Ergebnis der Studie verfälscht. Von den Ärzten, die am Schluß übrigblieben, nahm die eine Hälfte jeden zweiten Tag eine ASS-Tablette (325 mg) ein; die andere Hälfte bekam ein Placebo. Es handelte sich um eine doppelblinde Studie - das heißt, weder der Arzt noch die einzelnen Patienten wußten, ob sie nun ASS oder Placebo einnahmen.

Bald sah Charles Hennekens sich bei seiner Studie mit Problemen konfrontiert, mit denen er nie im Leben gerechnet hatte: Schon nach fünf Jahren zeichnete sich ab, daß ASS offenbar einen sehr wirksamen Schutz vor dem Herzinfarkt bietet. In der ASS-Gruppe hatten nur 139 Männer einen Infarkt erlitten; in der Placebo-Gruppe waren es dagegen 239.[49] Das konnte kein Zufall sein. Es entsprach immerhin einer Reduktion des Herzinfarktrisikos durch ASS um über 40 Prozent!

Hennekens stand vor einem ethischen Problem: Sollte die Studie fortgesetzt oder vorzeitig abgebrochen werden? Natürlich würden die Ergebnisse noch viel eindeutiger sein, wenn man die Studie bis zum geplanten Ende - also noch drei weitere Jahre - fortsetzte. Andererseits war das Resultat ja eigentlich auch jetzt schon mehr als klar. Konnte man es angesichts dieser Zahlen überhaupt noch verantworten, der Ärztegruppe, die Placebo einnahm, ASS weiterhin vorzuenthalten? Und mußte man diese verblüffenden Ergebnisse nicht möglichst rasch bekanntmachen, damit die ganze Bevölkerung von der herzinfarktvorbeugenden Wirkung dieses so preiswerten, nebenwirkungsarmen Medikaments profitieren konnte? Vielleicht ließen sich so Tausende von Menschen retten!

Der Kontrollausschuß, der die Studie überwachte, entschloß sich, sie abzubrechen. Die Ergebnisse der amerikanischen Ärztestudie wurden in aller Welt als Meilenstein in der Geschichte der Medizin gefeiert: Die Titelseiten der Zeitungen waren voll davon.[50] Und die Ärzte, die an der Studie teilgenommen hatten, zogen sofort ihre Konsequenzen daraus: Nach Aufhebung des Blindschlüssels entschlossen sich 99 % der ASS-Gruppe und 75 % der Placebo-Gruppe, künftig regelmäßig ASS einzunehmen, um einem Herzinfarkt vorzubeugen.[51]

Einen kleinen Schönheitsfehler hatte diese Studie aber doch: Es stellte sich nämlich heraus, daß die Ärzte, die daran teilgenommen hatten, überdurchschnittlich gesund waren. Ihre Sterberate während des Untersuchungszeitraums lag nur bei 15 Prozent der sonst üblichen Zahl an Todesfällen bei Männern in diesem Alter. Nach vier Jahren waren von den über 22 000 Versuchspersonen noch nicht einmal 40 gestorben! Wahrscheinlich lebten diese Ärzte so gesundheitsbewußt, daß ihr Risiko, einen Herzinfarkt zu erleiden, ohnehin geringer war als bei anderen Menschen.[52] Dennoch sprachen die Ergebnisse der Studie eine deutliche Sprache. Mit dem Gesundheitsbewußtsein der Testpersonen allein ließen sich diese überwältigenden Resultate nicht erklären.

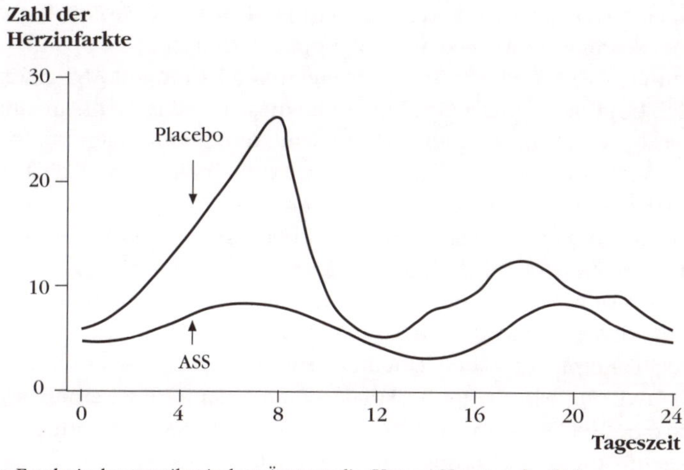

Das Ergebnis der amerikanischen Ärztestudie: Unter ASS traten deutlich weniger Herzinfarkte auf als unter Placebo. Vor allem der morgendliche Gipfel der Infarkthäufigkeit wurde durch ASS unterdrückt.

Spätere wissenschaftliche Untersuchungen bestätigten das Ergebnis der amerikanischen Ärztestudie und beantworteten vor allem die Frage, ob auch Frauen, die ASS einnehmen, dadurch ihr Herzinfarktrisiko senken können. 1991 wurden die Ergebnisse einer Untersuchung an fast 90 000 amerikanischen Krankenschwestern veröffentlicht, und sie waren ebenso ermutigend wie das Resultat der amerikanischen Ärztestudie, an der ja nur Männer teilgenommen hatten: Bei Frauen über 50 Jahren, die eine bis sechs Tabletten ASS pro Woche (à 325 mg) einnahmen, war das Risiko für einen Herzinfarkt um 27 Prozent verringert![53]

ASS zur primären Herzinfarktprophylaxe – ja oder nein?

Die positiven Ergebnisse dieser Studien warfen natürlich die Frage auf, ob denn nun jeder Mensch – egal, ob er ein erhöhtes Herzinfarktrisiko hat oder nicht – prophylaktisch schon einmal jeden zweiten Tag eine 300-mg-Tablette ASS schlucken soll, um sich vor einem Infarkt zu schützen. Hiervon raten die Mediziner jedoch ab. Eine solche Prophylaxe kommt ihrer Ansicht nach nur für Risikopatienten in Frage. Es ist nämlich nach bisherigen Erkenntnissen noch gar nicht sicher, ob ein Mensch mit völlig gesunden Herzkranzgefäßen und ohne sonstige Herzinfarkt-Risikofaktoren von einer solchen Prophylaxe überhaupt profitieren kann.

Abzuraten ist vor allem von einer Eigenmedikation mit ASS – denn natürlich birgt eine langfristige Einnahme dieses Medikaments in einer Dosis von 300 mg pro Tag die Gefahr von Nebenwirkungen wie beispielsweise Blutungen, vor allem im Magen-Darm-Trakt. Zwar ist die Liste der möglichen Nebenwirkungen bei ASS im Vergleich zu vielen anderen Medikamenten nicht sehr lang; aber ausschließen lassen sich solche unerwünschten Nebeneffekte natürlich nicht.

Deshalb sollte eine Dauermedikation mit ASS nur in Absprache mit dem Arzt erfolgen. Er wird dann das individuelle Nutzen-Risiko-Verhältnis einer ASS-Therapie für seinen Patienten ermitteln. Das heißt, er wird feststellen, inwieweit überhaupt Risikofaktoren für einen Herzinfarkt vorliegen, die eine ASS-Einnahme rechtfertigen. Als nächstes wird er prüfen, ob bei seinem Patienten irgendwelche Gegenanzeigen bestehen, die eine Einnahme von ASS problematisch machen oder gar verbieten: also zum Beispiel, ob er zu Magenschleimhautreizungen, Magengeschwüren oder

-blutungen neigt, ob bei ihm ein Analgetika-Asthma vorliegt, und so weiter. Erst dann kann er abwägen, was bei seinem Patienten schwerer ins Gewicht fällt: der mögliche Nutzen oder das mögliche Risiko einer langfristigen regelmäßigen ASS-Einnahme.

„Bei der Betreuung seiner Patienten sollte der Arzt ... immer das absolute Risiko anhand des Risikofaktoren-Profils beurteilen", rät Professor Charles Hennekens, der Leiter der amerikanischen Ärztestudie. „Ein Mann mit einem Alter unter 50 Jahren profitiert nicht notwendigerweise von dieser Medikamentation. Wenn er jedoch eine auffällige Familienanamnese oder eine Hypercholesterinämie hat, die sein absolutes Infarktrisiko erhöhen, dann wäre es sicher sinnvoll, ASS zu verordnen."[54] Hennekens selbst hat, nachdem die Ergebnisse der amerikanischen Ärztestudie vorlagen, für sich eine klare Entscheidung getroffen – und zwar zugunsten von ASS: „Nehmen Sie zum Beispiel mich selbst", sagt er. „46jährig, LDL-Cholesterin von 150, normaler Blutdruck, Nichtraucher, etwas übergewichtig, körperlich jedoch sehr aktiv, spiele täglich Squash. Ich gehörte zur Placebo-Gruppe und hatte anfangs beschlossen, unter Placebo zu bleiben, weil ich mein Risiko bezüglich Alter und anderer Risikofaktoren als eher gering einschätzte. Allerdings bin ich familiär belastet, weil einige meiner Verwandten in jungen Jahren an den Folgen einer Herzerkrankung verstorben sind. Trotzdem wollte ich zunächst nach Absprache mit meinem Arzt nicht auf das Verum-Präparat umsteigen. Als jedoch ein guter Freund von mir, Squash-US-Meister in unserer Altersgruppe, im letzten Sommer plötzlich einen Herzinfarkt erlitt und ich erfuhr, daß er ebenfalls eine positive Familienanamnese hatte, kam ich zu der Überzeugung, daß familiäre Belastung ein zusätzlicher Risikofaktor ist. Seither nehme auch ich niedrig dosierte ASS."[55]

Wichtig: andere Risikofaktoren ausschalten!

Allerdings warnt Hennekens davor, die vielversprechenden Ergebnisse dieser ASS-Studien nun etwa als Freibrief für eine ungesunde Lebensweise zu betrachten: Die Ausschaltung oder zumindest Reduktion anderer Risikofaktoren, sagt er, sei mindestens ebenso wichtig wie eine medikamentöse Herzinfarkt-Prophylaxe. So hält er es für erwiesen, daß eine Senkung des Cholesterinspiegels um 10 Prozent das Herzinfarktrisiko um ungefähr 20 bis 30 Prozent mindert; und eine Senkung des Bluthochdrucks um 7 bis 8 mm Hg diastolisch reduziert das Infarktrisiko um 12 Prozent und das Schlaganfallrisiko sogar um 40 Prozent. Am meisten tun jedoch Raucher, denen es gelingt, künftig ganz auf die Zigarette zu verzichten, für die Gesundheit ihrer Herzkranzgefäße: Ihr Risiko, einen Herzinfarkt zu erleiden, sinkt schon innerhalb weniger Monate nach Beginn der Zigarettenabstinenz um ganze 80 Prozent.[56]

Um Risikopatienten und Menschen, die bereits einen Herzinfarkt erlitten haben, eine Orientierungshilfe zu geben, haben Mediziner ein Fünf-Punkte-Programm aufgestellt, mit dem man sein Risikoprofil entscheidend verbessern und gleichzeitig seine Leistungsfähigkeit und Lebensqualität steigern kann:

- Am wichtigsten ist, wie bereits mehrfach erwähnt, sich das Rauchen abzugewöhnen. Studien zufolge ist das Weiterrauchen nämlich der wichtigste Risikofaktor für einen zweiten Infarkt und auch für den plötzlichen Herztod.

- Fast ebenso ausschlaggebend ist die richtige Ernährung. Hier gilt: Viel frisches Obst, Salat und Gemüse, wenig tierische und dafür mehr pflanzliche Fette, lieber Fisch als Fleisch. Insgesamt sollte die Ernährung fettärmer sein, als es in bundesdeutschen Haushalten allgemein üblich ist; man soll also nach Möglichkeit fettreiche Käsesorten und „versteckte Fette“ in der Wurst meiden, das Streichfett dünn auftragen und fettarme Garmethoden bevorzugen.

- Wer sein Übergewicht reduziert, schaltet einen sehr wichtigen Risikofaktor aus - und das sollte ihm mit der oben beschriebenen Ernährung nicht einmal besonders schwer fallen.

- Zwar ist nicht hundertprozentig erwiesen, daß Bewegungsmangel einen Risikofaktor für die koronare Herzkrankheit darstellt; doch man weiß zumindest, daß Menschen, die sportlich aktiv sind, seltener einen Herzinfarkt erleiden und daß Infarkte bei ihnen auch nicht so oft tödlich verlaufen. Deshalb ist regelmäßige Bewegung wichtig - natürlich in Absprache mit dem behandelnden Arzt. Risikopatienten und Menschen, die bereits einen Herzinfarkt hinter sich haben, sollten beim Sport den Grundsatz „Mäßig, aber regelmäßig“ beachten: Sportarten, bei denen es auf Hochleistung oder Wettkampf ankommt, sind für sie nicht geeignet, denn es ist erwiesen, daß intensive körperliche Anstrengung einen Herzinfarkt auslösen kann. Positiv sind dagegen alle sportlichen Betätigungen, bei denen die Ausdauer im Vordergrund steht – also zum Beispiel langes Spazierengehen, Skilanglauf oder Schwimmen.

■ Auch Streß zu vermeiden oder zumindest richtig damit umgehen zu lernen ist sehr wichtig. In einer 1995 an der Harvard University in Boston durchgeführten Studie wurde endlich bewiesen, was man schon lange vermutet hatte: Wer viel Streß hat, lebt gefährlich – denn Streß kann zum Herzinfarkt führen. 1623 Patienten, die einen Herzinfarkt erlitten hatten, wurden befragt, ob sie sich in den 26 Stunden vor Einsetzen der Infarktsymptome geärgert hatten. Dann mußten sie ihren inneren Aufruhr anhand einer Skala bewerten, die von „ruhig" bis hin zu „besinnungslos vor Wut; die Selbstbeherrschung verloren, mit Gegenständen geworfen" reichte. Das Ergebnis dieser Studie: Das Risiko, einen Infarkt zu erleiden, steigt durch heftigen Ärger auf das Doppelte an! Noch bis zu 24 Stunden nach einer Ärgerepisode treten Herzinfarkte gehäuft auf.

Hierzu tragen wahrscheinlich gleich mehrere Faktoren bei: Streß erhöht den Blutdruck, steigert die Herzfrequenz und damit auch den Sauerstoffbedarf des Herzens. Ist die Sauerstoffversorgung ohnehin schon durch arteriosklerotische Verengungen der Herzkranzgefäße verschlechtert, so kann es in Streßsituationen kritisch werden. Auch die Verklumpungsneigung der Blutplättchen und die Gerinnungstendenz des Blutes sind bei Streß erhöht, und die Herzkranzgefäße ziehen sich zusammen. Dabei kann es leicht passieren, daß ein arteriosklerotischer Plaque einreißt und sich ein Blutgerinnsel bildet.

Zwar zeigte dieselbe Studie auch, daß sich das Risiko, einen streßbedingten Herzinfarkt zu erleiden, durch regelmäßige Einnahme von ASS stark senken läßt; aber natürlich ist es trotzdem sinnvoll, das Übel an der Wurzel zu bekämpfen und sich zu überlegen, wie man seine persönlichen Streßfaktoren in den Griff bekommt. Hierzu gibt es mehrere Möglichkeiten: So kann man zum Beispiel eine Entspannungstechnik erlernen und diese regelmäßig praktizieren. Sehr gut eignet sich autogenes Training oder die Progressive Muskelrelaxation nach Jacobson, aber auch Meditation. Ebenso wichtig, wenn auch vielleicht etwas schwieriger, ist es, sich zu überlegen, wie man sein Verhalten in Streßsituationen gezielt ändern und welche Streßfaktoren man vielleicht sogar völlig ausschalten kann. Eine solche Bestandsaufnahme wird rasch zeigen, daß man sich etliche Belastungen aufgebürdet hat, die eigentlich nicht unbedingt notwendig sind; bei vielen Menschen artet sogar die Freizeitgestaltung zum Streß aus, weil auch ihr privater Terminkalender randvoll ist. Hier ist nach einem Herzinfarkt oder bei bestehendem Infarktrisiko Umdenken angesagt.

■ Ein letzter, aber entscheidender Punkt ist die Therapietreue bei der Einnahme der Medikamente - die Compliance.

Viele Patienten nehmen ihre Medikamente aus Nachlässigkeit nicht regelmäßig ein oder setzen sie aufgrund bewußter oder unbewußter Vorurteile gegen die „Chemie", die sie nicht dauernd schlucken wollen, nach einiger Zeit eigenmächtig wieder ab - und setzen damit leichtfertig ihr Leben aufs Spiel. Denn gerade bei Herz-Kreislauf-Erkrankungen müssen viele Medikamente - beispielsweise blutdrucksenkende Mittel oder Präparate wie Acetylsalicylsäure, die die Verklumpungsneigung des Blutes senken - über Jahre hinweg und unter Umständen sogar ein Leben lang eingenommen werden.

Wissenschaftliche Untersuchungen haben aber gezeigt, daß nur etwa jeder fünfte Bluthochdruckkranke und jeder zweite Infarktpatient regelmäßig seine Medikamente einnimmt. Dies sind alarmierende Zahlen, die sicher für einen nicht geringen Teil der Infarkte und Reinfarkte bei Risikopatienten verantwortlich sind.[57]

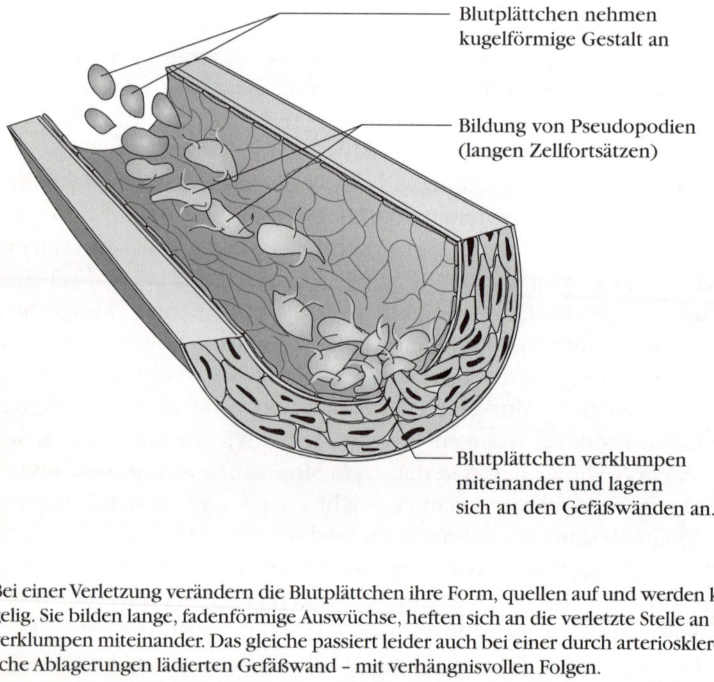

Bei einer Verletzung verändern die Blutplättchen ihre Form, quellen auf und werden kugelig. Sie bilden lange, fadenförmige Auswüchse, heften sich an die verletzte Stelle an und verklumpen miteinander. Das gleiche passiert leider auch bei einer durch arteriosklerotische Ablagerungen lädierten Gefäßwand - mit verhängnisvollen Folgen.

Wie Thrombosen entstehen

Auf welche Weise verhindert ASS nun eigentlich die Thrombenbildung? Um das zu verstehen, muß man sich erst einmal klarmachen, was bei dem Prozeß der Blutstillung und -gerinnung eigentlich passiert.

Unser Blut besteht aus weißen und roten Blutzellen und den Blutplättchen (Thrombozyten). Die weißen Blutkörperchen spielen bei der Immunabwehr eine wichtige Rolle; die roten Blutzellen sind für den Transport von Sauerstoff von der Lunge in unsere Körpergewebe verantwortlich; und die Blutplättchen haben die Aufgabe, Wunden zu verschließen – ein Prozeß, den man als Blutgerinnung bezeichnet.

Normalerweise sind die Plättchen scheibenförmig und fließen im Randstrom des Blutes mit. Doch sobald ein Blutgefäß verletzt wird, werden sie aktiviert, und es kommt zu einer ganzen Kette von Reaktionen: Zunächst verändern die Thrombozyten ihre Form; sie quellen auf und werden kugelig. Außerdem bilden sie Pseudopodien – lange, fadenförmige Auswüchse, mit denen sie sich besser ineinander verhaken können. Dann heften sie sich an die verletzte Gefäßwand an und verklumpen miteinander, um das „Leck" abzudichten.

Im Laufe dieser Thrombozytenaggregation schütten die Blutplättchen nun gleichzeitig chemische Substanzen aus, die weitere Plättchen aktivieren und dazu veranlassen, ihre Form zu verändern und sich an der verletzten Stelle anzulagern.

Eine dieser Substanzen ist das Thromboxan A_2, ein Prostaglandin, das genau wie andere Prostaglandine bei Verletzungen aus Arachidonsäure gebildet wird, und zwar hauptsächlich in den Blutplättchen. Thromboxan A_2 fördert die Aktivierung und Zusammenballung der Blutplättchen und hat gleichzeitig eine zusammenziehende Wirkung auf die Blutgefäße. Auch diese Blutgefäßverengung trägt dazu bei, die Blutung möglichst rasch zum Stillstand zu bringen.

Aber natürlich darf sich in den benachbarten, unverletzten Blutgefäßen kein Blutpfropf bilden, sondern nur an der beschädigten Stelle. Deshalb setzt die Gefäßwand, während die Blutplättchen ihr Thromboxan ausschütten, gleichzeitig eine andere chemische Substanz frei: das Prostazyklin. Dieses Prostazyklin, das ebenfalls zur Gruppe der Prostaglandine gehört, fungiert als Gegenspieler des Thromboxans: Es erweitert die Gefäße und hemmt die Thrombozytenaggregation. Auf diese Weise wird erreicht, daß die Gefäßverengung und die Zusammenballung der Blutplättchen sich nur auf die verletzte Stelle beschränkt und nicht etwa auf unverletzte Bereiche des Gefäßsystems übergreift, damit der Blutfluß nicht gehemmt wird. An der Übergangsstelle vom verletzten zum unbeschädigten Gefäßwandbereich bewirkt das Prostazyklin eine Rückbildung der Thrombozyten von der Kugel- zur Scheibenform. Dieses raffinierte Zusammenspiel zweier chemischer Substanzen in unserem Körper sorgt dafür, daß Wunden rasch verschlossen werden können, ohne daß sich gleichzeitig auch in gesunden Gefäßen Blutpfropfe bilden – denn diese könnten tödlich sein.

An der verletzten Stelle geht der Prozeß der Blutgerinnung weiter: Jetzt schütten die aktivierten Blutplättchen und die verletzten Gewebe chemische Substanzen aus, die die Gerinnungsfaktoren im Blut stimulieren. Gerinnungsfaktoren sind Enzyme, die bei Verletzungen dafür sorgen, daß die Blutflüssigkeit fest wird.

Normalerweise sind sie in inaktiver Form im Blut vorhanden; werden sie jedoch aktiviert, so bilden sie an der verletzten Stelle dichte Netze aus Fibrin – fadenförmigen Eiweißmolekülen, in die sich rote und weiße Blutkörperchen und Blutplättchen verstricken und einen festen Pfropfen bilden. Diese geronnene Masse zieht sich dann zu einem Schorf zusammen: Die Wunde ist verschlossen.

Weitere chemische Substanzen bewirken schließlich in den folgenden Tagen die Einwanderung und Vermehrung von Bindegewebs- und Gefäßmuskelzellen. Auf diese Weise wird das verletzte Gewebe allmählich regeneriert: Die Wunde heilt.

Bei Gefäßerkrankungen ist die Thrombozytenfunktion gestört

Bei Menschen, die an Gefäßerkrankungen leiden, ist das empfindliche Gleichgewicht zwischen gerinnungshemmenden und gerinnungsfördernden Substanzen im Körper gestört. Schon bei Bluthochdruck oder bei einer beginnenden Arteriosklerose gerät dieses sensible Zusammenspiel aus den Fugen: Immer wenn Rauhigkeiten im Gefäßsystem vorhanden sind, wie sie beispielsweise durch arteriosklerotische Ablagerungen oder auch durch einen zu hohen Blutdruck entstehen, werden die Blutplättchen aktiviert und neigen dazu, sich dort anzulagern. Denn ob diese Unebenheiten durch eine Gefäßverletzung oder eine Ablagerung entstanden sind, können sie nicht unterscheiden.

So entsteht eine Kettenreaktion: Immer mehr Thrombozyten werden aktiviert und setzen sich an dem arteriosklerotischen Plaque fest, der dadurch natürlich immer größer wird und das Blutgefäß immer mehr verengt. Später lagern sich dann - ähnlich wie bei einer heilenden Wunde, denn es ist ja tatsächlich der gleiche Prozeß - auch noch Muskelzellen dort an und bilden Zellschichten, durch die das Gefäß noch enger und weniger elastisch wird.

Reißt ein solcher Plaque dann zu allem Überfluß irgendwann auch noch ein, so werden durch diese Verletzung und die dadurch ausgelöste Thromboxan-Ausschüttung noch mehr Blutplättchen zur Gerinnselbildung stimuliert. Passiert das in einem Herzkranzgefäß, so entsteht ein lebensbedrohlicher Zustand: Ein vollständiger Gefäßverschluß - der Herzinfarkt - droht.[58]

Dem Rauchen kommt hierbei eine Schlüsselrolle zu. Es ist vor allem deshalb so gefährlich fürs Herz, weil es die Reaktionsbereitschaft der Blutplättchen erhöht, so daß sie mehr Thromboxan freisetzen und verstärkt zur Gerinnselbildung neigen.[59]

Hinzu kommt, daß bei Gefäßerkrankungen gleichzeitig die Funktion der Gefäßwände gestört ist, so daß sie nicht mehr so viel Prostazyklin produzieren können wie im gesunden Zustand. Haben wir zuviel Thromboxan und zuwenig von dem gefäßerweiternden, verklumpungshemmenden Prostazyklin im Blut, so besteht verstärkte Thrombosegefahr.[60]

Da das Thromboxan ja die Blutgefäße verengt, kann es bei einem zu hohen Thromboxanspiegel auch leicht zu Gefäßspasmen kommen. Das erhöht die Infarktgefahr zusätzlich; denn wenn ein Gefäß ohnehin schon verengt ist und sich dann auch noch zusammenzieht, kann es sich vollständig verschließen.

Besonders kritisch ist die Situation nach einem akuten Herzinfarkt. Denn durch das entstandene Blutgerinnsel sind die Thrombozyten jetzt natürlich in einem hyperreaktiven Zustand; das heißt, es kann sich jederzeit an anderer Stelle ein weiterer Verschluß bilden. Noch bis zu vier Monate nach einem Herzinfarkt kann der Thromboxanspiegel im Blutplasma erhöht sein.[61] Auch bei Patienten mit instabiler Angina pectoris wurden solche erhöhten Thromboxanspiegel festgestellt.[62]

Versucht man das frische Blutgerinnsel durch Streptokinase aufzulösen, so werden dadurch noch mehr Thrombozyten aktiviert: Man hat festgestellt, daß dabei die Thromboxan-Ausscheidung im Urin im Vergleich zu nicht lysierten Patienten um mehr als das Zwanzigfache ansteigt. Das heißt: Gerade durch die Streptokinase-Behandlung, die den Thrombus auflöst, kann paradoxerweise an irgendeiner anderen Stelle wieder ein neuer Gefäßverschluß entstehen. Dieser Tendenz wirkt Acetylsalicylsäure, die ja die Zusammenballung der Blutplättchen hemmt, entgegen; deshalb ist die Kombination von ASS und Streptokinase bei der Behandlung des akuten Herzinfarkts so wirksam.[63]

Warum ASS vor Herzinfarkt schützt

Die positive und häufig sogar lebensrettende Wirkung von ASS bei Risikopatienten und beim akuten Herzinfarkt hängt damit zusammen, daß Acetylsalicylsäure die Prostaglandinsynthese - und damit auch die Synthese von Thromboxan - hemmt, indem sie das Enzym Cyclooxygenase (COX) blockiert, ohne das unser Körper keine Prostaglandine herstellen kann. Damit ist die Gefahr eines Gefäßverschlusses weitgehend gebannt. Allerdings - keine Wirkung ohne Nebenwirkung! - verlängert sich dadurch bei Verletzungen die Blutungszeit.

Aufgrund dieser Wirkung bezeichnet man die Acetylsalicylsäure und andere Medikamente, die die Thrombozyten in ähnlicher Weise beein-

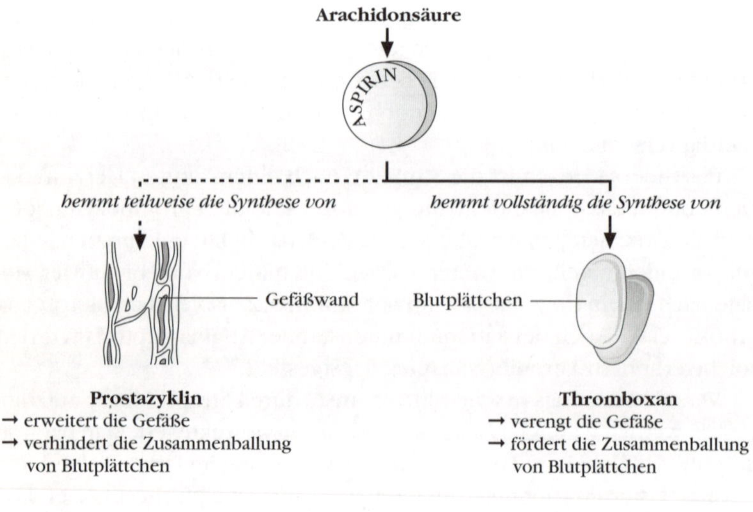

Die Acetylsalicylsäure hemmt die Synthese des „schlechten“ Thromboxans vollständig, die des „guten“ Prostazyklins dagegen zum Glück nur teilweise.

flussen, auch als „Thrombozytenaggregationshemmer" oder „Plättchenfunktionshemmer".

Leider hemmt ASS aber natürlich nicht nur die Synthese des „schlechten" Prostaglandins Thromboxan, sondern auch die Herstellung des „guten", in den Gefäßwänden gebildeten Prostazyklins, das uns vor dem Infarkt schützt, indem es die Blutgefäße erweitert und der Verklumpungsneigung der Blutplättchen entgegenwirkt.

Doch zum Glück unterdrückt ASS die Thromboxansynthese weitaus stärker als die Bildung von Prostazyklin. Anscheinend reagiert die Cyclooxygenase in den Blutplättchen empfindlicher auf ASS als die Cyclooxygenase in den Gefäßwänden. Jedenfalls wird die Prostazyklinsynthese durch ASS nur teilweise und auch nur bei höherer Dosierung gehemmt.[64]

Das hängt unter anderem auch damit zusammen, daß die Zellen der Gefäßwände Zellkerne haben, die Blutplättchen hingegen kernlos sind und daher keine Proteine herstellen können. (Die Proteinherstellung wird vom Zellkern gesteuert.) Enzyme wie beispielsweise die Cyclooxygenase aber gehören zu den Proteinen. Das bedeutet: Ist die Cyclooxygenase in einem Blutplättchen einmal durch ASS blockiert, so kann dieses Blutplättchen bis ans Ende seines etwa zehntägigen Lebens kein Thromboxan mehr produzieren; denn es ist als kernlose Zelle nicht in der Lage, neue Cyclooxygenase herzustellen. Erst neugebildete Blutplättchen sind wieder zur Thromboxansynthese fähig.[65]

Bei den Gefäßwandzellen sieht die Sache anders aus: Sie besitzen Kerne und können daher immer wieder neue Cyclooxygenase herstellen. Deshalb wirkt ASS bei ihnen nicht so nachhaltig und unterbindet die Prostazyklinsynthese nicht vollständig, was ja auch nicht wünschenswert wäre. Das heißt, wir kommen, wenn wir ASS einnehmen, immer noch in den Genuß der positiven Wirkungen des Prostazyklins, können aber die negativen Wirkungen des Thromboxans ausschalten.[66]

Wenn der Magen sauer reagiert...

Leider können vor allem bei einer längerfristigen Einnahme von ASS, wie sie zum Beispiel zur Herzinfarktprophylaxe erforderlich ist, auch unerwünschte Nebenwirkungen auftreten.

Am häufigsten kommt es zu Magen-Darm-Beschwerden: Völlegefühl, Sodbrennen, Verdauungsstörungen, Magendrücken und Magenschmerzen bis hin zu Übelkeit, Erbrechen und Durchfällen. Studien haben jedoch ergeben, daß solche Symptome nur bei höchstens 6 Prozent der Patienten auftreten.[67]

Diese Beschwerden sind zwar nicht sonderlich gravierend, wirken sich aber ungünstig auf die konsequente und regelmäßige Medikamenteneinnahme - die Compliance - der Patienten aus: Manche brechen deswegen die ASS-Therapie ab.

Problematischer wird es, wenn Reizungen und Schädigungen der Magenschleimhaut, Magengeschwüre oder im schlimmsten Fall sogar Magen-Darm-Blutungen auftreten, wie es vor allem bei höheren ASS-Dosen vorkommen kann. Unter ASS-Einnahme können sowohl neue Magengeschwüre entstehen als auch alte reaktiviert werden; ein Zusammenhang zwischen ASS und Zwölffingerdarmgeschwüren konnte bis jetzt nicht nachgewiesen werden.[68]

Magenblutungen können eine Klinikeinweisung erforderlich machen und sogar lebensbedrohlich sein, kommen aber zum Glück nicht allzu häufig vor.

Eine großangelegte Studie hat gezeigt, daß eine solche Blutungsgefahr nur bei Patienten besteht, die ASS regelmäßig an vier oder noch mehr Tagen pro Woche einnehmen - und selbst dann ist sie nicht sehr groß. Nicht immer nämlich muß zwischen Magen-Darm-Blutungen und ASS-Einnahme unbedingt ein ursächlicher Zusammenhang bestehen. Viele Menschen greifen auch erst aufgrund von Schmerzen im Oberbauch, die durch solche Blutungen oder durch Magengeschwüre ausgelöst werden, zur schmerzlindernden Acetylsalicylsäure.

Normalerweise ist mit gravierenderen Magen-Darm-Blutungen nur bei Patienten zu rechnen, bei denen bereits eine entsprechende Vorerkrankung besteht - etwa eine Bluterkrankheit (Hämophilie) oder ein Magengeschwür.[69]

Deshalb ist bei Patienten, die schon einmal Magen- oder Darmgeschwüre hatten, an Magenblutungen litten oder über Magen-Darm-Beschwerden klagen, eine besonders sorgfältige ärztliche Überwachung der Therapie mit Acetylsalicylsäure-Präparaten geboten. Das Nutzen-Risiko-Verhältnis muß hier besonders gewissenhaft abgewägt werden. Kontraindiziert ist die Einnahme von ASS bei Patienten mit akutem Magen- oder Zwölffingerdarmgeschwür und natürlich bei Blutern.

Erwiesen ist auch, daß der tägliche okkulte Blutverlust über den Stuhl, der normalerweise etwa einen halben Milliliter Blut pro Tag beträgt, bei ASS-Einnahme ansteigen kann, und zwar in Abhängigkeit von der Dosis. In seltenen Fällen kann nach längerer Anwendung von acetylsalicylsäurehaltigen Mitteln eine Blutarmut (Eisenmangelanämie) durch solche verborgenen Magen-Darm-Blutverluste auftreten. Deshalb sollte bei einer Langzeittherapie mit hoher Dosis regelmäßig der Hämoglobinwert kontrolliert werden. Hämoglobin ist der Farbstoff der roten Blutkörperchen, der dem Sauerstofftransport dient.

Symptome und Erste-Hilfe-Maßnahmen bei einer akuten Magenblutung

- Erbrechen hellroten Blutes oder „kaffeesatzartiges" Bluterbrechen
- Schwarzer, klebriger Stuhlgang (Teerstuhl)
- Hellrote Blutabgänge durch den After bei massiver Blutung
- Bei größeren Blutungen zunehmende Zeichen eines Kreislaufschocks wie
  - ➡ Schwäche
  - ➡ Schwindel
  - ➡ Luftnot
  - ➡ schneller, flacher Puls
  - ➡ Durst
  - ➡ kalter Schweiß
  - ➡ Blässe
  - ➡ Unruhe
  - ➡ zunehmender Bewußtseinsverlust

Erstmaßnahmen

- Notarzt verständigen
- Schocklagerung (nur bei erhaltenem Bewußtsein!): Kopftieflage und Beinhochlagerung
- Bei Bewußtlosigkeit und erhaltener Atmung und Puls an der Halsschlagader: stabile Seitenlagerung

Wenn man schwarzen Stuhl entdeckt, muß man unverzüglich den Arzt benachrichtigen; denn die schwarze Farbe deutet auf eine Blutbeimengung hin, es ist also im Magen-Darm-Trakt zu einer Blutung gekommen, die unbedingt ärztlicher Kontrolle bedarf.

Warum ASS Magenprobleme verursachen kann

ASS schädigt die Magenschleimhaut sowohl direkt als auch indirekt:

■ Direkte Schädigung durch die Reizwirkung der Säure: Unser Magen ist mit einer Schleimhaut ausgekleidet, die Magensäfte zur Verdauung des Speisebreis absondert und gleichzeitig Schleim produziert. Dieser Schleim bildet einen Schutzfilm, ohne den unser Magen sich selbst verdauen würde. In der Leber wird ASS deacetyliert, das heißt in Salicylsäure und Acetylgruppe aufgespalten. Die Salicylsäure reizt die Magenschleimhaut und kann zu Blutungen und Geschwüren führen.

■ Indirekte Schädigung durch die Hemmung der Prostaglandinsynthese: Prostaglandine - vor allem das Prostaglandin E_2 und das Prostaglandin I_2 - spielen eine wichtige Rolle beim Schutz unserer Magenschleimhaut. Sie synthetisieren Schleim, hemmen überschüssige Magensäureproduktion, verbessern die Durchblutung der Magenschleimhaut und beschleunigen die Heilung von Magengeschwüren.[70] Daß ASS die Prostaglandinsynthese hemmt, hat also leider nicht nur günstige, sondern auch ungünstige Auswirkungen auf unseren Organismus: Von vielen negativen Wirkungen der Prostaglandine - zum Beispiel Entzündungen, Schmerzen, Fieber und Thromboseneigung - bleiben wir dadurch verschont; andererseits geht aber auch die Schutzfunktion der Prostaglandine für unseren Magen verloren.

Es hat sich jedoch gezeigt, daß erst die Kombination der beiden genannten Faktoren zu Schädigungen der Magenschleimhaut, Geschwüren und Blutungen führen kann. Wenn man ASS nämlich intravenös injiziert, wird zwar die Prostaglandinsynthese unterdrückt, aber die Magenschleimhaut nicht gereizt, da sie nicht mit der Säure in Kontakt kommt; und dann treten auch keine Magenschleimhautschäden und kein vermehrter Blutverlust durch Blutungen aus dem Magen-Darm-Trakt auf.

Das bedeutet: Die Reizwirkung der Salicylsäure oder die Hemmung der Prostaglandinsynthese allein würde noch keine Probleme bereiten. Wird jedoch die Magenschleimhaut durch Salicylsäure angegriffen, und fällt dann auch noch die schützende Wirkung der Prostaglandine E_2 und I_2 weg, so kann es bei Patienten, die dafür prädisponiert sind, zu unerwünschten Nebenwirkungen kommen.[71]

Hier setzten Wissenschaftler der Firma Bayer mit ihren Überlegungen zur Entwicklung eines neuen, magenschonenderen ASS-Präparats an: Eigentlich, so sagten sie sich, müßte das Problem der Magen-Darm-Beschwerden sich umschiffen lassen, indem man ASS so rasch wie möglich durch den Magen schleust, so daß die Salicylsäure nicht oder jedenfalls kaum mit der Magenschleimhaut in Berührung kommt. Also versahen sie die Tabletten kurzerhand mit einem Überzug, den die Magensäfte nicht auflösen können. Auf diese Weise wird der Wirkstoff erst im Dünndarm freigesetzt - was der Wirksamkeit der Substanz keinen Abbruch tut, denn ASS wird ohnehin zum größten Teil im oberen Dünndarm resorbiert. Die Resorptionsquote wird also durch die magensaftresistente Darreichungsform nicht beeinträchtigt; die Absorption von ASS aus *Aspirin protect*-Tabletten setzt lediglich drei bis vier Stunden später ein als bei normalen ASS-Tabletten.[72]

Aspirin protect gibt es in zwei verschiedenen Dosierungen: 100 mg pro Tablette *(Aspirin protect 100)* und 300 mg pro Tablette *(Aspirin protect 300)*. Untersuchungen haben gezeigt, daß dieses mit magensaftresistentem Überzug versehene Präparat tatsächlich wesentlich magenverträglicher ist als das normale *Aspirin*.[73] Deshalb eignet es sich besonders gut zur Langzeitanwendung bei Gefäßerkrankungen, also beispielsweise zur Prophylaxe von Herzinfarkten, Thrombosen und Schlaganfällen. In der Dosierung, in der ASS für diesen Zweck eingesetzt wird - maximal 300 mg pro Tag -, kommt es nur selten zu einer Schädigung der Magenschleimhaut und zu Magen-Darm-Blutungen. Auch bei der berühmten ISIS-Studie zur Sekundärprophylaxe des Herzinfarkts wurden magensaftresistente ASS-Tabletten verwendet, und dabei war nur eine geringfügige Zunahme kleinerer Blutungen (um 0,6 Prozent) im Vergleich zu Placebo zu verzeichnen.[74]

Natürlich läßt sich auch die Magenverträglichkeit normaler ASS-Tabletten durch bestimmte Maßnahmen verbessern, zum Beispiel:

- Einnahme stark gepufferter ASS-Präparate: Das sind Tabletten, die außer dem Wirkstoff ASS noch alkalische Substanzen - zum Beispiel Calciumcarbonat oder Natriumhydrogencarbonat - enthalten, die den pH-Wert des Magens anheben. Dadurch wird die Wirkung der Magensäure abgeschwächt und die Magenschleimhaut geschont. Hier bieten sich beispielsweise *Aspirin- Direkt-* Kautabletten, *Aspirin-plus-C*-Brausetabletten oder *Alka-Seltzer*-Brausetabletten an. Die Brausetabletten haben den Vorteil, daß die Acetylsalicylsäure in gelöster Form besonders rasch vom Magen in den Darm gelangt, den Magen also noch weniger belastet.

■ Einnahme nach den Mahlzeiten: Ist der Magen gefüllt, findet kein so intensiver Kontakt zwischen Salicylsäure und Magenschleimhaut statt.

■ Begleitende Einnahme von Antazida (Medikamenten, die Magensäure binden und auf diese Weise Entzündungen der Magenschleimhaut vorbeugen oder sie abmildern) oder *Cimetidin* (einem Arzneimittel, das die Säuresekretion der Magenschleimhaut hemmt).

■ ASS sollte nicht zusammen mit Alkohol eingenommen werden, denn das erhöht das Risiko von Magenblutungen.[75]

Allerdings ist *Aspirin protect* selbst dann noch wesentlich besser magenschleimhautverträglich als normale oder gepufferte ASS-Tabletten, wenn man alle obigen Ratschläge beherzigt. Das ist durch zahlreiche endoskopische und klinische Therapiestudien belegt. Bei *Aspirin protect* erübrigt sich die zusätzliche Einnahme von Antazida oder *Cimetidin*. Außerdem soll man *Aspirin protect* im Gegensatz zu normalen ASS-Tabletten nach Möglichkeit vor und nicht nach den Mahlzeiten einnehmen.

Eine Gratwanderung: die Suche nach der optimalen Dosis

Seit die vor Herzinfarkt schützende Wirkung von ASS bekannt wurde, sind die Forscher auf der Suche nach der geeigneten Dosis. Das ist eine sehr wichtige Frage, denn es hat sich gezeigt, daß die unerwünschten Nebenwirkungen von ASS dosisabhängig sind: In sehr hohen Dosen, in denen Acetylsalicylsäure beispielsweise als Antirheumatikum eingenommen werden muß (bis zu 5 g pro Tag), treten Magen-Darm-Blutungen und andere negative Nebeneffekte weitaus häufiger auf als bei der viel niedrigeren antithrombotischen Dosis (bis zu 300 mg).

Es gilt also, die niedrigstmögliche Dosis zu finden, bei der die erwünschten Wirkungen noch gewährleistet und die unerwünschten Nebenwirkungen möglichst gering sind.

Die Frage der Dosierung ist aber auch noch aus einem anderen Grund wichtig: Man hat festgestellt, daß ASS in niedrigen Dosen nur die Synthese des „schlechten" Thromboxans hemmt, die Produktion des „guten" Prostazyklins hingegen weitgehend unangetastet läßt. Höhere Dosen hingegen hemmen sowohl die Thromboxan- als auch die Prostazyklin-Synthese.[76] Aber wie niedrig die ASS-Dosis sein darf, um die Thromboxan-Synthese noch zuverlässig zu blockieren, gleichzeitig aber die Prostazyklin-Produktion nicht zu beeinträchtigen – dazu liegen bis jetzt keine eindeutigen Ergebnisse vor.[77] Das ist noch ein weites Feld für künftige Forschungsarbeiten.

Unklar ist bislang auch, ob Thrombozytenaggregationshemmer wie ASS bei gesunden Patienten die gleiche Wirkung entfalten wie bei gefäßkranken. Schließlich ist bei Gefäßerkrankungen die Thromboxansyntheserate erhöht, und die Thrombozyten befinden sich in einem hyperreaktiven Zustand. Also ist es durchaus denkbar, daß in solchen Fällen höhere ASS-Dosen erforderlich sind als bei gefäßgesunden Personen. Vielleicht variiert die „optimale" Dosis von Patient zu Patient – je nachdem, wie weit die Erkrankung seiner Herzkranzgefäße fortgeschritten ist. Bei vielen Untersuchungen zur noch wirksamen Mindestdosis von ASS wird von Blutplättchen gesunder Testpersonen ausgegangen. Die Ergebnisse solcher Studien lassen sich aber nicht unbedingt auf Herzinfarkt- und Risikopatienten übertragen.[78]

6

Ein Mittel gegen den Schlaganfall

Auch schlaganfallgefährdete Patienten können von ASS profitieren: Bei Menschen, die schon einmal einen Schlaganfall oder dessen Vorboten – eine transitorische ischämische Attacke – erlitten haben, läßt sich das Schlaganfallrisiko durch Einnahme von ASS um bis zu 30 Prozent senken. Und wenn es trotz ASS doch einmal zu einem Hirnschlag kommen sollte, so verläuft er zumindest weniger schwer als bei Patienten, die nicht mit Acetylsalicylsäure behandelt worden sind. Auch zur Schlaganfallprophylaxe bei Vorhofflimmern wird ASS häufig eingesetzt.

Nach Herzinfarkt und Krebs rangiert der Schlaganfall als Todesursache in den westlichen Industrienationen gleich an dritter Stelle. Allein in Deutschland erleiden jedes Jahr über 100 000 Menschen einen Hirnschlag; 25 Prozent sterben daran, 60 000 werden zu Pflegefällen oder Invaliden. Nur 15 000 Schlaganfallpatienten genesen vollständig; bei den meisten bleiben geistige und körperliche Behinderungen zurück.[1]

Schlaganfall und Herzinfarkt weisen in ihrer Entstehung zahlreiche Parallelen auf. Bei beiden liegt die Hauptursache in der Arteriosklerose, der Entstehung von Plaques an den Innenwänden der Gefäße, die Herz beziehungsweise Gehirn mit Blut versorgen. Bildet sich dann - etwa durch Einreißen eines Plaques - auch noch ein Blutgerinnsel im Gehirn, das ein Gefäß verschließt, so ist das betroffene Hirngewebe von der Sauerstoffzufuhr abgeschnitten und stirbt ab. Daneben gibt es aber auch Schlaganfälle, die durch Hirnblutungen entstehen.

Je nachdem, welcher Teil des Gehirns betroffen ist, kann es zu den verschiedensten Ausfallerscheinungen kommen: halbseitiger Lähmung, Seh-, Sprech- und Gefühlsstörungen, Schwindel, Verwirrtheit und Bewußtlosigkeit.

Wer ist besonders schlaganfallgefährdet?

Genau wie beim Herzinfarkt gibt es auch für den Schlaganfall bestimmte Risikofaktoren, die sich zum Teil durch entsprechende Lebensweise oder Medikamentation leicht ausschalten lassen:

- Risikofaktor Nummer eins ist der Bluthochdruck. Schon allein durch eine Normalisierung des Blutdrucks kann man sein Schlaganfallrisiko um 42 Prozent senken.[2]

- Auch Raucher und Alkoholkonsumenten sind besonders gefährdet.

- Ein erhöhter Cholesterin- und/oder Triglyzeridspiegel erhöht die Schlaganfallgefahr, da er zur Bildung von arteriosklerotischen Plaques an den Gefäßwänden beiträgt.

- Die erbliche Veranlagung spielt auch hier wieder eine nicht unwesentliche Rolle.

Erste Anzeichen eines Schlaganfalls

- Plötzlich einsetzende Lähmungserscheinungen im Arm und/oder Bein auf einer Körperhälfte
- Gefühlsstörung der Arme und/oder Beine
- Kraftminderung des Armes und/oder Beins auf einer Körperhälfte
- Hängender Mundwinkel
- Sehstörungen auf einem Auge, die nur Sekunden oder aber auch länger anhalten
- Schwindel
- Doppelbilder
- Schluckstörungen
- Gangunsicherheit
- Verwaschene Sprache bis hin zur Sprechunfähigkeit
- Unfähigkeit, zu lesen oder zu schreiben
- Bewußtseinstrübung bis hin zum Koma

Die einzelnen Symptome können in unterschiedlicher Intensität allein oder auch zusammen auftreten. Sie können nur flüchtig sein und sich nach Sekunden oder innerhalb weniger Stunden komplett zurückbilden.

Erste Hilfe beim Schlaganfall

- Den Patienten beruhigen und mit erhöhtem Oberkörper lagern
- Sofort ärztliche Hilfe holen (ggf. Notarzt anrufen)
- Bei Erbrechen Atemwege freimachen und den Patienten in die stabile Seitenlage bringen
- Bei intakter Atmung und tastbarem Puls Atemwege freimachen und stabile Seitenlagerung

Entscheidend ist die frühe Klinikeinweisung und gegebenenfalls die Durchführung einer Computertomographie des Schädels zum Ausschluß einer Hirnblutung.

- Grundsätzlich erhöhen alle die Arteriosklerose fördernde Faktoren – also auch Diabetes und Übergewicht – die Schlaganfallgefahr.

■ Wie beim Herzinfarkt ist auch das Geschlecht ein nicht unwesentlicher Risikofaktor: Männer laufen eher Gefahr, einen Schlaganfall zu erleiden.

■ Bei Frauen, die östrogenhaltige Antibabypillen einnehmen, ist das Thromboserisiko erhöht. Kommen nun noch andere Risikofaktoren - beispielsweise Rauchen und Übergewicht - hinzu, so kann es kritisch werden.

■ Menschen, die an konorarer Herzkrankheit (also einer arteriosklerotischen Verengung der Herzkranzgefäße) leiden, müssen nicht nur mit einem Herzinfarkt rechnen - auch die Schlaganfallgefahr ist bei ihnen erhöht. Der Grund: Nicht nur in einer gehirnversorgenden Arterie kann sich ein Blutgerinnsel bilden; auch Thromben in den Herzkranzgefäßen können sich losreißen und mit dem Blut ins Gehirn geschwemmt werden, wo sie dann einen Schlaganfall auslösen. Solche Verstopfung eines Blutgefäßes durch Gerinnsel, die sich an anderer Stelle gebildet und losgerissen haben, bezeichnet man als Embolie; wird das Gefäß dagegen von einem Thrombus verstopft, der an dieser Stelle - also in diesem Fall im Gehirn - entstanden ist, so spricht man von einer Thrombose.

■ Besonders gefährdet sind außerdem Menschen, die bereits einen leichten Schlaganfall oder einen Herzinfarkt durchgemacht haben oder an arteriosklerotischen Verengungen der Beinarterien (peripherer arterieller Verschlußkrankheit) leiden.

Die Vorboten: transitorische ischämische Attacken (TIA)

Genau wie sich ein drohender Herzinfarkt häufig durch Angina-pectoris-Attacken ankündigt, so gibt es auch für einen bevorstehenden Schlaganfall Warnsignale. Sie können, müssen aber nicht unbedingt auftreten. Der Mediziner bezeichnet sie als transitorische ischämische Attacken (TIA). Dabei wird die Blutzufuhr zu einem Teil des Gehirns durch den vorübergehenden Verschluß oder die starke arteriosklerotische Verengung einer Arterie für kurze Zeit unterbrochen.

Die Symptome sind ähnlich wie beim Schlaganfall, nur leichter und nicht so lang anhaltend: Es kommt zu plötzlich einsetzenden, vorübergehenden Seh-, Sprech- oder Gefühlsstörungen oder Lähmungserscheinungen - beispielsweise Schwäche oder Gefühllosigkeit eines Armes oder Beins. Oft wird es dem Patienten dabei auch schwindelig, und er fühlt sich plötzlich sehr schwach. Meist dauern solche Anfälle nur ein paar Minuten, im Höchstfall mehrere Stunden. Danach verschwinden die Beschwerden wieder vollständig.

Auf die leichte Schulter nehmen sollte man sie aber dennoch nicht: Denn sie sind ziemlich sichere Vorboten eines Schlaganfalls. Ein Viertel bis ein Drittel aller Patienten, die eine oder mehrere solcher TIAs erlitten haben, bekommen im Lauf der nächsten fünf Jahre einen Gehirnschlag. Solche Symptome gehören also dringend in ärztliche Behandlung - denn jetzt kann man die Schlaganfallgefahr in der Regel noch abwenden.

Die Wirkung von ASS ist schon lange bekannt

Schon in den sechziger Jahren entdeckte Dr. William S. Fields von der Universität von Texas in Houston, daß Thrombosen und Gefäßerkrankungen bei denjenigen seiner Patienten, die regelmäßig ASS einnahmen, seltener vorkamen. Aber die Freunde und Kollegen, denen er davon erzählte, waren alle skeptisch und wollten nicht an einen Zusammenhang glauben. Als Fields dann Ende der sechziger Jahre einen medizinischen Fachartikel las, in dem beschrieben wurde, daß ASS die Thrombozytenaggregation verhindert, wurde ihm schlagartig alles klar, und er initiierte zwei klinische Untersuchungen, in denen die Wirkung von ASS bei Patienten getestet werden sollte, die bereits transitorische ischämische Attacken erlitten hatten.[3]

Das brachte den Stein ins Rollen: Viele weitere Studien folgten, die ganz klar ergaben, daß der Acetylsalicylsäure bei der Schlaganfallprävention eine wichtige Rolle zukommt. Wenn man ASS nach dem Auftreten einer transitorischen ischämischen Attacke über mehrere Jahre hinweg regelmäßig einnimmt, läßt sich damit das Risiko eines Schlaganfalls oder eines durch Gefäßerkrankungen bedingten Todes um 25 bis 30 Prozent senken.[4] Profitieren können von dieser Schutzwirkung Menschen, die schon einmal einen Hirnschlag erlitten haben, aber auch Hochrisikopatienten - das heißt solche, bei denen bereits eine oder mehrere TIAs aufgetreten sind. Ob die Kombination von ASS mit anderen plättchenfunktionshemmenden Substanzen wie Dipyridamol einen zusätzlichen Schutz bietet, darüber liegen bis jetzt leider nur recht widersprüchliche Untersuchungsergebnisse vor.[5]

Unklar ist ebenfalls wieder einmal die Frage der Dosierung. Die ersten Studien zur Schlaganfallprophylaxe wurden mit ziemlich hohen Dosen von 900 bis 1500 mg ASS durchgeführt; inzwischen hat sich jedoch eher ein Trend zur Niedrigdosierung durchgesetzt, weil etliche Untersuchungen ergaben, daß auch schon sehr geringe Tagesdosen von 75, ja sogar 30 mg die Patienten genauso wirksam vor einem Schlaganfall schützen konnten wie höher dosierte ASS, die Nebenwirkungen dabei aber natürlich erheblich geringer waren.[6] Die optimale Dosierung steht leider nach wie vor nicht fest; viele Mediziner empfehlen eine Tagesdosis von 100 bis 300 mg.[7]

Eine höhere Dosierung ist nur dann erforderlich, wenn trotz einer ASS-Dosis von 100 bis 300 mg pro Tag weitere transitorische ischämische Attacken oder ein zweiter Schlaganfall aufgetreten sind. Dann sollte man die ASS-Dosis auf 1000 bis 1300 mg pro Tag erhöhen. Alternativ dazu ist auch eine Behandlung mit Gerinnungshemmern oder mit einem anderen Thrombozytenaggregationshemmer - *Ticlopidin* (2 x 250 mg täglich) - möglich.[8]

Wenn es bei einem Risikopatienten trotz regelmäßiger Einnahme von ASS zum Schlaganfall kommt, so verläuft dieser zumindest weniger schwer, als wenn er nicht mit ASS behandelt worden wäre. Dies ist das Ergebnis einer Studie, die an der Neurologischen Klinik der Medizinischen Universität Tel Aviv durchgeführt wurde. In dieser Untersuchung wurde der Schweregrad von Schlaganfällen bei Patienten, die regelmäßig ASS in unterschiedlichen Dosierungen (100, 250, 325 oder 500 mg ASS täglich) erhalten hatten, mit solchen verglichen, die nicht mit ASS behandelt worden waren. In der Gruppe ohne ASS-Therapie hatten 37 Prozent der Patienten einen schweren Schlaganfall erlitten, in der ASS-Gruppe hingegen nur 13 Prozent; die übrigen Schlaganfälle waren leichter verlaufen.[9]

Leider machen - das geht aus einer umfassenden Metaanalyse von Oxforder Epidemiologen um den Statistiker Dr. Richard Peto hervor - immer noch viel zu wenige Mediziner von der Möglichkeit der Schlaganfallprophylaxe mit ASS Gebrauch oder setzen sie zumindest nicht konsequent genug ein. Über 200 Studien an mehr als 100 000 Patienten wurden von dem Oxforder Expertenteam in mühsamer Kleinarbeit analysiert. Die Sisyphusarbeit lieferte überzeugende Beweise dafür, daß ASS zur Thromboseprophylaxe viel breiter eingesetzt werden sollte - um Schlaganfällen und Herzinfarkten vorzubeugen, bei koronaren Bypass-Operationen und Ballondilatationen, aber auch zur postoperativen Thromboseprophylaxe.

Leider, so Peto, wird die Schlaganfallprophylaxe mit ASS häufig nur über einen kurzen Zeitraum hinweg durchgeführt und den Patienten auch nicht nachhaltig genug empfohlen. Durch sorgfältige Aufklärung seitens der Ärzte und bessere Compliance von seiten der Patienten könnten unzählige Menschenleben gerettet werden. „Die praktische Konsequenz aus dieser Metaanalyse - einer der größten Datensammlungen in der Medizin überhaupt - muß heißen: breiterer, standardmäßiger Einsatz von ASS in der Sekundärprävention", fordert Peto. „Dann könnten Hunderttausende von Patienten vor Komplikationen geschützt werden."[10]

Wegen der Notwendigkeit einer langfristigen Prophylaxe empfiehlt es sich auch hier wiederum, ASS in magensaftresistenter Form (*Aspirin protect*) einzunehmen. Sollte der Patient die Acetylsalicylsäure auch in dieser Darreichungsform nicht vertragen, so ist als Alternative die Einnahme von zweimal 250 mg *Ticlopidin* täglich zu empfehlen.[11]

Der Wirkmechanismus von ASS bei der Schlaganfallprophylaxe ist genau der gleiche wie bei der Herzinfarktprävention:

Bei Patienten, bei denen die hirnversorgenden Blutgefäße arteriosklerotisch verengt sind und die an transitorischen ischämischen Attacken leiden, befinden sich die Blutplättchen in einem hyperreaktiven Zustand: Ihre Verklumpungsneigung ist erhöht. Hier greift ASS mit seiner thrombozytenaggregationshemmenden Wirkung ein.

Manchmal kommt man um eine Operation nicht herum

Zusätzlich zur Sekundärprophylaxe mit ASS müssen natürlich alle Faktoren, die zum Schlaganfall oder zur TIA geführt haben - Bluthochdruck, zu hoher Cholesterinspiegel usw. - ausgeschaltet werden. Häufig ist auch ein operativer Eingriff erforderlich: nämlich, wenn eine hirnversorgende Halsarterie durch Plaques hochgradig eingeengt ist. Dann wird das Gefäß eröffnet und das arteriosklerotische Material ausgeräumt. Nach diesem Eingriff, der Karotis-Thrombendarteriektomie (TEA), sollten die Patienten ASS als Dauermedikation erhalten; das verbessert den Langzeiterfolg dieser Operation ganz entscheidend.

Die Frage nach der Dosierung und nach dem Sinn einer Kombination mit *Dipyridamol* ist allerdings noch offen. In klinischen Studien lag die bisher niedrigste noch erfolgreiche Dosis bei 50 bis 100 mg.[12]

Erhöhte Schlaganfallgefahr bei Vorhofflimmern

Eine der häufigsten Herzrhythmusstörungen ist das Vorhofflimmern. Es kommt dadurch zustande, daß der rechte und der linke Herzvorhof sich nicht gleichzeitig zusammenziehen, so daß nicht beide Herzkammern vollständig mit Blut gefüllt werden.

Vorhofflimmern kann verschiedene Ursachen haben: zum Beispiel Herzleistungsschwäche (Herzinsuffizienz), einen Herzklappenfehler, eine Überfunktion der Schilddrüse oder Durchblutungsstörungen der Herzkranzgefäße aufgrund arteriosklerotischer Verengungen; aber auch eine rheumatische Herzerkrankung - das berüchtigte rheumatische Fieber - kann dazu führen.

Durch eine solche Rhythmusstörung verlangsamt sich der Blutfluß im Herzvorhof. Dadurch können sich leicht Gerinnsel bilden, die dann mit dem Blutstrom in den Körperkreislauf geschwemmt werden und an anderer Stelle ein Gefäß verschließen: beipielsweise in der Lunge oder im Gehirn. Dann kommt es zur Lungenembolie oder zum Schlaganfall.

Vorhofflimmern tritt bei älteren Menschen recht häufig auf: Immerhin drei bis fünf Prozent der Senioren ab 65 sind davon betroffen. Oft merken sie gar nichts davon, und die Herzrhythmusstörung wird erst durch Zufall bei einem EKG festgestellt. Dann ist dringend eine Thromboembolieprophylaxe erforderlich, denn das Schlaganfallrisiko steigt bei dieser Erkrankung um das Fünf- bis Sechsfache an, und die durchschnittliche Lebenserwartung sinkt auf nur noch sieben Jahre: Über ein Drittel der Patienten mit Vorhofflimmern erleiden im Lauf ihres weiteren Lebens einen Hirninfarkt.[13] Etwa die Hälfte aller durch Vorhofflimmern bedingten Embolien verläuft tödlich, oder der Patient wird dadurch zum Invaliden.[14]

Vorhofflimmern wird entweder medikamentös oder durch Elektroschocktherapie behandelt. Besteht die Herzrhythmusstörung erst seit relativ kurzer Zeit, läßt sie sich häufig durch die Verabreichung eines kurzen Hochspannungsstromstoßes ins Herz beseitigen. Dieses Verfahren ist bei über 90 Prozent der Patienten erfolgreich. Bei schon länger bestehendem Vorhofflimmern werden Medikamente eingesetzt: Digitalisglykoside (Arzneimittel aus Blattextrakten des Fingerhuts), Kalzium-Antagonisten, manchmal auch Betablocker.

Zusätzlich muß einer Thromboembolie vorgebeugt werden. Das geschieht entweder durch Thrombozytenaggregationshemmer wie ASS oder gerinnungshemmende Medikamente (Antikoagulanzien). Während

ASS die Thromboxansynthese in den Blutplättchen hemmt und auf diese Weise ihre Zusammenballung hindert, setzen Antikoagulanzien erst beim nächsten Stadium der Blutgerinnung an: Sie senken die Gerinnungsbereitschaft des Blutes, indem sie die Gerinnungsfaktoren hemmen.

Es gibt zwei große Gruppen von Antikoagulanzien: Heparin und die Kumarine (zum Beispiel *Marcumar* oder *Coumadin*). Heparin kann nicht oral eingenommen werden, da es über den Magen-Darm-Trakt so gut wie gar nicht in den Blutkreislauf aufgenommen wird. Deshalb kann man es nur intravenös oder subkutan injizieren; es wirkt dann aber dafür auch schon innerhalb von Stunden. Daher eignet es sich besonders gut zur schnellen Gerinnungshemmung bei akuter Gefahr, zum Beispiel bei Lungenembolien. Die Kumarine hingegen werden oral eingenommen, und es dauert ein paar Tage, bis sie voll wirksam werden. Sie eignen sich vor allem zur Langzeitbehandlung, also auch zur Schlaganfallprophylaxe bei Patienten mit Vorhofflimmern.

Mehrere Studien haben sich mit der Frage beschäftigt, welche Medikamente zur Vorbeugung eines Schlaganfalls bei Vorhofflimmern besser geeignet sind – ASS oder Antikoagulanzien. Dabei ergab sich, daß Patienten, die bereits einen Schlaganfall oder eine transitorische ischämische Attacke erlitten haben und bei denen ein zweites solches Ereignis verhindert werden soll – also zur Sekundärprophylaxe –, lieber Gerinnungshemmer einnehmen sollten: Sie bieten einen viel wirksameren Schutz. Das Risiko, einen weiteren Schlaganfall zu erleiden, sinkt dadurch immerhin um zwei Drittel. ASS empfiehlt sich zur Sekundärprophylaxe nur bei Patienten, die aus irgendeinem Grund keine Antikoagulanzien einnehmen dürfen.[15]

Anders sieht es bei der Primärprophylaxe aus: Für Patienten unter 75 Jahren, die noch keinen Schlaganfall oder Herzinfarkt erlitten haben, sondern „nur" an Vorhofflimmern leiden, reicht ASS zur Schlaganfallprävention ohne weiteres aus. Zwar hat sich gezeigt, daß Gerinnungshemmer auch hier einen etwas größeren Schutz bieten; doch dieser Unterschied ist so minimal, daß er nicht die viel aufwendigere und auch mit einem wesentlich höheren Blutungsrisiko verbundene Therapie mit Antikoagulanzien rechtfertigt.

Problematisch wird es allerdings bei der Primärprophylaxe für Patienten über 75 Jahre: Bei ihnen traten bei der Behandlung mit ASS wesentlich mehr Schlaganfälle auf als bei einer Therapie mit Gerinnungshemmern. Dafür kam es in der mit Gerinnungshemmern behandelten Gruppe wiederum viel häufiger zu Blutungen – vor allem zu den gefährlichen Gehirnblutungen.[16]

Zur Frage der Dosierung liegt eine Auswertung zweier Studien zur Schlaganfallprävention bei Vorhofflimmern vor. Sie hat ergeben, daß eine höhere ASS-Dosis hier wohl wirksamer ist als eine niedrige: Bei einer Dosis von 75 mg pro Tag sank das Schlaganfallrisiko um 18 Prozent, bei 325 mg täglich hingegen um 44 Prozent.

Zur Klärung der optimalen Dosierung sind noch weitere Studien notwendig; die bisherigen Untersuchungsergebnisse sprechen jedoch für eine Tagesdosis um 300 mg ASS.[17]

Was ASS nicht kann

Leider spricht bis jetzt nichts dafür, daß ASS auch zur Primärprävention eines Schlaganfalls eingesetzt werden kann. Das heißt, bei völlig gesunden Patienten ohne Arteriosklerose, TIAs oder andere Risikofaktoren für einen Schlaganfall reduziert die regelmäßige Einnahme von ASS die Gefahr, irgendwann einmal einen Hirnschlag zu erleiden, anscheinend nicht und ist daher auch nicht zu empfehlen. Lediglich Risikopatienten können von ASS profitieren.[18]

Doch auch bei ihnen ersetzt die Acetylsalicylsäure keineswegs andere notwendige Präventivmaßnahmen wie beispielsweise die Senkung der Blutfettwerte oder die Nikotinabstinenz: Denn ASS kann zwar bei arteriosklerotischen Verengungen der herz- oder hirnversorgenden Arterien das Risiko einer Gerinnselbildung verhindern; aber einmal bestehende Plaques lassen sich dadurch nicht mehr auflösen.

Es gibt lediglich ein paar Studien, die darauf hindeuten, daß ASS das Wachstum arteriosklerotischer Plaques verlangsamt. Allerdings ist hierzu eine relativ hohe Dosis (etwa 900 mg ASS pro Tag) erforderlich. Dr. Carsten Ranke von der Medizinischen Hochschule Hannover verglich die Wirkung zweier verschiedener ASS-Dosen (50 und 900 mg täglich) auf das Fortschreiten arteriosklerotischer Gefäßverengungen in den Halsschlagadern und stellte fest, daß die Plaques in der 50-mg-Gruppe nach einem Jahr deutlich zugenommen hatten; in der 900-mg-Gruppe hingegen hatten sie sich überhaupt nicht verändert.

Diese Studie ergab übrigens auch, daß das Rauchen der gefährlichste Risikofaktor für das Wachstum von Plaques ist: Bei den Rauchern in der 50-mg-Gruppe vergrößerten sich die arteriosklerotischen Ablagerungen viel schneller als bei den Nichtrauchern.[19]

Ein Mittel gegen den Schlaganfall

Es gibt noch ein weiteres Medikament, das dem Plaquewachstum Einhalt gebietet: den Kalcium-Antagonisten *Nifedipin*. Da Blutgerinnsel sich hauptsächlich auf neugebildeten Plaques ansiedeln, ist es schon ein sehr großer Erfolg, wenn man neues Plaquewachstum verhindern kann - selbst wenn bereits bestehende arteriosklerotische Ablagerungen sich medikamentös nicht mehr „wegschmelzen" lassen. Ob es nun sinnvoll ist, dem Risikofaktor Arteriosklerose mit einer Kombination von ASS und *Nifedipin* zu Leibe zu rücken, ist leider bislang noch nicht geklärt, sollte aber unbedingt näher untersucht werden. Bisher sind noch viele Fragen offen - zum Beispiel, ob eine solche Kombination sich zur primären Arterioskleroseprophylaxe eignet oder ob sie erst nach dem ersten Herzinfarkt oder Schlaganfall eingesetzt werden sollte. Man weiß auch noch nicht, in welcher Dosis ASS und *Nifedipin* eigenommen werden müßten und welches die Kontraindikationen sind.[20]

Ein großer Vorteil, erkauft mit einem kleinen Risiko

Schon bei der amerikanischen Ärztestudie zur Primärprävention des Herzinfarkts war aufgefallen, daß in der Personengruppe, die mit ASS behandelt wurde, im Vergleich zu Placebo mehr Schlaganfälle durch Hirnblutung auftraten als in der Placebo-Gruppe; allerdings war dieser Unterschied minimal und statistisch nicht bedeutsam.

Wie konnte es dazu kommen, obwohl ASS doch eigentlich dem Auftreten von Schlaganfällen vorbeugt?

Die Antwort ist ganz einfach: Es gibt zwei verschiedene Gründe, die zu einem Schlaganfall führen können. In den meisten Fällen (circa 85 Prozent) wird er durch eine Thrombose oder Embolie ausgelöst: Das heißt, an arteriosklerotischen Verengungen in den hirnversorgenden Blutgefäßen lagert sich ein Blutgerinnsel an (Thrombose), oder ein an anderer Stelle entstandenes Blutgerinnsel reißt sich los und wird ins Gehirn geschwemmt, wo es ein Blutgefäß verstopft (Embolie). Gegen solche Schlaganfälle bietet Acetylsalicylsäure, die ja die Verklumpungsneigung der Blutplättchen hemmt, einen wirksamen Schutz.

15 bis 20 Prozent aller Schlaganfälle entstehen jedoch nicht durch Blutgerinnsel, sondern dadurch, daß ein Blutgefäß im Gehirn platzt; der Mediziner spricht hierbei von einem hämorrhagischen Schlaganfall. Das

Auftreten solcher Schlaganfälle wird durch ASS - wenn auch nur geringfügig - begünstigt, da ASS die Blutungsneigung erhöht. Selbst bei einer ziemlich geringen Dosis (75 mg pro Tag) ist das Risiko eines hämorrhagischen Schlaganfalls noch erhöht.

Umfassende Studien haben jedoch inzwischen zum Glück gezeigt, daß dieses Risiko äußerst gering ist und daß der Nutzen von ASS bei der Prävention thrombotischer und thromboembolischer Hirnschläge die minimale Gefahr, einen hämorrhagischen Schlaganfall zu erleiden, bei weitem überwiegt.[21] Patienten mit einem erhöhten Blutungsrisiko - etwa bei schwer einstellbarem Bluthochdruck - sollten ASS allerdings nicht einnehmen.[22]

Erhöhtes Schlaganfallrisiko bei Migräne?

Die amerikanische Ärztestudie ergab übrigens noch einen interessanten Nebenbefund, der die medizinische Forschung bis heute beschäftigt: Migränepatienten erlitten laut dieser Studie doppelt so häufig einen Schlaganfall wie Testpersonen, die nicht an Migräne litten.

Diese Entdeckung warf natürlich die Frage auf, ob Migräne vielleicht ein Risikofaktor für das Auftreten von Schlaganfällen ist. Ob der Migräne eine Erkrankung der Blutplättchen zugrunde liegt, wie manche Kopfschmerzforscher vermuten, ist bislang noch nicht geklärt. Fest steht lediglich, daß die Blutplättchen während eines Migräneanfalls anders reagieren als sonst: Sie sind aktiviert, neigen zur Verklumpung und scheiden eine Reihe chemischer Substanzen (unter anderem das gefäßverengende Serotonin) aus.

Ob diese Veränderung der Plättchenfunktion bei Migränikern tatsächlich das Auftreten von Schlaganfällen begünstigt, muß erst noch näher erforscht werden. In jedem Fall aber schlagen Migräniker, die zur Vorbeugung der qualvollen Kopfschmerzattacken regelmäßig ASS einnehmen, zwei Fliegen mit einer Klappe: Denn sie wirken damit gleichzeitig der Verklumpungsneigung der Thrombozyten entgegen und beugen einem eventuell drohenden Schlaganfall vor.[23]

Abb. rechts: Ein Schlaganfall kann verschiedene Ursachen haben: Etwa 85 Prozent aller Schlaganfälle entstehen durch Blutgerinnsel, 15 bis 20 Prozent durch Gehirnblutungen, weil ein Blutgefäß im Gehirn geplatzt ist.

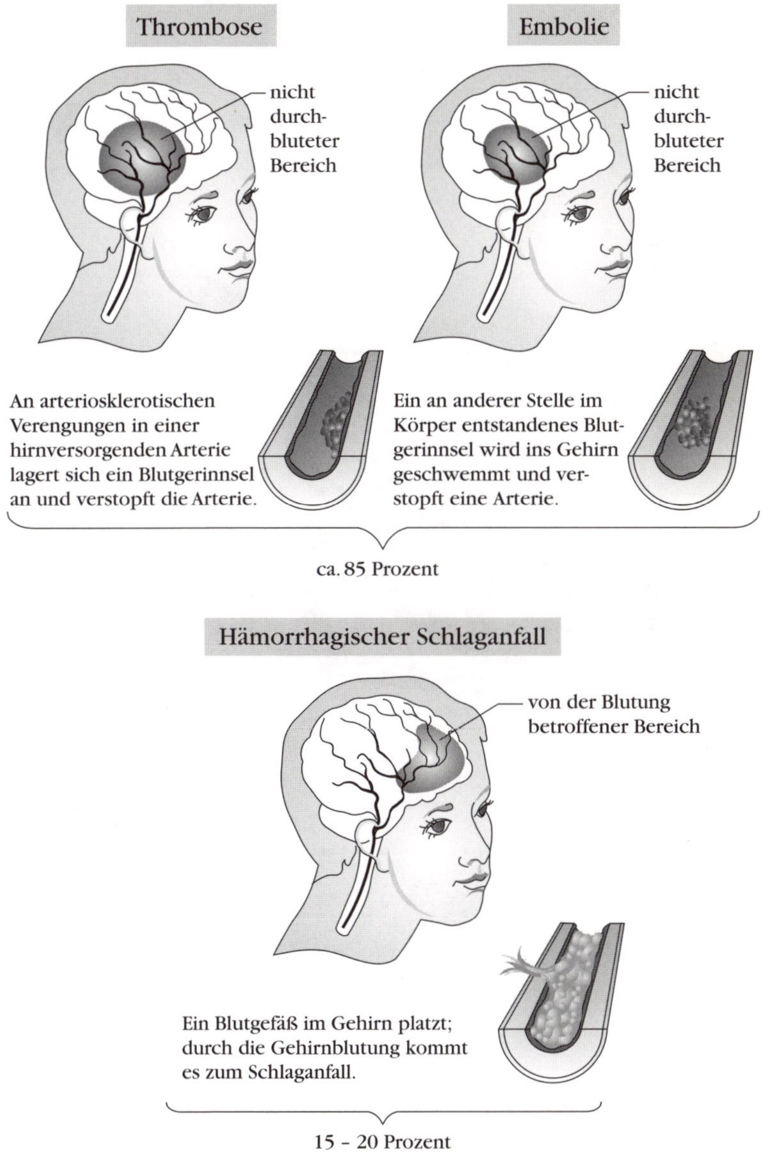
Thrombose
Embolie
nicht durchbluteter Bereich
nicht durchbluteter Bereich
An arteriosklerotischen Verengungen in einer hirnversorgenden Arterie lagert sich ein Blutgerinnsel an und verstopft die Arterie.
Ein an anderer Stelle im Körper entstandenes Blutgerinnsel wird ins Gehirn geschwemmt und verstopft eine Arterie.
ca. 85 Prozent
Hämorrhagischer Schlaganfall
von der Blutung betroffener Bereich
Ein Blutgefäß im Gehirn platzt; durch die Gehirnblutung kommt es zum Schlaganfall.
15 - 20 Prozent

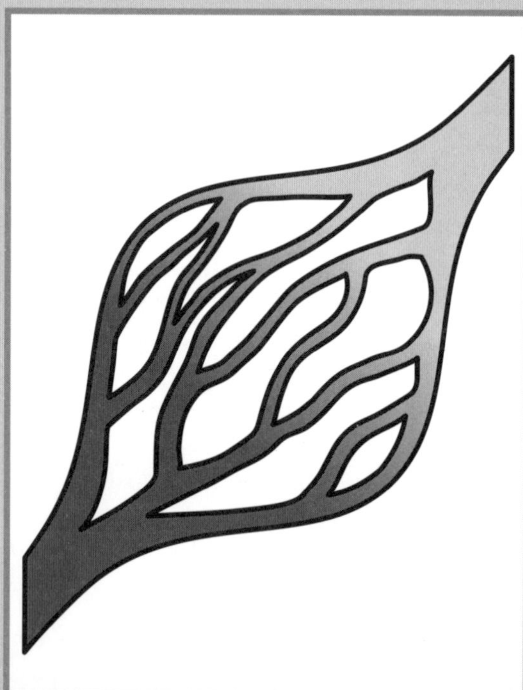

7

Gesunde Venen

Nach und nach werden immer mehr neue Einsatzgebiete für ASS entdeckt: So stellte man fest, daß ASS nicht nur zur Herzinfarkt- und Schlaganfallprophylaxe, sondern auch zur Vorbeugung von Thrombosen bei Venenerkrankungen und nach Operationen eingesetzt werden kann. Chronische venöse Unterschenkelgeschwüre ließen sich durch ASS verkleinern oder heilten sogar völlig ab. Auch beim berüchtigten „Raucherbein" bremst ASS das Fortschreiten der Arteriosklerose in den Beinarterien; und bei Diabetikern läßt sich dadurch nicht nur das Herzinfarkt- und Schlaganfallrisiko senken, nein, auch den Diabetes-Folgeschäden an Netzhaut und Nieren kann man durch ASS-Einnahme zumindest im Frühstadium Einhalt gebieten. Inzwischen weiß man, daß ASS in vielen medizinischen Einsatzbereichen genauso gut wirkt wie die Gerinnungshemmer oder ihnen gar überlegen ist.

Über 60 Prozent aller Europäer leiden an Krampfadern, wobei Frauen etwas stärker betroffen sind als Männer. Die meisten Menschen betrachten die bläulich hervortretenden, geschlängelten Äderchen lediglich als ein kosmetisches Problem. Das ist jedoch ein Irrtum, der verhängnisvolle Folgen haben kann: Denn die krankhafte Erweiterung der Venen, die meist an den Beinen auftritt, verschlimmert sich in der Regel, wenn man nichts dagegen tut, und kann zu schweren Erkrankungen, ja sogar zu der lebensgefährlichen Lungenembolie führen. In Deutschland werden rund 150 000 Menschen pro Jahr aufgrund chronischer Venenerkrankungen arbeitsunfähig; und mehr als 20 000 Menschen sterben jährlich an einer Lungenembolie, die durch ein Blutgerinnsel aus einer Beinvene hervorgerufen wurde.[1]

Wie kommt es eigentlich zu Krampfadern?

Um das zu verstehen, muß man sich erst einmal klarmachen, wie unser Blutkreislauf funktioniert. In den Arterien (Schlagadern) wird das Blut vom Herzen wegtransportiert. Vom kräftigen Druck des Herzens angetrieben, fließt es zu allen Organen und Geweben des Körpers, um sie mit Sauerstoff und Nährstoffen zu versorgen und Kohlendioxyd und Stoffwechselschlacken abzutransportieren.

Anschließend strömt das Blut durch ein sehr feines, verzweigtes Adersystem - die Kapillaren - in die Venen. Diese Blutgefäße haben nun die Aufgabe, das Blut, das jetzt sauerstoffarm, aber dafür reich an Kohlendioxyd und Schlacken ist, wieder zum Herzen zurückzutransportieren.

Das aber ist Schwerstarbeit, denn der Druck des Herzens hat sich in den Arterien bereits weitgehend erschöpft, so daß das Blut nun ohne großen Druck durch die Venen strömt. Vor allem in den Beinen ist das ein Problem: Immerhin muß das venöse Blut von den Füßen bis zum Herzen über einen Meter aufwärts fließen - entgegen der Schwerkraft.

Der geringe Restdruck vom Herzen allein reicht nicht aus, um das venöse Blut aus den Beinen nach oben zu transportieren. Hierbei wirken auch noch verschiedene andere Faktoren mit: Erstens entsteht während des Atmens im Brustraum ein Unterdruck, durch den das venöse Blut angesaugt wird. Zweitens tragen auch unsere Beinmuskeln dazu bei, das Blut nach oben zu pressen. Denn wenn wir unsere Muskeln anspannen, drücken sie die dazwischen liegenden Venen zusammen und fungieren als eine Art Pumpe. Zusätzlich werden unsere Venen auch noch durch die Schwingungen benachbarter pulsierender Arterien zusammengepreßt; auch diese „Arterienpumpe“ hilft beim Aufwärtstransport des Blutes.

Damit das venöse Blut in den Pausen, in denen keine solchen Sog- und Druckwirkungen stattfinden, nicht wieder nach unten sackt, sind unsere Venen in bestimmten Abständen mit Klappen versehen, die als Ventile fungieren: Strömt das Blut in Richtung Herz, so öffnen sich die Venenklappen unter seinem Druck; stagniert das Blut in einer Sogpause, so schließen sie sich, damit das Blut nicht wieder nach unten zurückströmt.

Bei Krampfadern liegt eine meist erblich bedingte Bindegewebsschwäche vor: Das heißt, das umliegende Bindegewebe gibt der Vene nicht mehr genug Halt, übt nicht genügend Druck auf sie aus. Infolgedessen wird die Vene unter dem Druck des Blutes überdehnt, und die Venenklappen können nicht mehr richtig schließen. Das Blut staut sich in der krankhaft erweiterten Vene oder fließt sogar nach unten. Dadurch werden die Venenklappen mit der Zeit geschädigt. Die normalerweise vollkommen gestreckte Vene tritt jetzt als geschlängelte, verdickte Ader unter der Haut hervor.

Neben der erblichen Veranlagung tragen auch noch andere Faktoren zur Entstehung von Krampfadern bei: zum Beispiel Bewegungsarmut (weil dann die „Muskelpumpe“ nicht betätigt wird), stehende berufliche Tätigkeit und Übergewicht. Auch das Alter ist ein Risikofaktor: Mit zunehmendem Alter werden Venenerkrankungen immer häufiger.

Die ersten Symptome eines Krampfaderleidens sind ein Schweregefühl im Bein, verbunden mit Blutstauungen. Vor allem gegen Abend werden die Beine dicker und schwerer, weil sich im Laufe des Tages immer mehr Blut darin staut. Krampfadern können aber auch von einer Venenentzündung (Phlebitis) befallen werden: Das ist eine Reizung der Venenwand, die meistens mit der Bildung eines Blutgerinnsels einhergeht. Denn immer wenn das Blut langsamer fließt oder sich staut, wird die Blutgerinnung und damit die Thrombenbildung begünstigt.

Die Ursachen einer oberflächlichen Venenentzündung können sehr vielfältig sein: Stöße, Quetschungen, Abschnürungen – beispielsweise durch einen zu eng sitzenden Kniestrumpf –, aber auch eine Injektion oder eine verstärkte Blutstauung durch zu langes Sitzen auf beengtem Raum. Sie ist leicht zu erkennen: Die entzündete Vene tritt als roter, heißer, schmerzender Aderstrang deutlich hervor. Auch das umliegende Gewebe rötet sich, schwillt an und wird druckempfindlich.

In der Regel ist eine Phlebitis harmlos; dennoch sollte man sich beim Auftreten solcher Symptome unbedingt in ärztliche Behandlung begeben, denn es besteht immer die Gefahr, daß sich ein Blutgerinnsel ablöst und eine der tiefen Venen im Inneren des Beins verstopft. In seltenen Fällen kann auch eine Lungenembolie auftreten.

Häufig lebensgefährlich: die tiefe Venenthrombose

Wird eine der tiefen Venen im Bein durch ein Blutgerinnsel verstopft, so ist sofortige ärztliche Hilfe erforderlich. Solche tiefen Venenthrombosen können durch die verschiedensten Ursachen entstehen: So können sie zum Beispiel durch eine Venenentzündung ausgelöst werden, aber auch durch andere Faktoren, vor allem, wenn es zur Blutstauung kommt – etwa durch langes Sitzen mit abgeknickten Beinen bei Langstreckenflügen, längere Bettlägerigkeit nach Operationen, Ruhigstellung des Beins mit Gipsverband, außergewöhnliche Anstrengungen oder Schwangerschaft. Auch Rauchen und die Antibabypille gehören zu den Risikofaktoren, die eine Thromboseentstehung begünstigen. Bei Menschen mit Venenleiden ist das Thromboserisiko besonders hoch; manchmal kommt es aber auch gewissermaßen „wie aus heiterem Himmel" – ohne erkennbare äußere Einflüsse – zu einer tiefen Venenthrombose.

Ein Blutpfropf in den tiefen Beinvenen ist deshalb viel gefährlicher als ein Gerinnsel in den oberflächlichen Venen, weil die tiefen Beinvenen die Hauptadern sind. Ist eine dieser Venen verstopft, so fließt das Blut zwar noch in sie hinein, wird aber nicht mehr nach oben abgeleitet: Es kommt zum Blutstillstand. Häufig treten dabei heftige Schmerzen oder ein Spannungsgefühl und auch Fieber auf; das Bein schwillt an und wird druckempfindlich. Manchmal verläuft eine tiefe Venenthrombose aber auch völlig symptomlos, und gerade das ist das Gefährliche daran: Denn erstens kann es dabei jederzeit zur Lungenembolie kommen. Gerade am Anfang haftet das frische Blutgerinnsel nämlich nur leicht an der Venenwand an und kann sich schon bei der kleinsten Bewegung oder Erschütterung ablösen und mit dem Blutstrom über das Herz in die Lunge geschwemmt werden. Dort bleibt es in einer der verästelten Lungenarterien stecken und legt einen Teil des Lungenflügels lahm. Immerhin über 90 Prozent aller Lungenembolien kommen aus den Beinvenen.

Wenn nur ein kleiner Teil der Lunge betroffen ist, merkt man häufig gar nichts davon. Ist das Gerinnsel jedoch groß und verlegt es die

Hauptarterien der Lungen, so besteht Lebensgefahr. Die Symptome sind beängstigend: Kurzatmigkeit, heftige Schmerzen in der Brust, die sich beim Atmen verschlimmern, Herzjagen, kalte Schweißausbrüche, Fieber, Todesangst und Schwindelgefühl bis hin zum Schockzustand. Oft kommen auch noch Husten oder Bluthusten hinzu. Eine solche Lungenembolie kann sehr rasch zum Tode führen; deshalb muß der Patient sofort ins Krankenhaus eingeliefert werden.

Wird eine tiefe Venenthrombose nicht rechtzeitig erkannt und behandelt, kann aber auch eine andere schwerwiegende Komplikation eintreten: Wenn das Blutgerinnsel nämlich nicht in den ersten Tagen vom Blutstrom mitgerissen und in die Lunge geschwemmt wird oder sich von selbst auflöst, so verbäckt es allmählich immer fester mit der Venenwand. Die Gefahr einer Lungenembolie ist zwar jetzt geringer; aber dafür besteht nun ein Verschluß im tiefen Venensystem, der sich nicht mehr auflösen läßt. Da das venöse Blut nicht mehr richtig abfließen kann, ist das betroffene Bein durch den Blutstau jetzt ständig geschwollen. Stoffwechselschlacken und Gewebsflüssigkeit können nicht mehr abtransportiert werden und sammeln sich in dem Bein an. Dadurch entstehen Ekzeme, Entzündungen, dunkle Flecken auf der Haut und schließlich das gefürchtete „offene Bein" (Ulcus cruris): ein Unterschenkelgeschwür, das nur noch sehr schlecht abheilt und oft schon bei der geringsten Verletzung wieder aufbricht. Allein in Deutschland leiden weit über eine Million Menschen an diesem postthrombotischen Syndrom.

Deshalb ist es so wichtig, mit einem Krampfaderleiden bald zum Arzt zu gehen. Denn wenn es rechtzeitig erkannt und behandelt wird, lassen sich diese schlimmen Spätfolgen in der Regel noch vermeiden.

Wie werden Venenentzündungen, tiefe Venenthrombosen und Lungenembolien behandelt?

Eine Venentzündung heilt in der Regel von selbst wieder ab, wenn man einen Kompressionsverband anlegt und den entzündeten Bereich mit kühlenden Umschlägen mit Heparinsalben und entzündungshemmenden Gels behandelt. Wichtig ist jetzt viel Bewegung; Bettruhe wäre Gift für den Patienten, denn sie würde eine Gerinnselbildung begünstigen. Deshalb muß der Patient viel laufen, auch wenn das Bein schmerzt. Die entzündete Krampfader kann aber auch unter lokaler Betäubung eröffnet und das Blutgerinnsel herausgedrückt werden. Das führt meist zu einer raschen Linderung der Beschwerden. Nach Abklingen der Venenentzündung sollten die Krampfadern unbedingt behandelt werden, damit es nicht zu einem Rückfall kommt.

Bei einer tiefen Venenthrombose ist im Gegensatz zur Phlebitis in der Regel strikte Bettruhe geboten. Denn schon bei der kleinsten Bewegung kann sich das Blutgerinnsel losreißen und zu einer Lungenembolie führen. Wurde die tiefe Venenthrombose rechtzeitig erkannt, so läßt sich das frische Gerinnsel oft noch durch ein Thrombolytikum auflösen. Auch eine operative Gerinnselentfernung ist möglich. Im Anschluß an diese Behandlung wird der Patient meist mehrere Monate lang mit einem gerinnungshemmenden Medikament - *Heparin* oder *Marcumar* - behandelt; und er muß tagsüber einen Kompressionsstrumpf tragen.

Bei einer akuten Lungenembolie besteht ebenfalls die Möglichkeit, das verstopfende Gerinnsel operativ zu entfernen. Oft ist eine sofortige Operation sogar die einzige Chance, das Leben des Patienten zu retten. Alternativ dazu ist eine Auflösung des Gerinnsels durch eine thrombolytische Behandlung möglich. In leichteren Fällen erhält der Patient meist nur eine Dauertropfinfusion mit *Heparin*, die das Wachstum des Gerinnsels und die Entstehung neuer Thromben verhindern soll.[2]

Eine vielversprechende Alternative zu den Gerinnungshemmern

Noch bis vor kurzem hielt man die Behandlung mit Gerinnungshemmern für die einzige wirklich erfolgversprechende Prophylaxe von tiefen Venenthrombosen und Lungenembolien. Acetylsalicylsäure galt als längst nicht so wirksam und daher auch nicht empfehlenswert. Erst in letzter Zeit wurde diese Meinung revidiert: Eine Metaanalyse von 51 Studien an fast 8000 Patienten hat nämlich gezeigt, daß ASS das Auftreten tiefer Venenthrombosen um 30 bis 40 Prozent und die Gefahr von Lungenembolien sogar um 60 bis 70 Prozent senken kann.[3]

Ein wichtiges Einsatzgebiet für ASS ist die postoperative Thromboseprophylaxe. Durch die Vollnarkose bei einem chirurgischen Eingriff und die anschließende Bettlägerigkeit verlangsamt sich die Blutzirkulation, und das bringt die Gefahr einer tiefen Venenthrombose mit sich - vor allem bei Patienten, die ohnehin ein erhöhtes Thromboserisiko haben, etwa Menschen mit Venenleiden oder Frauen, die die Antibabypille einnehmen.

Noch bis zu Beginn der neunziger Jahre wurde der Einsatz von Plättchenfunktionshemmern wie ASS zur Prophylaxe postoperativer tiefer Venenthrombosen und Lungenembolien mit Skepsis betrachtet; auch heute noch werden in Deutschland zur postoperativen Thromboseprophylaxe lieber Gerinnungshemmer (*Heparin*) verordnet. Mittlerweile liegen jedoch zahlreiche Forschungsergebnisse vor, die darauf hindeuten, daß ASS hier wohl ebenso wirksam eingesetzt werden kann. Eine Metaanalyse der Antiplatelet Trialists' Collaboration, in die immerhin 80 Studien an rund 10 000 Patienten einflossen, zeigte, daß eine ein- bis dreiwöchige Behandlung mit Thrombozytenaggregationshemmern wie ASS (Dosis: 1 bis 1,5 g ASS täglich) im Anschluß an eine Operation die Häufigkeit postoperativer tiefer Venenthrombosen und Lungenembolien signifikant senkt. Etliche Untersuchungen deuten darauf hin, daß sich durch eine Kombination von ASS mit niedrigdosiertem *Heparin* das postoperative Thromboserisiko sogar noch weiter reduzieren läßt.[4]

Dauer und Dosis der ASS-Einnahme hängen vom individuellen Risiko des Patienten ab. Generell werden Dosen von über 500 mg pro Tag empfohlen, doch laufen zur Zeit Studien, die die Wirkung von niedrigdosierter ASS untersuchen.

Gerade Patienten mit Venenerkrankungen tragen auch bei längeren Flugreisen ein erhöhtes Thromboserisiko: Laut einer wissenschaftlichen Untersuchung gingen von sechzig Todesfällen bei Flügen immerhin zwölf auf das Konto von Lungenembolien.[5]

Ob Acetylsalicylsäure hier vorbeugend wirken kann, wurde zwar bis jetzt noch nie systematisch untersucht; es ist aufgrund der plättchenfunktionshemmenden Wirkung von ASS aber anzunehmen. Empfohlen wird, daß Risikopatienten - sofern keine Kontraindikationen vorliegen - ein paar Stunden vor einem Langstreckenflug eine Dosis von mindestens 500 mg ASS einnehmen.

Neue Hoffnung bei chronischen Unterschenkelgeschwüren

Auch bei Venentzündungen wird zur Verringerung der Thrombosegefahr häufig Acetylsalicylsäure verabreicht; und kürzlich hat eine Untersuchung gezeigt, daß man mit ASS selbst bei offenen Beinen - dem nur noch sehr schlecht heilbaren Endstadium einer chronischen Venenerkrankung - noch erstaunliche Erfolge erzielen kann. 20 Patienten mit chronischen Unterschenkelgeschwüren mit einem Durchmesser von mindestens 2 cm erhielten vier Monate lang täglich entweder 300 mg ASS oder Placebo. Außerdem mußten sie einen Kompressionsverband tragen.

Nach Ablauf der vier Monate waren in der ASS-Gruppe fast 40 Prozent der Geschwüre vollkommen abgeheilt, in der Placebo-Gruppe hingegen kein einziges. Bei 52 Prozent der Patienten hatten sich die Geschwüre deutlich verkleinert. Das Ergebnis ist eindeutig: ASS in einer Dosis von 300 mg täglich plus Kompressionstherapie verbessert die Heilungschancen bei chronischen venösen Unterschenkelgeschwüren.[6] Leider wird ASS in dieser Indikation noch viel zuwenig eingesetzt.

Verschlüsse in den Arterien der Beine

Nicht nur in den Herzkranzgefäßen oder in den hirnversorgenden Arterien kann es durch arteriosklerotische Ablagerungen zu Verengungen und Verschlüssen kommen, sondern auch in den Arterien der Beine. Der Mediziner spricht dabei von „peripherer arterieller Verschlußkrankheit".

Durch die verengten Arterien kommt es zu einer Mangeldurchblutung der Waden-, Oberschenkel- oder Hüftmuskulatur. Am häufigsten haben Raucher darunter zu leiden: Gefäßverschlüsse in den Becken- und Beinarterien können schon bei jungen Menschen auftreten, die stark rauchen. Weil Nikotin der Risikofaktor Nummer eins für die Durchblutungsstörungen in den peripheren Arterien ist, bezeichnet man sie auch als „Raucherbein".

Weitere Faktoren, die zur Entstehung dieser Erkrankung beitragen, sind Diabetes, Bluthochdruck, hohe Blutfettwerte und männliches Geschlecht: Männer erkranken ungefähr fünfmal öfter als Frauen an Durchblutungsstörungen in den Beinarterien. Überhaupt ist diese Krankheit häufiger, als man vielleicht glaubt. Reihenuntersuchungen haben gezeigt, daß bei über 6 Prozent der 55- bis 64jährigen arteriosklerotische Ablagerungen in den Beinarterien vorlagen.[7]

Oft leiden Patienten mit peripherer arterieller Verschlußkrankheit gleichzeitig auch noch an arteriosklerotisch bedingten Durchblutungsstörungen der Herzkranzgefäße und Hirnarterien und haben insofern auch ein erhöhtes Herzinfarkt-, Schlaganfall- und Venenthrombosenrisiko. Bei ihnen befinden sich die Blutplättchen nämlich in einem hyperreaktiven Zustand, das heißt, sie neigen verstärkt zur Verklumpung.[8] Die Krankheit verläuft in vier Stadien:

■ Im ersten Stadium hat der Patient noch gar keine Beschwerden; die Mangeldurchblutung fällt höchstens durch Zufall bei einer Routineuntersuchung auf. Bei Gefäßveränderungen im Beckenbereich kann allerdings beim Mann schon in diesem ersten Stadium Impotenz auftreten.

■ Im zweiten Stadium stellen sich bei Belastungen – also beispielsweise beim Gehen – krampfartige Schmerzen in den Waden ein, die so heftig sind, daß der Patient zum Stehenbleiben gezwungen ist. Um ihre Erkrankung zu verbergen, bleiben viele dann vor einem Schaufenster stehen und tun so, als betrachteten sie die Auslagen. Das hat dieser Durchblutungsstörung neben der Bezeichnung „Raucherbein" auch noch den Spitznamen „Schaufensterkrankheit" eingetragen. Die Schmerzen kommen – ähnlich wie bei Angina-pectoris-Anfällen – dadurch zustande, daß die Sauerstoffversorgung des Muskels bei Belastung nicht mehr ausreicht. Hat man sich ein wenig ausgeruht, so verschwinden sie wieder.

■ Im dritten Stadium treten die Schmerzen bereits im Ruhezustand auf, weil die Sauerstoffzufuhr inzwischen sogar ohne Belastung schon nicht mehr gewährleistet ist. Vor allem nachts, wenn die Beine hochgelagert sind, kommen die Schmerzen und verschwinden häufig erst, wenn man aufsteht und ein wenig im Zimmer herumgeht. Als äußeres Zeichen der Mangeldurchblutung wird die Haut des Fußes weiß und kühl.

■ Zuletzt treten Geschwüre an den Füßen auf, die nicht abheilen, und einzelne Zehen verfärben sich schwarz, weil Gewebe abstirbt. Mittlerweile sind die Schmerzen sehr stark. Wird jetzt nicht rasch etwas unternommen, um die Durchblutung der Beinarterien zu verbessern, so droht eine Amputation. Vermutlich werden in Deutschland jedes Jahr etwa 30- bis 40 000 Beine wegen Durchblutungsstörungen amputiert![9]

In den ersten Stadien der Erkrankung läßt sich durch regelmäßige Einnahme von ASS in einer Dosis von 1 bis 1,5 g täglich ein Fortschreiten der arteriosklerotischen Ablagerungen bremsen. Gleichzeitig senkt man damit auch das Risiko eines Herzinfarkts oder Schlaganfalls oder einer tiefen Venenthrombose, da ASS die Verklumpungsneigung der Blutplättchen hemmt. Ob eine Kombination von ASS mit Dipyridamol besser wirkt, ist noch unklar; hierzu liegen widersprüchliche Studienergebnisse vor.[10]

Parallel zur ASS-Therapie müssen natürlich unbedingt die Risikofaktoren ausgeschaltet werden, die zur Verengung der Arterien geführt haben: Das heißt, der Patient muß das Rauchen aufgeben, und Blutzuckerwerte, Cholesterinspiegel und Blutdruck müssen normalisiert werden; sonst ist eine Einnahme von ASS nutzlos.

Im letzten Stadium der Erkrankung - wenn bereits Geschwüre oder schwarze, abgestorbene Stellen an den Füßen aufgetreten sind - läßt sich mit ASS nicht mehr so viel ausrichten. Bei fortgeschrittener peripherer arterieller Verschlußkrankheit ist ein chirurgischer Eingriff unumgänglich.[11]

Die Möglichkeiten zur Wiedereröffnung verengter oder verschlossener peripherer Blutgefäße ähneln denen bei der koronaren Herzkrankheit und bei verengten hirnversorgenden Arterien: Man kann die Gefäße mit Hilfe einer Ballondilatation wieder eröffnen, die arteriosklerotischen Ablagerungen herausschälen (Thrombendarteriektomie) oder einen künstlichen Umgehungskreislauf (Bypass) schaffen. Frische Gerinnsel lassen sich häufig durch Lysetherapie auflösen.

Leider verengen oder verschließen sich die eröffneten Gefäße und Bypässe aber oft wieder durch neue arteriosklerotische Ablagerungen und Gerinnsel. Hier hat man in klinischen Studien mit ASS schon große Erfolge erzielen können: Bei ballondilatierten Patienten wurde die Wirkung von ASS (3 x 500 mg täglich), *Heparin* und einer Kombination beider Medikamente miteinander verglichen. Dabei stellte sich heraus, daß ASS *Heparin* eindeutig überlegen war: Innerhalb der ersten 10 Tage nach dem Eingriff kam es unter ASS zu deutlich weniger Wiederverschlüssen als bei der *Heparin*-Therapie. Mit einer Kombination der beiden Präparate ließ sich keine Verbesserung der Wirkung erzielen; dafür traten aber häufiger Nachblutungen an der Punktionsstelle auf. Eine andere Untersuchung ergab, daß auch schon eine relativ geringe Dosis ASS (50 mg täglich) Wiederverschlüsse ebenso wirksam verhinderte wie die Dosis von 900 mg. Die Frage der Dosierung muß noch näher untersucht werden.[12]

Ähnlich positiv waren die Ergebnisse bei Studien an Patienten nach einer peripheren Thrombendarteriektomie: Bei den Patienten der Placebo-Gruppe kam es doppelt so häufig zu neuen Verschlüssen der wiedereröffneten Beinarterien wie bei jenen Versuchspersonen, die ein Jahr lang 3 x 500 mg ASS pro Tag erhalten hatten. In einer anderen Studie zeigte sich, daß ASS der Behandlung mit Kumarinen eindeutig überlegen war: Nach zwei Jahren waren die Arterien bei 84 Prozent der ASS-Patienten, dagegen nur bei 56 Prozent der Kumarin-Patienten noch durchgängig.[13]

Auch bei peripheren Bypass-Operationen scheint ASS die Durchgängigkeit zu verlängern, und zwar sowohl bei synthetischen Bypässen als auch bei Transplantaten aus Venenteilen des Patienten. Zwar ist die Gefahr eines Wiederverschlusses beim synthetischen Bypass höher, doch auch bei biologischen Transplantaten ist sie keineswegs auszuschließen, vor allem im unteren Beinbereich. Etliche Studienergebnisse deuten darauf hin, daß schon ein bis zwei Tage vor der Operation mit der ASS-Einnahme begonnen werden sollte. Die Frage der optimalen Dosierung ist noch unklar. Bisher wurden in den meisten Studien Tagesdosen von 1 bis 1,5 g ASS verwendet; ob auch niedrigere Dosierungen im Bereich von 300 mg pro Tag wirksam sind, muß noch geklärt werden.[14]

Auch Diabetiker profitieren von ASS

Diabetes ist eine Stoffwechselstörung, bei der die Bauchspeicheldrüse kein oder zumindest nicht genügend Insulin produziert. Das Hormon Insulin aber ist lebenswichtig, denn es steuert die Traubenzuckerzufuhr zu unseren Körperzellen und damit indirekt den Zuckergehalt unseres Blutes und unseren Energiehaushalt.

Zucker – die Hauptenergiequelle unseres Körpers – wird vom Blut in die Zellen transportiert und dort zur Energieerzeugung „verbrannt". Den Zucker, den unser Körper nicht braucht, speichert er als Glykogen in Leber, Muskeln und Fettzellen.

Eigentlich müßte unser Blutzuckerspiegel nach einer reichlichen Mahlzeit in astronomische Höhen hochschnellen und nach ein paar Stunden „Fastenzeit" sehr stark absinken. Es wäre nie eine gleichmäßige Zuckerversorgung gewährleistet – gäbe es nicht das Hormon Insulin, das den Blutzuckergehalt reguliert: Sobald unser Blutzuckerspiegel nämlich nach einer Mahlzeit ansteigt, sondert die Bauchspeicheldrüse Insulin ab, das die Aufnahme des Zuckers in die Zellen oder die Glykogenspeicherung in Leber und Fettzellen anregt, so daß der Zuckerspiegel in unserem Blut wieder sinkt.

Beim Diabetiker ist nun dieses gesunde Gleichgewicht gestört. Man unterscheidet zwei Arten von Diabetes: Typ I und Typ II. Der Typ-I-Diabetes tritt meist schon in der Jugend, auf jeden Fall aber vor dem 40. Lebensjahr auf und entsteht durch eine Zerstörung jener Zellen der Bauchspeicheldrüse, die das Insulin produzieren. Als Ursache vermutet man

Viren beziehungsweise eine Autoimmunkrankheit: Das Abwehrsystem des Patienten richtet sich „versehentlich" gegen körpereigenes Gewebe, in diesem Fall gegen die insulinerzeugenden Zellen, und zerstört sie. Die Insulinproduktion kommt dadurch mit der Zeit fast völlig zum Erliegen.

Ohne Insulin kann der Körper den Zucker, den er braucht, nicht mehr verwerten. Die Folge: Der Patient ist ständig müde und abgeschlagen, nimmt ab, obwohl er genügend ißt, und scheidet den nicht verwerteten Zucker im Urin aus. Typische Zeichen von Diabetes sind daher auch häufiger Harndrang, große Urinmengen und ständiger Durst; denn die ausgeschiedene Flüssigkeitsmenge muß ja ersetzt werden.

Diabetes kann sehr unterschiedliche Ursachen haben; nicht alle sind bisher bekannt. Man vermutet, daß bei vielen Typ-I-Diabetikern eine Virusinfektion - beispielsweise Mumps oder Röteln - die verhängnisvolle Stoffwechselstörung auslöst: Sie stimuliert das Immunsystem dazu, die körpereigenen Zellen anzugreifen. Dabei spielt auch die erbliche Veranlagung eine wichtige Rolle. Aber auch eine Entzündung der Bauchspeicheldrüse oder Medikamente wie Kortison und manche harntreibende Mittel können einen Diabetes verursachen.

Viel häufiger ist der Diabetes vom Typ II: Etwa 90 Prozent aller Diabetiker leiden an dieser Form der Zuckerkrankheit. Dabei ließe sich der Typ-II-Diabetes durch eine entsprechende Lebensweise leicht vermeiden. Er wird auch als Altersdiabetes bezeichnet, weil er sich in der Regel frühestens ab einem Alter von 40 Jahren entwickelt und oft lange unerkannt bleibt, da er langsam voranschreitet.

Im Gegensatz zum Typ-I-Diabetes produziert die Bauchspeicheldrüse beim Typ-II-Diabetiker durchaus noch genügend Insulin; aber dieses Insulin wirkt nicht mehr so gut, weil der Organismus des Patienten unempfindlich darauf reagiert. Mediziner sprechen von einer Insulinresistenz. Das heißt: Es ist zwar genug Insulin vorhanden, aber der Zucker wird trotzdem nicht in die Zellen aufgenommen, sondern verbleibt im Blut und erzeugt einen erhöhten Blutzuckerspiegel. Dadurch gerät der Patient in einen Teufelskreis: Der hohe Zuckerspiegel im Blut stimuliert die Bauchspeicheldrüse, immer mehr Insulin zu produzieren, weil sie „denkt", es sei zuwenig da. Sie arbeitet ständig auf Hochtouren und wird dadurch mit der Zeit überbeansprucht. Gleichzeitig hat der Patient dauernd einen überhöhten Insulinspiegel.

Dieser Insulinspiegel aber ist schädlich, denn er begünstigt die Entstehung von Arteriosklerose. Und zu allem Übel macht das Insulin auch noch hungrig: Es ist ein Signal an den Menschen, dem Körper Kohlenhydrate zuzuführen. Dadurch wird der Diabetiker mit der Zeit immer fettleibiger, was seinen Blutdruck und sein Herzinfarktrisiko noch weiter in die Höhe schießen läßt.

Erst in letzter Zeit ist man bei der Erforschung der Ursachen des Typ-II-Diabetes einen entscheidenden Schritt weitergekommen. Man weiß inzwischen, daß beim Typ-II-Diabetiker gleich ein ganzer Komplex gesundheitlicher Problemfaktoren zusammenkommt: Meist ist er übergewichtig, hat einen zu hohen Blutdruck und zu hohe Blutfettwerte. Typisch ist der Fettansatz am Bauch. Dieses Phänomen - die Wissenschaftler sprechen vom „Syndrom X" oder auch vom „Wohlstandssyndrom" oder metabolischen Syndrom - ist in unserer westlichen Zivilisation sehr häufig. Es besteht eine erbliche Veranlagung dazu: Das Syndrom X tritt familiär gehäuft auf; beim Typ-II-Diabetes spielt die erbliche Komponente eine viel wichtigere Rolle als bei Typ I.

Trotzdem aber muß, wer erblich belastet ist, noch lange keinen Typ-II-Diabetes bekommen: Der auslösende Faktor ist hier nämlich das Übergewicht. Erst dadurch werden Muskelzellen und Leber unempfindlich gegen das Insulin. Auch die erhöhten Blutfettwerte tragen dazu bei, daß das Insulin nicht mehr richtig wirkt. Mit zunehmendem Übergewicht erhöht sich das Risiko, an einem Typ-II-Diabetes zu erkranken, auf das Fünf- bis Zehnfache. Über 90 % der Typ-II-Diabetiker bringen zu viele Pfunde auf die Waage.[15] Hier muß die Vorbeugung bei erblich belasteten Personen also ansetzen: Sie müssen unbedingt darauf achten, ihr Normalgewicht nicht zu überschreiten beziehungsweise bestehendes Übergewicht durch entsprechende Diätmaßnahmen und regelmäßige Bewegung zu reduzieren. Gleichzeitig ist bei ihnen eine fettarme Ernährung angesagt. Außerdem sollten sie ihre Blutfettwerte, ihren Blutdruck und ihren Blutzuckerspiegel regelmäßig kontrollieren lassen.

Der Typ-I-Diabetiker kann normalerweise nur überleben, indem er seinem Körper das fehlende Insulin durch Spritzen von außen zuführt. Außerdem muß er seinen Blutzucker täglich kontrollieren und eine strikte Diabetesdiät einhalten, bei der die Kohlenhydratmenge genau berechnet und auf die zugeführte Insulindosis abgestimmt wird.

Im Gegensatz dazu sind Typ-II-Diabetiker meist nicht insulinabhängig. In der Regel genügen bei ihnen entsprechende Diätmaßnahmen, Gewichtsreduktion und Tabletten, die die Freisetzung von Zucker aus der Nahrung hemmen oder die Zuckerproduktion in der Leber reduzieren, um einen Typ-II-Diabetes in den Griff zu bekommen. Nur in schwereren Fällen werden auch Typ-II-Diabetiker insulinabhängig. Meist läßt sich das aber vermeiden, wenn der Patient sich an seine Diätvorschriften hält und auf sein Gewicht achtet.

Das Problem sind die Folgeerkrankungen

Noch bis zum Jahr 1923, als das erste Insulin aus Tieren gewonnen wurde, kam die Diagnose „Diabetes“ einem Todesurteil gleich. Der Blutzuckerspiegel stieg immer weiter an, und der Diabetiker starb früher oder später im Koma.

Inzwischen ist der Insulinmangel keine Todesursache mehr, denn ihm kann abgeholfen werden. Kopfzerbrechen bereiten Medizinern und Patienten jetzt vielmehr die Folgeerkrankungen des Diabetes. Diese Stoffwechselkrankheit geht nämlich mit gravierenden Schäden an den Blutgefäßen einher, die die verschiedensten Organe und Körperbereiche in Mitleidenschaft ziehen und die Lebensdauer eines Diabetikers stark verkürzen können.

Man unterscheidet zwischen Makroangiopathien - das sind Schäden an den großen Blutgefäßen, also den Arterien im Koronarbereich, im Gehirn und den Extremitäten - und Mikroangiopathien: Schädigungen der fein verzweigten, hauchdünnen Kapillarnetze, die Venen und Arterien miteinander verbinden. Die Arterienschädigungen können auch bei normalen Menschen auftreten, wenngleich sie beim Diabetiker wesentlich häufiger vorkommen; die Mikroangiopathien hingegen sind typische Diabetes-Spätschäden.

Von den Schäden an den kleinen Blutgefäßen sind vor allem Augen und Nieren betroffen. Die Kapillaren in der Netzhaut der Augen erweitern sich, und es bilden sich sackförmige kleine Ausbuchtungen (Mikroaneurysmen). Schließlich kommt es zu Blutungen in die Netzhaut und den Glaskörper, die zum Erblinden führen können. Diese diabetische Retinopathie wird oft erst dann bemerkt, wenn dem Patienten auffällt, daß er nicht mehr so gut sieht. Die Veränderungen des Augenhintergrundes zeigen sich jedoch in der Regel schon lange vorher. Deshalb sollten Diabetiker, auch wenn sie noch keine Verschlechterung ihrer Sehkraft feststellen, regelmäßig ihren Augenhintergrund untersuchen lassen.

Behandeln kann man eine solche Retinopathie, wenn sie schon weiter fortgeschritten ist, durch eine Lasertherapie. Dabei werden veränderte Kapillaren am Augenhintergrund verödet, um weiteren Blutungen vorzubeugen. Dieser Eingriff ist in der Regel erfolgreich.

Die Nierenkörperchen, die das Blut filtern, werden durch Diabetes ebenfalls geschädigt: Sie werden immer durchlässiger für Eiweiß, das dann mit dem Harn ausgeschieden wird. Das kann so weit gehen, daß die Nierenkörperchen schließlich sogar veröden. Oft ist totales Nierenversagen die Folge: Dann muß der Patient regelmäßig an eine künstliche Niere (Dialysemaschine) angeschlossen werden.

Da diese Erkrankung in den Anfangsstadien vollkommen schmerzlos verläuft, sind regelmäßige Blut- und Urinuntersuchungen wichtig, bei denen auch schon geringe Eiweißmengen im Urin festgestellt werden können. Rechtzeitig erkannt, läßt sich die Verschlechterung der Nierenfunktion dann häufig noch aufhalten oder zumindest um Jahre verzögern.

Da beim Diabetes im Laufe der Jahre nicht nur die Kapillaren, sondern auch die Arterien Schäden davontragen, lebt der Diabetiker auch mit einem erhöhten Risiko, einen Herzinfarkt oder Schlaganfall zu erleiden. Die Arteriosklerosegefahr ist bei Diabetikern etwa doppelt so hoch wie bei anderen Menschen: 53 Prozent aller Patienten mit Diabetes sterben an einem Herzinfarkt, 12 Prozent am Gehirnschlag.[16] Auch arteriosklerotische Verengungen in den Beinarterien treten bei Diabetikern häufig auf. Das Tückische daran ist, daß Diabetiker die ersten Warnsignale oft nicht so rechtzeitig zu spüren bekommen wie andere Menschen, die an Erkrankungen der Arterien leiden. Denn Angina-pectoris-Symptome sind bei Diabetes häufig nur sehr schwach ausgeprägt; und die Schmerzempfindung in den Beinen ist aufgrund einer Nervenschädigung gestört, so daß der Diabetiker eine Fußverletzung oft gar nicht bemerkt. So entwickeln sich leicht brandige Stellen (Gangräne), die manchmal eine Amputation erforderlich machen.

Eine schlechte Blutzuckereinstellung begünstigt das Auftreten dieser Erkrankungen. Die wichtigste Vorbeugungsmaßnahme besteht also in einer sorgfältigen Diäteinstellung. Außerdem sollte der Diabetiker zusätzliche Risikofaktoren wie Rauchen, Bluthochdruck und Übergewicht ausschalten.

Dennoch lassen sich solche Spätschäden selbst bei der besten Einstellung in der Regel nicht völlig vermeiden. Neuere Forschungsergebnisse deuten jedoch darauf hin, daß man den diabetischen Gefäßschädigungen auch medikamentös vorbeugen kann.

Inzwischen weiß man nämlich, daß sich die Blutplättchen bei Diabetikern in einem hyperreaktiven Zustand befinden: Das heißt, sie produzieren mehr Thromboxan und neigen verstärkt zur Verklumpung. Professor Dr. Carlo Patrono von der Universität von Chieti (Italien) hat die Thromboxan-Abbauprodukte im Urin bei 50 Diabetikern und 32 gesunden Kontrollpersonen gemessen. 37 der 50 Diabetiker hatten deutlich höhere Konzentrationen davon im Urin als die gesunden Testpersonen![17]

Das erklärt, warum Diabetiker eher in Gefahr sind, an Arteriosklerose zu erkranken und einen Herzinfarkt oder Schlaganfall zu erleiden. Auch die Gefäßschäden an den Kapillaren führt man auf diese Hyperreaktivität der Blutplättchen zurück.

Das heißt: Diabetes ist mehr als nur eine Entgleisung des Insulinstoffwechsels, wie man früher geglaubt hatte. Auch die Funktion der Thrombozyten ist bei dieser Erkrankung nachhaltig gestört. Man hat bei Diabetikern „Riesen-Thrombozyten“ entdeckt, die eine kürzere Lebensdauer haben und mehr Thromboxan bilden als normale Blutplättchen. Wahrscheinlich ist das auf eine gestörte Plättchenbildung im Knochenmark zurückzuführen. Sowohl Typ-I- als auch Typ-II-Diabetiker leiden an einer solchen Plättchenfunktionsstörung.[18]

ASS hält die Thrombozyten in Schach

Das legt natürlich die Vermutung nahe, daß Acetylsalicylsäure, die ja eine plättchenfunktionshemmende Wirkung hat, hier normalisierend eingreifen kann. Und tatsächlich wurden in klinischen Studien bei Diabetikern schon erstaunliche Erfolge mit ASS erzielt. Zwar liegen bis jetzt nicht sehr viele Untersuchungsergebnisse vor, und die ASS-Prophylaxe für Diabetiker hat sich auch noch nicht allgemein durchgesetzt. Hier eröffnen sich jedoch mit Sicherheit interessante Zukunftsperspektiven für die Vermeidung von Folgeerkrankungen des Diabetes.

Carlo Patrono stellte fest, daß sich die Urinausscheidung von Thromboxan-Abbauprodukten bei Diabetikern durch die Einnahme von niedrigdosierter ASS (7 Tage lang 50 mg) um 80 Prozent vermindern ließ.[19] Das heißt: Die hyperreaktiven Blutplättchen lassen sich durch ASS tatsächlich bremsen. Aufgrund dieser Ergebnisse ist Patrono davon überzeugt, daß man das Thromboserisiko bei Diabetikern durch eine Langzeitbehandlung mit ASS in niedriger Dosierung (50 mg täglich) senken kann.[20]

Die wenigen Studien, die bislang bei Diabetikern mit ASS durchgeführt wurden, deuten tatsächlich darauf hin, daß eine Prophylaxe diabetischer Gefäßschäden mit ASS sinnvoll sein könnte. Wahrscheinlich lassen sich dadurch nicht nur die Schäden an den großen Gefäßen, sondern auch die krankhaften Veränderungen der Kapillaren und die dadurch bewirkten Augen- und Nierenschädigungen günstig beeinflussen - zumindest im Frühstadium.

In der in England durchgeführten DAMAD-Studie („Diabetic Angiopathy Multicenter Study on Aspirin and Dipyridamol“) entwickelten sich bei Diabetikern, die bereits Zeichen einer Retinopathie aufwiesen, weniger Mikroaneurysmen, oder ihr Fortschreiten wurde zumindest verlangsamt, wenn sie ASS – allein oder in Kombination mit Dipyridamol – einnahmen. Die Dosen waren dabei relativ hoch: 3 x 330 mg ASS täglich. In fortgeschrittenen Stadien der Retinopathie ließ sich allerdings keine Besserung mehr erzielen.[21]

In die gleiche Richtung weist eine andere Untersuchung, die amerikanische ETDRS-Studie („Early Treatment Diabetic Retinopathy Study"), an der hauptsächlich Patienten mit fortgeschrittener Retinopathie teilnahmen: Bei ihnen verbesserte sich der Augenbefund unter der Behandlung mit ASS nicht mehr. Aber – und das ist die positive Nachricht dieser Studie – es traten unter ASS auch keine vermehrten Netzhaut- und Glaskörperblutungen auf, und außerdem hatten die mit ASS behandelten Diabetiker ein vermindertes Herzinfarktrisiko.[22]

Ob man auch der Schädigung der Nieren bei Diabetikern durch ASS vorbeugen kann, dazu liegen bislang erst einige wenige tierexperimentelle und klinische Untersuchungsergebnisse vor. Sie sprechen jedoch dafür, daß ASS auch das Fortschreiten dieser Erkrankung verlangsamt.[23]

Außer Frage steht der Erfolg von ASS bei der Schlaganfallprophylaxe: Die „Veterans Administration Cooperative Study" ergab, daß Acetylsalicylsäure Hirnschlägen und transitorischen ischämischen Attacken vorbeugt. Das Herzinfarktrisiko sinkt bei Diabetikern, die ASS einnehmen, sogar um ganze 20 Prozent. Die Zahl der Amputationen aufgrund diabetischer Gangräne ließ sich in der „Veterans Administration Cooperative Study" hingegen nicht reduzieren.[24]

Sollen Diabetiker also nun prophylaktisch ASS einnehmen? Darüber sind die Experten geteilter Meinung. Professor Dr. F.-A. Gries, Vorsitzender der zweiten Düsseldorfer „Conference on Hemostasis and Diabetic Angiopathy" im Jahre 1992, meint, man solle einen Diabetiker nur dann mit ASS behandeln, wenn man sicher ist, daß bei ihm wirklich aktivierte Blutplättchen vorliegen. D. Tschöpe und andere Mitarbeiter des Düsseldorfer Diabetes-Forschungsinstituts haben ein neues Testverfahren entwickelt, mit dem sich solche hyperaktive Plättchen sehr exakt nachweisen lassen. Auf diese Weise könnte man Risikopatienten rechtzeitig erkennen und prophylaktisch mit ASS behandeln.[25]

Der amerikanische Diabetologe J. Colwell dagegen meint, daß eine Langzeit-Sekundärprophylaxe mit ASS für Diabetiker auf jeden Fall sinnvoll ist. Er weist darauf hin, daß bei den meisten Diabetikern zum Zeitpunkt der Diagnosestellung schon erste Gefäßschäden vorliegen, sie dann also bereits ein erhöhtes Thromboserisiko haben. Auch Professor

Dr. R. Landgraf von der Medizinischen Klinik des Klinikums Innenstadt in München ist für eine solche Prophylaxe: Da der Stoffwechsel beim Diabetiker selten optimal eingestellt werden könne, bestehe immer das Risiko von Gefäßschäden durch aktivierte Blutplättchen, meint er. „Solange wir keine Möglichkeiten haben, sozusagen den Diabetes durch therapeutische Maßnahmen zum Verschwinden zu bringen, müssen wir mehrgleisig fahren, um diese zusätzlich aktivierten Prozesse zu supprimieren und damit möglicherweise die Gefäßprobleme des Patienten, die ganz im Vordergrund stehen, zumindest zu reduzieren." Landgraf verordnet allen seinen Patienten, bei denen nachweislich Makroangiopathien - also Erkrankungen der koronaren, hirnversorgenden oder peripheren Arterien - vorliegen, niedrigdosierte ASS und hat damit bisher nur gute Erfahrungen gemacht: „Die Patienten vertragen es gut, die Akzeptanz ist groß."[26]

Bedenkt man, daß die diabetischen Netzhautschäden sich nur im Frühstadium durch ASS zum Stoppen bringen lassen, ist eine frühzeitige Sekundärprophylaxe vielleicht wirklich sinnvoll. Dafür spricht auch die Tatsache, daß sich bei Diabetikern anscheinend schon mit niedrigen Dosierungen eine Risikoverminderung erzielen läßt. Patrono hält eine Dosis von 50 mg ASS täglich für ausreichend, Colwell empfiehlt 75 bis 325 mg - und rät, das Präparat wegen der erforderlichen Langzeiteinnahme in der magensaftresistenten Form (*Aspirin protect*) einzunehmen.[27]

Auch Dialysepatienten können von ASS profitieren. Bei der Dialyse wird das Blut über ein Schlauchsystem in ein Filtergerät außerhalb des Körpers (die „künstliche Niere") geleitet, von Gift- und Schlackenstoffen befreit und dann wieder in den Blutkreislauf des Patienten zurückgepumpt. In diesem Schlauch- oder Filtersystem bilden sich bei der Dialyse leicht Blutgerinnsel. Deshalb wird während der Dialysezeit Heparin gegeben, um eine Blutgerinnung zu verhindern.

Plättchenfunktionshemmer oder Antikoagulanzien?

Während früher zur Thromboseprophylaxe hauptsächlich Gerinnungshemmer (Antikoagulanzien) eingesetzt wurden, sind inzwischen die Plättchenfunktionshemmer - allen voran ASS - immer stärker auf dem Vormarsch. Denn immer mehr klinische Studienergebnisse deuten darauf hin, daß ASS einen ebenso guten Thromboseschutz bietet wie die Gerinnungshemmer und ihnen in manchen Fällen sogar überlegen ist. Nur in einigen wenigen Bereichen - zum Beispiel bei der Sekundär-Schlaganfallprophylaxe bei Vorhofflimmern und auch bei Patienten mit künstlichen Herzklappen - sind Antikoagulanzien tatsächlich wirksamer als ASS und sollten daher bevorzugt eingesetzt werden.

Doch bei allen Indikationen, wo ASS nachweislich genauso gut wirkt wie Gerinnungshemmer, ist eine Therapie mit ASS sinnvoller. Sie ist weniger aufwendig und mit weniger Komplikationen verbunden.

Menschen, die regelmäßig Gerinnungshemmer wie *Marcumar* oder Coumadin einnehmen, müssen mit einem viel höheren Blutungsrisiko leben als Patienten, die mit ASS behandelt werden.

Bei einer Therapie mit Gerinnungshemmern ist eine kontinuierliche Überwachung durch den behandelnden Arzt unbedingt notwendig: In regelmäßigen Zeitabständen - mindestens alle drei bis vier Wochen - muß bei dem Patienten ein Gerinnungstest durchgeführt werden. Denn ist die Gerinnungsbereitschaft des Blutes nicht genügend gesenkt, so reicht der Thromboseschutz nicht mehr aus; sind die Gerinnungsfaktoren im Blut hingegen zu stark gehemmt, so können schon bei einer Bagatellverletzung oder auch ohne erkennbaren äußeren Anlaß lebensgefährliche Blutungen auftreten - zum Beispiel Blutungen aus dem Magen-Darm-Trakt oder Gehirnblutungen.

Deshalb ist es auch so wichtig, daß der Patient seine gerinnungshemmenden Medikamente regelmäßig und genau in der vorgeschriebenen Dosierung einnimmt. Vergeßlichkeit - oder auch eine versehentlich doppelt eingenommene Dosis - kann verhängnisvolle Folgen haben, denn eine unregelmäßige Einnahme führt zu starken Schwankungen in der Gerinnungsfähigkeit des Blutes.

Deshalb muß der Arzt bei der Frage „ASS oder Gerinnungshemmer?" das individuelle Nutzen-Risiko-Verhältnis seines Patienten besonders sorgfältig abwägen.

Bei älteren Menschen, die zur Vergeßlichkeit neigen und eventuell auch noch sturz- und daher verletzungsgefährdet sind, empfehlen Gerinnungshemmer sich wegen des erhöhten Blutungsrisikos nicht unbedingt. Hinzu kommt auch noch, daß das Risiko von Schlaganfällen durch Gehirnblutungen bei Patienten über 75 Jahren, die regelmäßig Gerinnungshemmer einnehmen, sehr stark ansteigt.

Für Patienten, die ASS nicht vertragen oder allergisch dagegen sind, ist eine Behandlung mit Gerinnungshemmern dagegen eine durchaus sinnvolle Alternative. Es gibt aber auch noch andere Plättchenfunktionshemmer, auf die man ausweichen kann, wenn man ASS nicht verträgt.

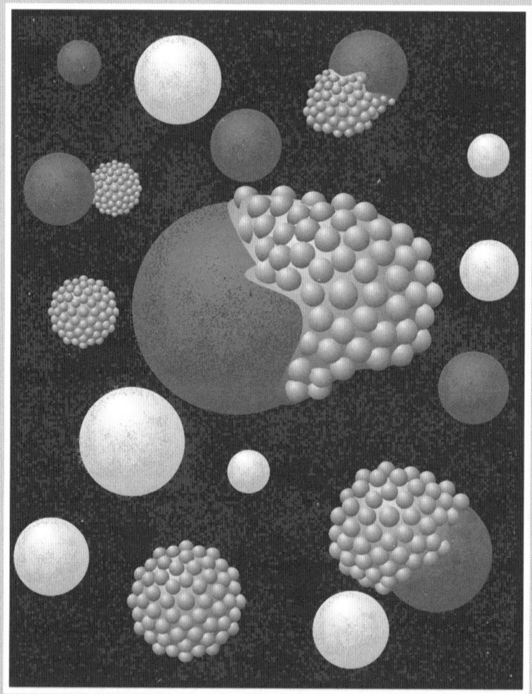

8

Neue Hoffnung gegen Krebs?

Die neueste Nachricht von der ASS-Front: Klinische Studien haben ergeben, daß ASS sogar bei bestimmten Krebsarten – zum Beispiel Dickdarm- und Speiseröhrenkrebs – eine vorbeugende Wirkung zu haben scheint. Um bis zu 50 Prozent ließ sich das Krebsrisiko in den Studien durch langjährige ASS-Einnahme reduzieren. Zwar ist es vorläufig noch zu früh, um prophylaktisch ASS gegen Darmkrebs zu schlucken – dazu gibt es bisher noch zu wenige überzeugende Studienergebnisse und zu viele offene Fragen. Doch es wird fieberhaft weitergeforscht, und es ist nicht ausgeschlossen, daß sich hier interessante neue Zukunftsperspektiven für die Krebsprävention auftun.

Krebs ist eine unserer häufigsten und gefürchtetsten Krankheiten: In den Industrienationen erkrankt ungefähr jeder dritte Mensch irgendwann einmal daran, und jeder fünfte Krebspatient stirbt an seinem Leiden. Damit sind bösartige Tumoren bei uns immerhin die zweithäufigste Todesursache; den ersten Platz nehmen Herzerkrankungen ein. Und man weiß auch heute noch zuwenig über diese geheimnisvolle Erkrankung, so daß in vielen Fällen keine endgültige Heilung und auch keine befriedigende Prophylaxe möglich ist.

Wie entsteht eigentlich diese Krankheit, der so viele Menschen zum Opfer fallen und die wir trotz aller Fortschritte der medizinischen Forschung immer noch nicht in den Griff bekommen haben? Welche Ursachen hat sie?

Viele Erscheinungsformen – eine Ursache

Im Grunde steckt hinter dem Begriff „Krebs“ eine Vielzahl verschiedener Krankheitsbilder. Es gibt über hundert verschiedene Krebsarten; fast alle Gewebe des menschlichen Körpers können entarten. Dieser Formenvielfalt liegt jedoch nur eine einzige Ursache zugrunde: Stets handelt es sich beim Krebs um eine bösartige Zellwucherung, die dadurch entsteht, daß eine Zelle sich nicht mehr „programmgemäß“ vermehrt, sondern zu stark zu teilen beginnt.

Wie kann eine gesunde Zelle sich in eine bösartige verwandeln? Die Ursache liegt in unserem Erbgut: An den Genen - jenen Erbinformationen, die in unseren Zellkernen gespeichert sind - verändert sich etwas. Der Fachmann spricht dabei von einer Mutation. An sich sind solche Mutationen nicht unbedingt etwas Negatives: Sie haben es den Lebewesen auf dieser Erde - nicht zuletzt dem Menschen - immerhin ermöglicht, sich im Laufe von Jahrmillionen ständig zu wandeln, weiterzuentwickeln und an neue Umweltbedingungen anzupassen.

Betrifft eine solche Mutation jedoch ein Gen, das für die Vermehrung von Zellen zuständig ist, so kann das verhängnisvolle Folgen haben: Durch die genetische Veränderung erhält die Zelle nämlich unter Umständen den Befehl, sich vermehrt und unkontrolliert zu teilen - und diese Fehlinformation gibt sie an all ihre Tochterzellen weiter. So kann mit der Zeit ein bösartiger Tumor entstehen. Das Heimtückische daran ist, daß der Patient ihn im Anfangsstadium meist lange Zeit nicht bemerkt.

Vererbung und Umweltfaktoren

Doch obwohl solche genetischen Veränderungen letztlich in allen Organismen vorkommen, erkranken nur manche Menschen an Krebs, andere hingegen nicht. Das ist zunächst einmal genetisch bedingt. Einige Menschen haben von ihrer genetischen Veranlagung her ganz einfach ein höheres Risiko, Krebs zu bekommen; sie haben es von ihren Vorfahren ererbt. Aus diesem Grund kommen in manchen Familien Krebserkrankungen gehäuft vor.

Eine ebenso wichtige Rolle wie die Vererbung spielen bei der Krebsentstehung auch Umweltfaktoren. Wir alle sind tagtäglich unzähligen krebserregenden Einflüssen ausgesetzt; einige davon können wir vermeiden, andere dagegen nicht. Unter krebserregenden Einflüssen versteht man Umweltfaktoren, die die beschriebenen genetischen Veränderungen einer Zelle – und damit die Entstehung eines bösartigen Tumors – begünstigen können. Da gibt es zum Beispiel jede Menge giftiger Chemikalien, die wir mit der Nahrung schlucken oder einatmen: Autoabgase, Pestizide oder schädliche Dämpfe, denen manche Menschen an ihrem Arbeitsplatz ausgesetzt sind.

Eine der häufigsten Krebsursachen könnten wir jedoch sehr wohl vermeiden: Zigarettenrauch kann nachweislich nicht nur Lungenkrebs hervorrufen, sondern – was viele Menschen nicht wissen – auch Krebserkrankungen der oberen Atemwege, der Speiseröhre, der Blase und Bauchspeicheldrüse. Vermutlich gehen auch etliche Magen-, Leber- und Nierenkrebserkrankungen auf das Konto des Nikotins. Eine häufige Ursache bösartiger Tumoren ist auch der Alkohol, der Zungen-, Kehlkopf-, Speiseröhren- und Leberkrebs (als Folgeerkrankung von Leberzirrhose) verursachen kann.

Daneben spielen aber auch noch zahlreiche andere Faktoren wie Ernährung und Strahlen (beispielsweise Röntgenstrahlen, radioaktive Strahlen und die ultraviolette Strahlung der Sonne) eine Rolle. Ja, sogar manche Viren können – so weiß man inzwischen – Krebs erzeugen: Das Epstein-Barr-Virus, das beim Menschen normalerweise das Pfeiffersche Drüsenfieber hervorruft (eine verhältnismäßig harmlose Infektion, die unter anderem durch Küssen übertragen wird), kann zum Beispiel auch Lymphome und Tumoren des Nasen-Rachen-Raumes verursachen; und Papilloma-Viren, die ansonsten nur harmlose Warzen auf der Haut hervorrufen, werden mittlerweile mit der Entstehung von Gebärmutterhalskrebs in Zusammenhang gebracht.

Krebserregende Stoffe in unserem eigenen Körper

Niemand ist vor krebserregenden Einflüssen sicher, denn selbst unser eigener Körper erzeugt sie. Bei den Stoffwechselprozessen in unserem Körper - zum Beispiel, wenn Nährstoffe abgebaut und für den Organismus verwertbar gemacht werden - werden ständig chemische Stoffe oxydiert; das heißt, sie gehen eine Verbindung mit Sauerstoff ein. Dabei entstehen freie Radikale: Moleküle mit einem ungepaarten - also „freien" - Elektron (normalerweise kommen Elektronen in Atomen und Molekülen nur paarweise vor). Dieses instabile Molekül schwirrt nun im Körper umher und „attackiert" andere Moleküle, um sich mit ihnen zu verbinden oder ihnen ein Elektron zu entreißen. Dabei entstehen sofort wieder neue freie Radikale - es ist eine Kettenreaktion.

Diese freien Radikale (die übrigens nicht nur bei Stoffwechselprozessen im Körper entstehen, sondern auch durch krebserregende Einflüsse

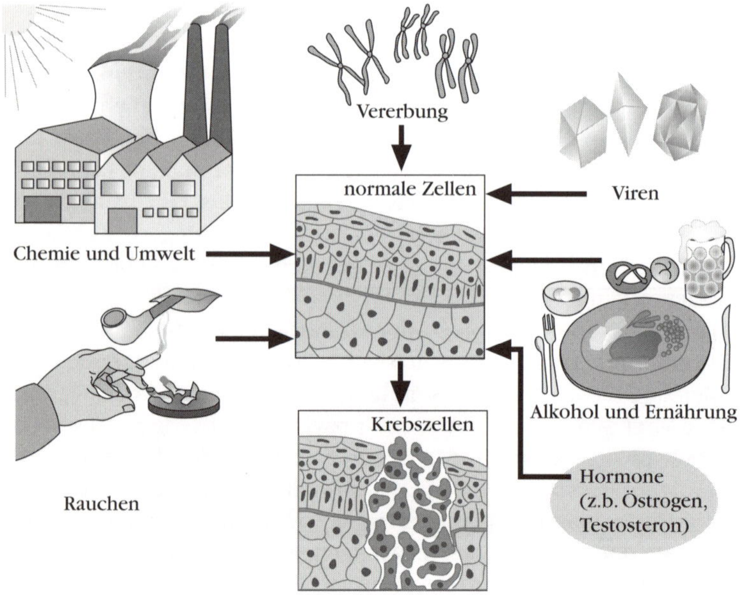

Krebs kann die verschiedensten Ursachen haben: Umweltgifte, Alkohol, Nikotin, falsche Ernährung, Hormone und genetische Faktoren - sie alle können eine Rolle spielen.

wie beispielsweise Strahlung oder Zigarettenrauch) sind gefährlich, weil sie auf Dauer unsere Körperzellen schädigen oder gar zerstören. Und was noch viel schlimmer ist: Sie können die genetischen Informationen einer Zelle verändern, so daß sie zur Krebszelle entartet.

Selbst einige unserer eigenen Hormone haben eine krebserregende Wirkung: Es gibt hormonabhängige Krebsarten, deren Entstehung durch die Einwirkung von Östrogen und Testosteron gefördert wird. Dazu zählen zum Beispiel der Prostatakrebs beim Mann und eine bestimmte Art von Brustkrebs bei der Frau. Deshalb haben Frauen, die erst sehr spät oder gar keine Kinder bekommen haben, bei denen die Periode sehr früh eingesetzt hat oder die spät in die Wechseljahre gekommen sind, ein erhöhtes Brustkrebsrisiko: Sie sind längere Zeit der Einwirkung des Hormons Östrogen ausgesetzt gewesen als andere Frauen.

Polizeitruppen und Reparaturwerkstätten: So wehrt unser Körper sich gegen Krebs

Veränderungen im Erbgut müssen aber nicht unbedingt zu Krebs führen, denn unser Körper besitzt verschiedene sehr wirksame Abwehrmechanismen, die versuchen, das zu verhindern. Zum einen kann er krebserregende Stoffe auf chemischem Weg in der Zelle abbauen, noch ehe sie den Zellkern erreicht und die dort gespeicherte genetische Information geschädigt haben. Ist der Schaden bereits entstanden, so kann er „ausgebessert" werden: Jede Zelle besitzt einen komplizierten Reparaturmechanismus, der genetische Veränderungen sofort erkennt und korrigiert. Doch leider ist kein System perfekt, und deshalb unterlaufen dieser „Reparaturwerkstatt" in unseren Zellen auch hin und wieder Fehler.

Sind bereits Krebszellen entstanden (und das passiert in jedem menschlichen Organismus ab und zu), so tritt unser Immunsystem auf den Plan. Das ist unsere körpereigene Abwehr, die dazu da ist, in unseren Organismus eingedrungene Fremdkörper sofort zu erkennen und zu vernichten. Das können Holzsplitter oder Schmutzteilchen in einer Wunde sein, aber auch Krankheitserreger wie Pilze, Viren und Bakterien. Auch Krebszellen sind solche „Fremdkörper". Unsere Immunabwehr erkennt sie an den fremdartigen Strukturen an ihrer Oberfläche (den Antigenen) und rückt ihnen dann sofort mit geballter Kraft zu Leibe: Die T-Lymphozyten (eine Art der weißen Blutzellen) erkennen die Krebszelle und bekämpfen sie mit Hilfe bestimmter Enzyme. Die B-Lymphozyten - ebenfalls weiße Blutkörperchen - bilden Antikörper, um die Krebszelle zu zerstören; und die Makrophagen fressen die bösartige Zelle regelrecht auf, indem sie sie umschließen und durch Enzyme auflösen. Deshalb werden sie auch als „Freßzellen" bezeichnet.

Die Krebszellen versuchen ihrerseits, diese körpereigene Abwehr zu „überlisten", indem sie sich auf geschickte Art und Weise tarnen. So können sie ihre Antigene - die Strukturen an der Zelloberfläche, die sie als Fremdkörper erkennbar machen - im Inneren der Zelle verstecken oder auch abstoßen, so daß sie dann im Blut zirkulieren. Das Resultat: Die Immunabwehr greift diese losgelösten Antigene an statt der krebsig entarteten Zelle, und die Krebszelle kann weiterexistieren und sich vermehren.

Wichtig: ein intaktes Immunsystem

So kann aus vereinzelten Krebszellen ein bösartiger Tumor werden. Diese Gefahr ist besonders groß, wenn unser Immunsystem nicht in Höchstform ist: beispielsweise, wenn Streß oder andere übermäßige psychische Belastungen die körpereigene Abwehr geschwächt haben. Im Alter nimmt die Gefahr, an Krebs zu erkranken, zu, weil das Immunsystem bei älteren Menschen nicht mehr so gut funktioniert wie bei jüngeren.

Warum ist Krebs so gefährlich, und was unterscheidet einen bösartigen Tumor von einem gutartigen?

Zunächst einmal gliedern Krebszellen sich nicht mehr in den Zellverband ein; sie erfüllen die ihnen zugewiesenen Aufgaben nicht, sondern schaden dem Körper, indem sie gesundes Gewebe verdrängen. So können lebenswichtige Organe wie Lungen oder Leber in ihrer Funktion eingeschränkt und schließlich völlig zerstört werden. (Gutartige Tumoren hingegen wachsen nicht in benachbartes Gewebe hinein, sondern bleiben scharf umgrenzt.) Außerdem entstehen beim Absterben von Tumorzellen giftige Zerfallsprodukte, die den Organismus zusätzlich schädigen.

Krebszellen können sich aber - was noch viel heimtückischer ist - auch vom Tumor ablösen, über die Blutgefäße und das Lymphsystem in andere Körperregionen wandern und dort neue Krebsherde bilden. Solche sekundären Krebsherde bezeichnet man als Tochtergeschwülste oder Metastasen. Haben sich erst einmal solche „Ableger" eines bösartigen Tumors gebildet, so ist die Aussicht auf Heilung drastisch verringert. Oft bestehen, wenn ein Krebs entdeckt wird, bereits Metastasen in anderen Körperbereichen; denn ein Krebszellenverband kann jahrelang wachsen, ohne Beschwerden zu verursachen. Ist er erst einmal so groß geworden, daß er tastbar ist oder sich durch Symptome bemerkbar macht, hat er häufig bereits metastasiert.

Wie groß die Heilungschancen sind, hängt also unter anderem davon ab, wie weit der Krebs bereits fortgeschritten ist und sich im Körper ausgebreitet hat. Aber auch die Art der Krebserkrankung ist für die Heilungsaussichten von Bedeutung; es gibt sehr bösartige und weniger bösartige Krebsarten.

Häufig wird ein bösartiger Tumor operativ entfernt. Befindet die Krebserkrankung sich zum Zeitpunkt der Operation noch in einem recht frühen Stadium, so sind die Aussichten auf dauerhafte Heilung gut. Zusätzlich (oder auch, wenn eine Operation nicht möglich ist) wird der befallene Körperbereich häufig bestrahlt: Radioaktive Strahlen oder Röntgenstrahlen zerstören abnorme Zellen oder verlangsamen ihr Wachstum.

Oft wird der Patient auch noch mit Zytostatika (Medikamenten, die das Wachstum und die Teilung von Krebszellen hemmen) behandelt. Zytostatika haben den Vorteil, daß sie nicht nur an dem von Krebs befallenen Organ oder Körperbereich angreifen, sondern überall im Körper: Haben sich zum Zeitpunkt der Operation bereits kleine, möglicherweise noch gar nicht erkennbare Metastasen gebildet, so bekämpfen die Zytostatika auch diese und schützen auf diese Weise vor einer weiteren Ausbreitung der Krebserkrankung.

Der Nachteil beider Methoden - Bestrahlung und Zytostatika - ist jedoch, daß dabei häufig starke Nebenwirkungen (zum Beispiel Haarausfall, Übelkeit und Erbrechen, Schwächung der Immunabwehr) auftreten. Sie belasten unseren Organismus, weil sie nicht nur kranke, sondern auch gesunde Zellen angreifen.

ASS zur Krebsprävention?

Da die Früherkennung von Krebserkrankungen häufig schwierig, die Behandlung nicht immer erfolgreich und zudem teilweise mit schädlichen Nebenwirkungen verbunden ist, kommt der Vorbeugung (Prävention) beim Krebs eine besonders wichtige Rolle zu. Inzwischen kennt man die wichtigsten Faktoren, die Krebs auslösen. Einige davon (zum Beispiel Alkohol und Zigarettenrauch) kann man durch eine entsprechende Lebensweise vermeiden. Auch auf die Ernährung kommt es an: So kann zum Beispiel eine vitamin- und ballaststoffreiche Ernährung mit viel frischem Obst und Gemüse und nicht zuviel Fett bis zu einem gewissen Grad vor bestimmten Krebserkrankungen schützen. Durch regelmäßige Vorsorgeuntersuchungen lassen sich außerdem manche Krebsarten rechtzeitig erkennen, was die Heilungschancen vergrößert.

Dennoch hat die medizinische Forschung das Schreckgespenst Krebs bis heute noch nicht besiegen können und ist daher auf der Suche nach immer weiteren Möglichkeiten der Krebsprävention.

In diesem Zusammenhang erregten in den neunziger Jahren einige medizinische Studien Aufsehen, bei denen festgestellt wurde, daß ASS und ähnliche Medikamente das Risiko, an Dickdarmkrebs zu erkranken, drastisch senken können.

Dickdarm- und Mastdarmkrebs (der Mastdarm ist das Endstück des Dickdarms) gehören zu den häufigsten Krebsarten – von Medizinern zusammenfassend als „kolorektales Karzinom“ bezeichnet. Wenn dieser Krebs nicht rechtzeitig erkannt wird, sind die Heilungsaussichten sehr schlecht. Jährlich erkranken in Deutschland 50 000 bis 55 000 Menschen an kolorektalen Karzinomen, und bei den meisten befindet sich der Tumor zum Zeitpunkt der Diagnosestellung in einem fortgeschrittenen Stadium. Das liegt daran, daß Symptome (beispielsweise Blut im Stuhl, Verdauungsveränderungen oder Schmerzen im Unterbauch) bei diesem Krebs häufig erst in einem recht späten Stadium auftreten und er daher auch oft zu spät erkannt wird. Deshalb ist die Todesrate sehr hoch: Im Jahr 1994 starben in Deutschland 30 000 Patienten an Dickdarm- und Mastdarmkrebs.

Meistens entwickelt diese Krebsart sich aus Polypen – an sich gutartigen Wucherungen, die jedoch leicht zu bösartigen Tumoren entarten können. Besonders gefährdet sind Menschen, die an familiärer Polyposis leiden: einer zum Glück seltenen erblichen Krankheit, bei der sich im Mastdarm zahlreiche Polypen bilden. Werden diese Polypen nicht entfernt, so kann daraus Darmkrebs entstehen.

Bereits in den achtziger Jahren stellten Mediziner fest, daß bei Patienten, die an Enddarmpolypen litten, ein ASS-ähnliches Medikament – *Sulindac* – die Größe und Anzahl dieser Polypen verringerte; in manchen Fällen verschwanden sie sogar völlig. Sobald die Patienten mit der *Sulindac*-Einnahme aufhörten, kehrten die Polypen allerdings wieder.

Sulindac gehört ebenso wie ASS zur Gruppe der nichtsteroidalen Antirheumatika und Antiphlogistika. Hinter diesem unaussprechlichen Namen verbergen sich entzündungshemmende und antirheumatische Substanzen, deren wirksamer Bestandteil (im Gegensatz zu den bei rheumatischen Erkrankungen ebenfalls häufig eingesetzten Kortisonpräparaten) kein Kortikosteroid ist.

Die Ergebnisse dieser Studie eröffneten eine mögliche neue Zukunftsperspektive für die Prävention von Darmkrebs: Denn wenn Polypen sich durch die Einnahme ASS-ähnlicher Medikamente beseitigen ließen, so konnte man damit unter Umständen eine wichtige Vorstufe bösartiger Dickdarmtumoren ausschalten.

In Tierversuchen mit Ratten, bei denen man durch bestimmte krebserregende Chemikalien Darmkrebs erzeugt hatte, ließ sich sogar das Wachstum dieser bösartigen Tumoren durch die Gabe von nichtsteroidalen Antirheumatika hemmen. Und mehrere medizinische Studien, die untersuchten, welche Krebsarten bei Patienten mit rheumatischen Erkrankungen besonders häufig auftreten, ergaben, daß solche Menschen viel seltener an Darmkrebs erkranken als der Durchschnitt.

Da solche Patienten sehr häufig nichtsteroidale Antirheumatika und Antiphlogistika einnehmen, lag natürlich die Frage nahe, ob solche Medikamente womöglich eine vorbeugende Wirkung gegen Darmkrebs haben. Nun war das Interesse der Mediziner geweckt, und in den neunziger Jahren wurden viele großangelegte wissenschaftliche Studien durchgeführt, um diesen Zusammenhang zu klären.

Die Vorgehensweise bei diesen Studien war recht unterschiedlich: In einer amerikanischen Studie mußten 1326 Patienten mit Dickdarm- oder Mastdarmkrebs sowie eine Kontrollgruppe, die an anderen bösartigen Tumoren oder sonstigen Erkrankungen litt, Fragebogen ausfüllen, in denen unter anderem gefragt wurde, welche Medikamente sie einnahmen, wie lange und wie oft.

Die Wissenschaftler, die diese Studie durchführten, kamen zu einem verblüffenden Ergebnis: Bei Menschen, die regelmäßig nichtsteroidale Antirheumatika einnehmen, scheint das Risiko, an Darmkrebs zu erkranken, sich um etwa 50 Prozent zu reduzieren! Von diesen Testpersonen waren nämlich nur halb so viele an kolorektalen Karzinomen erkrankt wie bei den anderen, die solche Medikamente nicht (oder nicht regelmäßig) eingenommen hatten. Die meisten der Testpersonen, bei denen Darmkrebs seltener auftrat, hatten ASS eingenommen.[1]

Bei einer anderen Studie gaben über 600 000 Menschen – ebenfalls per Fragebogen – über ihre Medikamenteneinnahme und andere Lebensgewohnheiten (Rauchen, Ernährung, Alkoholkonsum usw.) Auskunft, wurden dann alle zwei Jahre wieder kontaktiert und nach ihrem

Gesundheitszustand befragt. Ziel dieser Studie war es, den Zusammenhang zwischen regelmäßiger Medikamenteneinnahme und der Anzahl der Todesfälle durch Darmkrebs zu untersuchen - und sie kam zu dem gleichen vielversprechenden Ergebnis wie die vorher erwähnte Untersuchung: Sowohl bei Männern als auch bei Frauen, die regelmäßig ASS eingenommen hatten, waren weitaus weniger Todesfälle durch kolorektale Karzinome aufgetreten als bei den anderen Testpersonen.[2]

Weitere Studien bestätigten diese Ergebnisse. Nur bei zwei wissenschaftlichen Untersuchungen konnte kein positiver Einfluß der Einnahme ASS-ähnlicher Medikamente auf das Darmkrebsrisiko festgestellt werden: Bei einer Studie, die die amerikanischen Wissenschaftler Peter H. Gann, Charles H. Hennekens und andere durchführten, sollte herausgefunden werden, ob bei Menschen, die fünf Jahre lang regelmäßig niedrigdosierte ASS eingenommen hatten, das Risiko kolorektaler Karzonome sank. Dies war jedoch nicht der Fall. Sie erkrankten genauso häufig an Darmkrebs wie die anderen Testpersonen.[3] Und bei einer prospektiven Studie, die mit 13 987 kalifornischen Pensionären durchgeführt wurde, ergab sich bei jenen Testpersonen, die täglich ASS eingenommen hatten, nach zehn Jahren sogar ein ganz leicht erhöhtes Risiko, an Darmkrebs zu erkranken.[4]

Wahrscheinlich ist eine langjährige Einnahme erforderlich

Über die Gründe für diese widersprüchlichen Studienergebnisse ist man sich bis heute noch nicht im klaren; es gibt aber ein paar mögliche Erklärungen. Bei der Studie mit den kalifornischen Pensionären könnte das negative Ergebnis darauf zurückzuführen sein, daß diese Testpersonen wesentlich älter waren als die Versuchspersonen anderer vergleichbarer Untersuchungen: Ihr Durchschnittsalter betrug immerhin 73 Jahre. Möglicherweise hat ASS also keine krebsvorbeugende Wirkung mehr, wenn man erst in sehr hohem Alter mit der Einnahme beginnt.[5]

Bei der Studie von Gann und Hennekens wiederum war vermutlich der Untersuchungszeitraum von fünf Jahren zu kurz, und vielleicht war auch die gewählte ASS-Dosis zu niedrig. Die meisten anderen Untersuchungen, bei denen sich positive Ergebnisse zeigten, umfaßten einen viel längeren Zeitraum. Das deutet darauf hin, daß ASS wohl schon über viele

Jahre hinweg regelmäßig eingenommen werden muß, um seine vorbeugende Wirkung gegen Darmkrebs zu entfalten.

Bei der in den achtziger und neunziger Jahren durchgeführten „Nurses' Health Study", bei der über 120 000 gesunde amerikanische Krankenschwestern in Zeitabständen von mehreren Jahren über ihre ASS-Einnahme und das Auftreten von Krebserkrankungen befragt wurden, ergab sich folgendes Resultat: Nach fünf bis neun Jahren hatten Frauen, die regelmäßig ASS einnahmen, noch kein vermindertes Darmkrebsrisiko im Verhältnis zu Nichtverwenderinnen; und auch bei Frauen, die 10 bis 19 Jahre lang ASS eingenommen hatten, verringerte sich das Darmkrebsrisiko nur ganz leicht. Ein wirklich durchschlagender Effekt zeigte sich erst nach zwanzigjähriger regelmäßiger ASS-Einnahme: Jetzt war das Krebsrisiko um 44 Prozent reduziert.[6]

Eigentlich braucht man sich darüber gar nicht so sehr zu wundern – denn es dauert ja auch viele Jahre, bis aus einer einzelnen krebsartig veränderten Zelle ein Tumor entsteht oder bis ein gutartiger Darmpolyp bösartig wird. Und da es bislang keine Hinweis dafür gibt, daß ASS und ähnliche Medikamente einen bereits bestehenden bösartigen Tumor heilen können, „greifen" solche Medikamente wohl nur in den Vorstufen oder frühen Entwicklungsstadien einer Krebserkrankung – das heißt, sie wirken präventiv und müssen daher zwangsläufig über viele Jahre hinweg eingenommen werden.

Einige Kritiker der Studien zum Thema „ASS und Darmkrebs" wandten ein, daß hier vielleicht ein methodischer Fehler vorliegen könnte. Schließlich, so argumentierten sie, führt ASS zu einer verstärkten Blutungsneigung. Konnte es daher nicht sein, daß Polypen oder Karzinome im Frühstadium bei jenen Testpersonen, die regelmäßig ASS einnahmen, früher zu bluten begannen und durch das Blut im Stuhl dann auch eher entdeckt wurden? In diesem Fall würde ASS nicht krebsvorbeugend wirken, sondern nur zur Früherkennung von Dickdarm- und Mastdarmkrebs beitragen. Dieses Argument konnte entkräftet werden: Die Wissenschaftler, die die „Nurses' Health Study" durchführten, gingen der Frage nach und stellten fest, daß bei den ASS-Verwenderinnen tatsächlich häufiger Endoskopien wegen Blut im Stuhl durchgeführt wurden. Doch trotz dieser häufigeren Kontrollen wurden bei diesen Frauen weniger Tumore diagnostiziert als bei den anderen, die nicht – oder jedenfalls nicht sehr häufig – ASS einnahmen.

Es ließ sich auch ausschließen, daß andere Faktoren – beispielsweise Ernährungsgewohnheiten, Alkohol- oder Zigarettenkonsum – das Untersuchungsergebnis verfälschten.

Vieles ist noch ungeklärt

Ist es also nun sinnvoll, viele Jahre lang regelmäßig ASS zu schlucken, um das Risiko einer Darmkrebserkrankung zu verringern?

Es wäre schön, wenn es so einfach wäre. Doch obwohl die meisten wissenschaftlichen Untersuchungsergebnisse zum Thema „ASS und Darmkrebs" durchaus optimistisch stimmen, ist es vorläufig noch zu früh, um diese Frage zu beantworten.

Erstens liegen bislang viel zu wenige Studienergebnisse zur vorbeugenden Wirkung von ASS bei Darmkrebs vor, und die bisher durchgeführten Untersuchungen weisen auch etliche Mängel und Inkonsequenzen auf. So wurden zum Beispiel Dosis und Einnahmedauer von ASS bei vielen Studien nicht eindeutig ermittelt. Die Fragen, die die Testpersonen hierzu beantworten mußten, waren zum Teil ziemlich vage, und außerdem ist die Richtigkeit der Antworten natürlich auch nicht wissenschaftlich nachprüfbar. Man muß sicherlich davon ausgehen, daß Testpersonen auf Fragen wie „Wann haben Sie zum letztenmal ASS eingenommen?", „Wie oft haben Sie im letzten Monat ASS eingenommen?" oder „Seit wie vielen Jahren nehmen Sie ASS regelmäßig ein?" nur ungenaue Antworten geben können, weil ihr Gedächtnis sie dabei häufig im Stich läßt.

Daher weiß man bis heute noch nicht genau, in welcher Dosis und wie lange ASS eigentlich eingenommen werden muß, um seine vorbeugende Wirkung gegen Darmkrebs zu entfalten. Einigermaßen exakte Anhaltspunkte hierzu liefert lediglich die bereits erwähnte „Nurses' Health Study".

Bei dieser Studie hatte eine Einnahme von mindestens vier bis sechs ASS-Tabletten (zu je ca. 300 mg) pro Woche die stärkste präventive Wirkung: Diese Dosis halbierte das Risiko, an einem kolorektalen Karzinom zu erkranken oder zu sterben – allerdings auch nur, wenn sie etwa zwanzig Jahre lang regelmäßig eingenommen wurde. Das heißt, man müßte jeden oder jeden zweiten Tag 300 mg ASS schlucken. Das entspricht dem oberen Bereich der Dosis, die derzeit auch zur Herzinfarkt- und Schlaganfallprophylaxe empfohlen wird. Diese Ergebnisse müssen jedoch noch durch weitere Untersuchungen erhärtet werden.

Man weiß bis jetzt auch nicht, ob die krebsvorbeugende Wirkung von ASS wieder rückgängig gemacht wird, sobald man das Medikament absetzt, oder ob sie weiterhin bestehenbleibt. Ebenso ungeklärt ist, ab welchem Alter man mit der Krebsprävention durch ASS beginnen soll und ob sie für alle Menschen sinnvoll ist oder nur für Risikopatienten. In Anbetracht der langen erforderlichen Einnahmedauer ist der Nutzen einer solchen Krebsprävention natürlich auch sorgfältig gegen die Risiken abzuwägen, die sich aus den möglichen Nebenwirkungen von ASS ergeben.

Aus all diesen Gründen ist es derzeit noch nicht ratsam, prophylaktisch jeden Tag oder alle zwei Tage 300 mg ASS zu schlucken, um nicht an Darmkrebs zu erkranken. Wer ohnehin schon zur Herzinfarkt- oder Schlaganfallprophylaxe regelmäßig ASS einnimmt, kann sich freuen: Bei ihm besteht die Chance, daß er dadurch gleichzeitig auch sein Darmkrebs-Risiko senkt. Doch Menschen, bei denen kein Grund zu einer regelmäßigen ASS-Einnahme besteht, sollten, solange noch keine weiteren und detaillierteren medizinischen Untersuchungsergebnisse vorliegen, lieber andere Maßnahmen zur Darmkrebsprophylaxe ergreifen: So ist zum Beispiel erwiesen, daß eine ballaststoffreiche, protein- und fettarme Ernährung das Risiko, an Dickdarmkrebs zu erkranken, senkt. Außerdem bietet eine ausreichende Vitaminzufuhr generell Schutz vor Krebs; daher sollte man viel frisches Obst und Gemüse zu sich nehmen.

Empfehlenswert sind außerdem regelmäßige Vorsorgeuntersuchungen; denn je früher man den Krebs (oder die Vorstufe dazu – die Polypen) erkennt, um so eher ist eine vollständige Heilung noch möglich. Deshalb sollten auch beschwerdefreie Menschen ab dem vierzigsten Lebensjahr jährlich eine rektale Untersuchung durchführen lassen, bei der der Arzt die Mastdarmwand nach Unebenheiten abtastet und dabei gleichzeitig eine Stuhlprobe zur Untersuchung auf okkultes Blut entnimmt. Bei Menschen mit einem erhöhten Risiko, an Dickdarmkrebs zu erkranken, sind solche Untersuchungen schon ungefähr ab dem zwanzigsten Lebensjahr ratsam.

Hilft ASS auch gegen andere Krebsarten?

Seitdem die Forschungsergebnisse zum Thema ASS und Darmkrebs Wissenschaftler auf eine „heiße Fährte" gebracht haben, fahnden sie unermüdlich nach Einsatzmöglichkeiten der Acetylsalicylsäure für die Vorbeugung anderer Krebsarten. Leider sind sie bisher nur in den wenigsten Fällen fündig geworden.

Erste Hinweise gibt es bereits dafür, daß ASS auch Speiseröhrenkrebs vorbeugt. In einer amerikanischen Studie wurden 14 407 Testpersonen nach ihrer ASS-Einnahme befragt und dann 12 bis 16 Jahre lang beobachtet. Das Ergebnis dieser Studie ist sehr vielversprechend: Keine einzige der Personen, die laut Fragebogen regelmäßig ASS einnahmen, bekam Speiseröhrenkrebs; und selbst bei Menschen, die das Medikament nach ihren eigenen Aussagen nur gelegentlich einnahmen, war das Risiko eines Speiseröhrenkarzinoms immerhin um 90 Prozent gesenkt. Allerdings bekamen von den über 14 000 Testpersonen insgesamt nur 15 Speiseröhrenkrebs; die Anzahl der Fälle ist zu gering, um daraus allgemeingültige Schlüsse abzuleiten.[7] Bei einer anderen Studie zeigte sich sogar schon nach einer Einnahmezeit von sechs Jahren eine vorbeugende Wirkung gegen Speiseröhrenkrebs.[8] Auch hier sind jedoch unbedingt noch weitere Studien notwendig, um diese Ergebnisse zu erhärten, denn aus zwei medizinischen Untersuchungen lassen sich natürlich noch lange keine allgemeingültigen Resultate ableiten.

Das gleiche gilt für die wenigen Studien, die bis jetzt zum Thema Brustkrebs vorliegen: Hier sind die Ergebnisse sogar ziemlich widersprüchlich. In einigen ergab sich bei regelmäßiger Einnahme von ASS oder anderen nichtsteroidalen Antiphlogistika eine eindeutig geringere Burstkrebsrate;[9] bei anderen hatte die ASS-Einnahme einen geringfügigen oder gar keinen Einfluß auf das Risiko, an Brustkrebs zu erkranken.[10]

Weitere Forschungsarbeiten sind notwendig

Sicherlich wäre es unklug, aus vereinzelten positiven Studienergebnissen voreilige Schlüsse zu ziehen und sich falschen Hoffnungen hinzugeben; dennoch ist das Potential von ASS als Medikament zur Krebsprävention eine interessante und vielversprechende Zukunftsperspektive. „Es handelt sich bislang zwar nur um grobes Datenmaterial", sagt J. Wahrendorf vom Deutschen Krebsforschungszentrum in Heidelberg, wo ASS im Tierversuch neben Darmkrebs auch die Bildung von Hautkrebs verhinderte, „die vorliegenden Ergebnisse sind aber seriös erarbeitet worden und sehr bemerkenswert. Es wäre durchaus denkbar, daß wir in einigen Jahren sehr ernsthaft an eine Krebsprophylaxe mit ASS denken müssen."[11]

Eines jedoch sollte man nicht tun (und das gilt natürlich ebenso für den Einsatz von ASS zur Herzinfarkt- und Schlaganfallprophylaxe): sich auf die positive Wirkung des Medikaments verlassen und glauben, daß man im Schutze von ASS ruhig weiterhin einer ungesunden Lebensweise frönen kann. So erstaunlich die Wirkungen dieser kleinen weißen Tablette mit dem heilsamen Wirkstoff der Weidenrinde auch sein mögen - die negativen Effekte einer ungesunden Lebensweise lassen sich dadurch nicht neutralisieren. Daher sollte man sich auf jeden Fall bemühen, die geschilderten krebserregenden Faktoren - soweit möglich - zu vermeiden.

Sind Prostaglandine schuld daran, daß wir Krebs bekommen?

Kopfzerbrechen bereitet den Wissenschaftlern nach wie vor die Frage, auf welche Weise Acetylsalicylsäure unseren Organismus vor Krebs schützt. Auch hier tappt man, was die Wirkmechanismen angeht, immer noch weitgehend im dunkeln. Möglicherweise beruht die krebsvorbeugende Wirkung von ASS auf der Hemmung der Prostaglandinsynthese.

Bei Versuchen an Zellkulturen und Tieren wurde festgestellt, daß kolorektale Polypen und Karzinome sehr hohe Prostaglandin-Konzentrationen (vor allem von Prostaglandin E_2) aufweisen. Auch der Prostaglandinspiegel im Blutserum ist bei Menschen und Tieren, die an einem bösartigen Tumor leiden, erhöht. Das deutet darauf hin, daß Krebstumoren Prostaglandine erzeugen. Durch nichtsteroidale Antiphlogistika wie ASS und Indometacin ließ sich die Prostaglandin-Konzentration in solchen Tumoren um etwa 50 % senken.[12]

Das ist insofern interessant, als viele Wissenschaftler vermuten, daß Prostaglandine die Entstehung, das Wachstum und die Ausbreitung von Tumoren fördern und - um die Sache noch schlimmer zu machen - gleichzeitig auch noch die Immunreaktion unseres Körpers gegen Krebs unterdrücken.

Vieles spricht für diese Annahme: Zunächst einmal wurde nachgewiesen, daß bei der Prostaglandinsynthese krebserregende chemische Verbindungen im Körper entstehen. [13] Manche Studien deuten sogar darauf hin, daß Prostaglandine auch die Zellvermehrung fördern können. Und da eine vermehrte, unkontrollierte Zellteilung ja oft der erste Schritt zur Entwicklung eines bösartigen Tumors ist, käme den Prostaglandinen damit eine wichtige Rolle bei der Krebsentstehung zu.

Damit aus einer Ansammlung solcher Zellen, die „aus der Reihe tanzen“, tatsächlich ein bösartiger Tumor wird, der auch wachsen und sich im Körper weiter ausbreiten kann, müssen aber noch viele weitere Voraussetzungen erfüllt sein:

■ Der Tumor muß mit Blut versorgt werden; das heißt, es müssen neue Blutgefäße entstehen.

■ Einzelnen Krebszellen, die sich vom Tumor ablösen und vom Blut fortgeschwemmt werden, muß es gelingen, an irgendeiner Stelle des Blutgefäßsystems „Fuß zu fassen": Das heißt, sie müssen sich an eine Blutgefäßwand anheften, diese Gefäßwand durchdringen und in dem darunterliegenden Gewebe einen neuen Tumor bilden. Das schaffen die wenigsten - Wissenschaftler schätzen, daß so etwas nur einer unter 10 000 Krebszellen gelingt.

■ Der Tumor muß das Immunsystem - das sich natürlich erbittert gegen den Fremdling wehrt - auf irgendeine Weise „außer Gefecht setzen", damit die Krebszellen nicht von der körpereigenen Abwehr angegriffen und vernichtet werden, sondern in aller Ruhe weiterwachsen können.

Mittlerweile gibt es etliche Hinweise darauf, daß Prostaglandine bösartigen Tumoren diese drei Voraussetzungen bieten.

So sind Tumoren zum Beispiel in der Lage, neue Blutgefäße zu bilden, und man hat festgestellt, daß Prostaglandine diesen Prozeß fördern.[14]

Da manche Prostaglandine (wie beispielsweise Thromboxan A_2) die Verklumpungsneigung unserer Blutplättchen erhöhen, können sie einer abgelösten Krebszelle außerdem wahrscheinlich auch dabei helfen, sich an einer Blutgefäßwand festzusetzen: Denn wenn Tumorzellen mit Blutplättchen verklumpen, können sie sich vermutlich besser an Gefäßwänden anlagern - sie bleiben dann einfach leichter „kleben".

Hier setzt die Acetylsalicylsäure an: Indem sie die Verklumpungsneigung der Blutplättchen reduziert (was sie ja auch zu einem so wertvollen Medikament zur Vorbeugung von Thrombosen, Herzinfarkten und Schlaganfällen macht), erschwert sie Tumoren die Metastasenbildung.[15]

ASS – neuer Auftrieb für unser Immunsystem?

Obwohl die medizinische Wissenschaft seit Jahren fieberhaft an der Erforschung der Prostaglandine arbeitet, die in unserem Körper so vielfältige wichtige Funktionen erfüllen, ist vieles immer noch ungeklärt. Das Zusammenspiel dieser Gewebshormone mit anderen chemischen Substanzen in unserem Körper ist zu kompliziert, und die Forschungsergebnisse sind bis jetzt auch noch zu widersprüchlich, als daß man bereits eindeutige Aussagen über die Funktion der Prostaglandine machen könnte.

Zahlreiche Erkenntnisse deuten jedoch inzwischen darauf hin, daß Prostaglandine unsere körpereigene Abwehr schwächen - und daß ASS-ähnliche Medikamente (die „Gegenspieler“ der Prostaglandine) unser Immunsystem stärken:

- In Versuchen wurde festgestellt, daß eine Prostaglandin-Art (E_2) die Aktivität natürlicher Killerzellen hemmt.[16] Natürliche Killerzellen (im Expertenjargon kurz und bündig „NK-Zellen“ genannt) lösen Tumorzellen auf und erfüllen damit eine wichtige Funktion bei unserer körpereigenen Krebsabwehr.

- In Zellkulturen beeinträchtigten die Prostaglandine E_1 und E_2 die Beweglichkeit und Funktion von Makrophagen. (Das sind Zellen in der Blutflüssigkeit und im Gewebe, die Krebszellen und andere Fremdkörper „auffressen“.)[17]

- ASS-ähnliche Medikamente fördern die Vermehrung von T-Zellen; das sind weiße Blutzellen, die Fremdkörper (zum Beispiel krebsig entartete Zellen) in unserem Organismus erkennen, sich dann vermehren und die Feinde angreifen, indem sie sich an sie anbinden und sie mit Hilfe chemischer Substanzen zerstören.[18]

Alle Zusammenhänge sind zwar bisher noch nicht endgültig geklärt; doch wenn diese vielversprechenden Forschungsergebnisse sich in weiteren Versuchen bestätigen sollten, käme ASS nicht nur bei der Krebsprävention, sondern auch bei der allgemeinen Stärkung unserer körpereigenen Abwehr eine wichtige Rolle zu.

9

Auf die Zubereitung kommt es an

Ob ein Medikament als Tablette, Brausetablette, Pulver, Saft, Zäpfchen oder Injektion verabreicht wird, hängt nicht immer nur davon ab, was der Patient für angenehmer oder gar bequemer hält. Die Darreichungsform eines Arzneimittels bestimmt oft, wie rasch und intensiv das Mittel wirken kann. Dies trifft besonders auch für alle ASS-Präparate zu. Darüber soll in diesem Kapitel gesprochen werden, um im Leser Verständnis für eine effiziente Behandlung mit ASS zu wecken.

Der Wirkstoff einer Arznei ist das eine, seine Darreichungsform das andere. Für den Laien mag es auf den ersten Blick ziemlich belanglos sein, ob er beispielsweise ASS als Tablette schluckt oder als in Wasser aufgelöste Brausetablette trinkt oder als Zäpfchen in den Enddarm einführt. Zäpfchen haben einen unleugbaren Vorteil, wenn es dem Patienten übel ist und er sich womöglich übergeben muß. Daß ein geschlucktes Arzneimittel den lädierten Magen überhaupt erst zum Brechreiz stimuliert und deshalb sofort wieder nach außen befördert werden kann, ist an sich logisch. (Umgekehrt sollte man bei Durchfall keine Zäpfchen nehmen.) Es gibt aber auch noch einen anderen Grund, weshalb man einem kranken Magen möglichst keine Tabletten anvertrauen sollte: Dadurch, daß die Verdauungsbewegungen des Magens – der Mediziner spricht dabei von der Peristaltik – gestört sind oder gar ganz zum Erliegen kommen, werden Tabletten nicht rasch genug in den Dünndarm weiterbefördert, wo ihr Wirkstoff erst ins Blut übergehen kann. Acetylsalicylsäure-Präparate gibt es in folgenden Darreichungsformen:

- Tabletten, die in Wasser zerfallen (z. B. *Aspirin* 500 mg)
- Brausetabletten, die sich sprudelnd in Wasser zu einem wohlschmeckenden Getränk lösen (z. B. *Aspirin plus C* oder *Alka-Seltzer*)
- Kautabletten, die man ohne Geschmacksprobleme und ohne daß man Wasser nachtrinken muß, in den Mund nehmen kann und einfach kaut (z. B. *Aspirin-Direkt-Kautabletten*)
- Tabletten mit magensaftresistentem Überzug (*Aspirin protect*)
- Injektionslösung (z. B. *Aspisol* Trockensubstanz für Injektionslösung)

ASS läßt sich dem Organismus nicht auf beliebige Weise zuführen. Von der spezifischen Wirkung der ASS her ist die Darreichungsform als Zäpfchen völlig ungeeignet, weil die Substanz die Rektalschleimhaut sofort nachdrücklich reizt und schädigen kann, außerdem würde es in den meisten Fällen zu einer Stimulation der Darmtätigkeit kommen, die das Zäpfchen rasch wieder nach außen befördert. In Pulverform ist das Medikament nicht besonders gut haltbar, da die normale Luftfeuchtigkeit den Ester hydrolysiert und damit die Wirksubstanz der ASS inaktiviert.

ASS wird im Körper bei Kontakt mit Flüssigkeit, also spätestens nach seiner Aufnahme ins Blut, innerhalb von 10 bis 15 Minuten in Salicylsäure und Acetylgruppe gespalten. Bei diesem Vorgang, den der Chemiker Hydrolyse nennt, wird die ASS teilweise inaktiviert. Die ASS wird hauptsächlich durch die Schleimhaut des Dünndarms ins Blut aufgenommen, das von dort über den Pfortaderkreislauf (auch „kleiner" Kreislauf genannt) zur Leber fließt. Dabei wird, wie gesagt, der größte Teil der ASS gespalten und gelangt damit gar nicht mehr in den „großen" Blutkreislauf (die Mediziner sprechen dabei vom systemischen Blutkreislauf).

Damit überhaupt ein ausreichender Spiegel des Wirkstoffs ins Blutplasma übergehen kann, muß die ASS ziemlich rasch ins Blut gelangen. Normalerweise erfolgt die Aufnahme der Substanz über den Mund. Die Tabletten müssen nun die Wirksubstanz einerseits rasch genug, andererseits aber auch nicht zu schnell freisetzen, damit der erwünschte Wirkstoffspiegel im Blut erzielt wird. Damit fällt der Technik, wie die Acetylsalicylsäure in eine Tablette verpackt ist und aus dieser wieder freigesetzt wird, eine wichtige Rolle zu.

Eine falsche Darreichungsform oder eine wenig ausgereifte Galenik – so nennt der Pharmakologe die Kunst, Wirkstoffe effektiv zu „verpacken" – führen rasch dazu, daß die Wirksubstanz nur wenig oder kaum wirkt. Dies dann der Acetylsalicylsäure anzulasten ist ungerecht. Erfahrungen haben beispielsweise gezeigt, daß injizierte ASS (*Aspisol* von Bayer) rasch und sicher wirkt, auch bei Patienten, die vorher orale Gaben von ASS als ziemlich wirkungslos empfunden haben.

Am wirksamsten sind ASS-Brausetabletten

Als wirksamste Darreichungsform gilt die Brausetablette. Kurz bevor das Mittel eingenommen wird, löst man die Tablette in Wasser auf. Eine heftige Gasbildung (Kohlendioxyd) unterstützt den Zerfall der Tablette. Man darf die Lösung allerdings nicht stehen lassen, sondern muß sie sofort trinken, weil sich die ASS in Wasser schnell hydrolysiert, also nicht stabil bleibt. Die Gasbildung wird durch die Reaktion von Zitronensäure mit Karbonaten und Bikarbonaten bewirkt. Brausetabletten sind gegen Feuchtigkeit sehr empfindlich, weshalb sie in Aluminiumfolie verpackt sind. Natürlich darf man die Verpackung erst kurz vor dem Verbrauch aufreißen, weil die Tabletten sonst der Luft Feuchtigkeit entziehen und so zerstört werden. Da eine Brausetablette ja nicht geschluckt werden muß, ist sie in ihrer Größe nicht beschränkt. Das bedeutet, daß sie eine ausreichend große Puffermenge enthalten kann, die den pH-Wert des Magens ordentlich anheben kann.

Die Brausetablettenlösung muß nicht erst wie die normale *Aspirin*-Tablette langsam im Magen durch die Magensäfte aufgelöst werden, sondern gelangt bereits mit einer ausreichenden Flüssigkeitsmenge in den Magen und wird von diesem wie alle Flüssigkeiten rasch in den Dünndarm weiterbefördert, wo die gelöste Wirksubstanz resorbiert werden kann. Die schnelle Aufnahme ist deshalb für eine zuverlässige Wirkung des Mittels wichtig, damit sich im Blutplasma rasch eine möglichst hohe Konzentration des Wirkstoffs aufbauen kann. Der Resorptionsprozeß muß deshalb rasch ablaufen, weil die ASS durch Hydrolyse sehr schnell inaktiviert wird.

Tabletten, die sich im Magen erst auflösen müssen, brauchen dazu sehr lange, weil der Mageninhalt sauer ist. Das bedeutet, daß der Wirkstoff nicht so schnell in den Dünndarm gelangt und auch nicht rasch absorbiert werden kann. Bei der Brausetablette läuft dieser Prozeß mit großer Sicherheit ab, bei nur mit Wasser eingenommenen Tabletten ist die Wirkung von vielen Unwägbarkeiten abhängig, beispielsweise von der Menge des nachgetrunkenen Wassers (zuwenig Flüssigkeit bedeutet eine langsamere Auflösung der Tablette), oder die Peristaltik kann bei starken Schmerzen erheblich eingeschränkt sein (der Magen befördert die aufgelösten ASS-Kristalle also nicht rasch weiter).

Brausetabletten haben noch einen weiteren Vorteil: Im Magen kann es noch zu einer weiteren, allerdings geringen Kohlendioxyd-Bildung kommen, was die Magenbewegungen zusätzlich anregt, damit also dafür sorgt, daß der Wirkstoff der Tablette noch rascher in den Dünndarm transportiert wird.

ASS, die mit Hilfe einer Brausetablette in den Magen eingebracht wird, verweilt wesentlich kürzer in ihm, als wenn man das Mittel in Form normaler Tabletten einnimmt. Eine kürzere Verweildauer der ASS im Magen heißt aber auch, daß die Epithelzellen der Magenschleimhaut zeitlich weniger durch ASS belastet werden. Freilich darf man diesen Effekt auch nicht überschätzen, denn die Magenschleimhaut wird nicht allein durch den direkten Kontakt mit der Säure lädiert, sondern auch dadurch, daß das in den Blutkreislauf gelangte ASS die Prostaglandinsynthese hemmt, welche zwar Schmerzen beseitigt, aber auch dazu führen kann, daß die Magenschleimhaut angegriffen wird, denn Prostaglandine schützen die Magenschleimhaut.[1]

Warum, so stellt sich die Frage, werden dann herkömmliche ASS-Tabletten überhaupt noch angeboten? Sie sind preiswert! Vor allem aus

Kostengründen sind sie noch lange nicht aus dem Rennen, denn Brausetabletten sind komplizierter herzustellen und deshalb teurer. So werden die Kosten für Brausetabletten von den Kassen nicht erstattet. Die Begründung ist haarsträubend und spricht nicht für die Intelligenz der Sparkommissare unseres Gesundheitssystems: Brausetabletten enthalten auch Vitamin C, das eigentlich als Treibmittel für die Tablette dient, den Behörden gegenüber aber als weiterer Partner eines Mischpräparats gilt. Erstattungsfähig wären die Brausetabletten nur dann, wenn der Vitamin-C-Anteil ebenfalls eine nachweisbare Wirkung erbrächte. Die aber konnte bislang noch nicht gezeigt werden.

Wer herkömmliche ASS-Tabletten einnimmt, sollte sie deshalb grundsätzlich in einem Glas Wasser auflösen oder zumindest ein volles Glas Wasser nachtrinken. Sonst ist es möglich, daß die Tablette zu lange unaufgelöst im Magen liegen bleibt, ihren Wirkstoff nicht rechtzeitig freigeben kann und nur unnütz die Magenschleimhaut reizt. ASS wirkt auch magenfreundlicher, wenn man die Tabletten nicht auf nüchternen Magen, sondern erst nach der Mahlzeit einnimmt. Einzige Ausnahme: die *Aspirin-protect*-Tablette mit magensaftresistentem Überzug. Sie soll vor den Mahlzeiten eingenommen werden.

Placebokontrollierte Studien bei Patienten, denen ein Zahn gezogen wurde, zeigten, daß sich die Intensität des Wundschmerzes nach Einnahme einer traditionellen in Wasser gelösten ASS-Tablette um 50 Prozent reduzierte, bei Einnahme derselben Dosis in gelöster Form um 65 Prozent!

Wichtig ist für eine effektive Resorption des Wirkstoffs, daß er rasch durch den Magen in den Dünndarm gelangt. Bei Migräneanfällen ist die Bewegung des Magens stark eingeschränkt, weshalb die Resorption des Mittels nicht gewährleistet ist. Deshalb müssen Migränepatienten vor der Acetylsalicylsäure-Einnahme dazu ein Medikament einnehmen, das die Magentätigkeit normalisiert (*Metoclopramid* oder *Domperidon*). Die Magenschleimhaut ist zwar auch in der Lage, die Wirksubstanz aufzunehmen, jedoch nur zu einem Bruchteil verglichen mit der Resorptionsfähigkeit des Dünndarms.[2]

Bei Kautabletten kann man auf Wasser verzichten

Der Pharmakonzern Bayer hat 1992 eine *Aspirin*-Kautablette entwickelt und auf den Markt gebracht, die ihren Wirkstoff beim Kauen freigibt.

Zum einen ist diese Darreichungsform dann sehr hilfreich, wenn zur Tabletteneinnahme keine Flüssigkeit zur Verfügung steht, etwa beim Autofahren oder während einer Konferenz, zum andern sind auch die Kautabletten gepuffert, schonen so den Magen und sind besser bioverfügbar als die herkömmlichen ASS-Tabletten.

Die Technik dieser Tablette ist sehr kompliziert. Erstes Ziel war es, die lokale Schädigung des Magens durch die ASS zu verhindern oder zumindest weitgehend einzugrenzen. Wenn man den pH-Wert des Magens durch Puffersubstanzen wie Aluminiumhydroxyd oder Kalziumkarbonat anhebt, so reduziert sich der Anteil undissoziierter ASS. Und dies bedeutet, daß von der Substanz weniger in die Magenschleimhaut eindringt. Die Puffersubstanz wirkt sich aber negativ auf die ASS aus, indem sie diese verstärkt abbaut.

Die Bayer-Chemiker fahndeten nun nach schwer und langsam löslichen Puffersubstanzen, die im festen Zustand die ASS nur geringfügig abbauen. Sie entschieden sich für Kalziumkarbonat. Weil durch die zusätzliche Puffersubstanz nun die Tablette sehr groß wird und nicht mehr geschluckt werden kann, verfiel man auf die Idee, eine Tablette zum Kauen zu entwickeln. Eine wirklich große Tablette hat nun aber auch den Vorteil, eine beträchtliche Menge an Puffersubstanz aufnehmen zu können, die zudem erst - parallel zur Freisetzung der ASS - durch den Kauvorgang selbst aktiviert wird.

Es sollten aber nicht nur Schleimhautbeschädigungen verhindert werden, sondern die ASS sollte auch ohne Umweg und Beeinträchtigung ihrer Wirkung sofort in den gesamten Blutkreislauf gelangen. Dies ist besonders wichtig, wenn die ASS Schmerzen bekämpfen soll. Bei der Kautablette wird der Wirkstoff bereits im Mund freigesetzt und kann - unter Umgehung des Pfortaderkreislaufs zwischen Dünndarm und Leber - über Mundschleimhaut und ein Venengeflecht direkt in die obere Hohlvene und damit in den ganzen Körper wandern.

Der Rest der konzentrierten ASS-Lösung gelangt zusätzlich über den Magen in den Dünndarm und wird hier resorbiert. Durch die Pufferung bleibt die Magenschleimhaut weitgehend unbeschädigt.[3]

Die Befürchtung, die ASS könnte durch den direkten Kontakt mit der Mundschleimhaut diese ähnlich wie die Magenschleimhaut beschädigen, wurde durch eine Testreihe in Kiel und Wuppertal ausgeräumt. Das Fazit der klinischen Studie: „Die kurzzeitige Einwirkung (120 Sekunden) von gepufferten und auch ungepufferten ASS-Kautabletten auf die Wangenschleimhaut im Rahmen einer chronischen, wiederholten Tabletteneinnahme bei gesunder Schleimhaut ist als unbedenklich anzusehen."[4]

Optimale Magenverträglichkeit: Aspirin protect

Schon seit langem arbeitet die Firma Bayer an einer Verbesserung der Magenverträglichkeit des *Aspirin*, das bei manchen Patienten Sodbrennen, Übelkeit, Magenschleimhautreizungen und -geschwüre, ja sogar Magen-Darm-Blutungen auslösen kann. Die Entwicklung von Kautabletten *(Aspirin Direkt)* und Brausetabletten *(Aspirin plus C, Alka-Seltzer)* war ein erster Schritt in Richtung auf eine bessere Magenverträglichkeit.

Seit Anfang 1994 ist nun mit *Aspirin protect* eine magensaftresistente Darreichungsform der ASS auf dem Markt, die noch besser verträglich ist. Die Tabletten sind mit einer magensaftresistenten Lackschicht überzogen, die dafür sorgt, daß der Wirkstoff nicht mit der Magenschleimhaut in Berührung kommt, sie also auch nicht mehr reizen kann.

Da die Acetylsalicylsäure ohnehin nicht im Magen, sondern erst im Dünndarm resorbiert wird, ist die Wirkung der ASS durch diese neue Darreichungsform in keiner Weise beeinträchtigt.

Zahlreiche endoskopische und klinische Studien haben gezeigt, daß *Aspirin protect* wesentlich besser magenschleimhautverträglich ist als bisherige Darreichungsformen der ASS. Daher eignet sich *Aspirin* in dieser Form besonders gut zur Langzeitanwendung, wie sie beispielsweise zur Thromboseprophylaxe bei herzinfarkt- und schlaganfallgefährdeten Patienten erforderlich ist. Es gibt Tabletten zu 100 mg *(Aspirin protect 100)* und zu 300 mg *(Aspirin protect 300)*. [5]

Das Problem der regelmäßigen Einnahme

Einen weiteren Punkt darf man nicht außer acht lassen, der bei der Einnahme von ASS zur Infarktprophylaxe eine banale, jedoch äußerst bedeutsame Rolle spielt: Die Mediziner nennen dieses Problem Compliance und meinen damit die Bereitschaft des Patienten, ein Medikament auch wirklich regelmäßig einzunehmen. Viele Patienten vermögen nämlich nicht recht einzusehen, weshalb sie über Jahre, ja sogar für den Rest ihres Lebens, jeden Tag eine Tablette einnehmen sollen. Schließlich leiden sie unter keinen akuten Schmerzen, die ihnen die regelmäßige Tabletteneinnahme einigermaßen plausibel erscheinen lassen würden. Wenn ASS dazuhin durch die ständige Einnahme auch noch Magenprobleme verursacht, ist das für viele Patienten sehr schnell ein Anlaß, das Mittel stillschweigend als schädlich einzustufen und eigenmächtig abzusetzen, dies aber unter Umständen auch dem Arzt zu verschweigen.

ASS als Injektionslösung

Obwohl diese spezielle Anwendung nur für den Arzt interessant ist und hauptsächlich bei Notfällen - Migräneattacken, schweren Schmerzzuständen beispielsweise nach operativen Eingriffen - angezeigt ist, wollen wir sie hier der Vollständigkeit halber nennen.

ASS läßt sich wegen ihrer Labilität nicht in Lösung aufbewahren. Die Chemiker mußten also eine haltbare wasserlösliche Acetylsalicylsäure finden: das Lysin-Acetylsalicylat. Der Arzt bekommt das Pulver in einer Injektionsflasche, der er destilliertes Wasser zufügt und so kurz vor der Verabreichung die Injektionslösung zubereitet. In die Vene gespritztes *Aspisol* wirkt sehr gut und rasch - dies ist besonders bei starken Schmerzen wichtig! - und vermeidet weitgehend die von der Tabletteneinnahme her bekannten Läsionen der Magenschleimhaut.

Aspirin und ASS – zwei Paar Stiefel?

Acetylsalicylsäure ist der chemische Name der Wirksubstanz, *Aspirin* ist die Bezeichnung des weltberühmten ASS-Präparats der Bayer-Werke, also nichts anderes als ein Markenname. Die ASS wurde zumindest in Deutschland nie patentrechtlich geschützt, deshalb konnte auch jeder pharmazeutische Betrieb diese Substanz produzieren und verkaufen.

Neben den ASS-Produkten von Bayer, die unter den Markennamen *Aspirin* und *Alka-Seltzer* laufen, gibt es noch eine ganze Reihe von ASS-Präparaten anderer Firmen, die denselben Wirkstoff enthalten. Den Verbraucher interessiert natürlich, was es - außer oft beträchtlichen Preisdifferenzen - für tatsächliche Qualitätsunterschiede zwischen Markenprodukt und Generika gibt. Unter Generika versteht man Medikamente, die unter ihrem Wirkstoffnamen im Handel sind und nicht unter einem Markennamen. Sobald das Patent auf ein Medikament ausläuft, kann es jeder andere Hersteller nachahmen und unter dem Wirkstoffnamen auf den Markt bringen. Generika sind meistens preisgünstiger als die ursprünglichen Medikamente, was deren Hersteller recht plausibel damit begründen, daß sie einen Millionenaufwand betreiben, um neue Medikamente zu finden, während die Generikahersteller sich nach Ablauf der Schutzfrist an einen Medikamentenerfolg einfach anhängen, ohne je Mittel für die Forschung aufgewandt zu haben.

Medikamente unterscheiden sich natürlich nicht nur durch ihren mehr oder weniger klingenden Namen und ihre Preise, sondern auch durch die Technik, mit der der Wirkstoff hergestellt und in die Darreichungsform verpackt ist. Die Rezeptur einer Tablette spielt also eine wichtige Rolle dafür, wie rasch und wie gut sich der Wirkstoff freisetzen kann.

Bayer verglich die Freisetzungsrate von ASS aus seinem *Aspirin* mit der Freisetzungsrate aus Präparaten anderer Hersteller. *Aspirin* war mit 100 Prozent der Sieger, knapp gefolgt von einem Fremdpräparat mit 98 Prozent. Von den vier getesteten Fremdpräparaten bestand eines die Prüfung sogar nur mit einer Freisetzungsrate von 50 Prozent. ASS ist also nicht gleich ASS. [6]

10

Kein Mittel ohne Nebenwirkungen

Verglichen mit anderen Medikamenten, hat ASS verhältnismäßig wenige Nebenwirkungen, die überdies dosisabhängig sind: In niedrigen Dosierungen sind kaum unerwünschte Nebeneffekte zu erwarten. Außerdem kennt man die negativen Nebenwirkungen, die sich bei einer Einnahme von ASS einstellen können, so gut wie bei kaum einen anderen Medikament, da die Acetylsalicylsäure bereits seit hundert Jahren auf dem Markt ist. Durch die Entwicklung spezieller Darreichungsformen wurden negative Nebeneffekte weitgehend ausgeschaltet oder zumindest auf ein Minimum reduziert – und die Suche nach neuen, noch besser verträglichen Zubereitungen geht weiter. Dennoch gibt es natürlich Risiken und Gegenanzeigen. Darüber informiert Sie dieses Kapitel.

Die Acetylsalicylsäure gilt als ein harmloses Medikament, doch natürlich kommt es darauf an, wie man das Mittel einsetzt. Unerwünschte Wirkungen hängen zuerst einmal von der Dosierung ab. Für die Thromboseprophylaxe sind nur geringe ASS-Gaben erforderlich (100 bis 300 mg pro Tag), die selten Probleme bereiten. Allergische Reaktionen hängen in der Regel nicht von der dem Körper zugeführten Menge der Substanz ab. Wer auf ASS allergisch reagiert, bei dem genügen auch schon geringste Mengen, um die Allergiesymptome hervorzurufen. Anders verhält es sich mit der Magenempfindlichkeit. Die geringen Mengen, die zur Thrombozyten-Aggregationshemmung nötig sind, belasten die Magenschleimhaut sehr viel weniger als hohe Dosierungen bei anderen Therapieanwendungen. Zudem trägt eine magenschonende Verpackung der Wirksubstanz dazu bei, daß die Magenschleimhaut weniger lädiert wird, beispielsweise durch das Überziehen der Tabletten mit einer magenresistenten Lackschicht (so daß sich der Wirkstoff erst im Dünndarm auflöst) oder eine gepufferte Lösung. *Aspirin protect* mit seinem magensaftresistenten Überzug hat sich in wissenschaftlichen Untersuchungen als sehr gut magenverträglich erwiesen, denn auf diese Weise kommt die ASS gar nicht mehr mit der Magenschleimhaut in Berührung.[1]

Für die Bekämpfung von Schmerzen ist eine sehr viel höhere Dosierung nötig (1000 bis 3000 mg täglich), die dann schon eher zu Magenproblemen wie Blutungen oder Geschwüren führen kann. Und bei der Rheumabehandlung sind Dosen bis zu 6000 mg täglich notwendig. In einer solchen Dosierung sind unerwünschte Nebenwirkungen natürlich noch viel wahrscheinlicher: nicht nur Magengeschwüre und Magenblutungen, sondern sogar Übelkeit, Erbrechen und Hyperventilation (übermäßige Steigerung der Atmung).

Die häufigste Nebenwirkung: Magenblutungen

Es ist kein Geheimnis, daß vor allem ältere Menschen bei einer ASS-Therapie oft Gefahr laufen, schwere oder sogar zum Tode führende Blutungen im Magen-Darm-Trakt zu erleiden. Dies liegt daran, daß diese Altersgruppe an sich mehr zu Blutungen im Magen-Darm-Trakt neigt. Als Grund nimmt man eine regionale Ischämie an, also eine Durchblutungsstörung des Gewebes infolge unzureichender oder überhaupt fehlender arterieller Blutzufuhr.

Aus diesem Grund ist man bei älteren Patienten mit ASS-Gaben sehr zurückhaltend. Eine amerikanische Studie hat ergeben, daß körperliche Fitneß das Risiko von Magen-Darm-Blutungen beträchtlich mindert, nämlich um gut die Hälfte! An mehr als 8000 über 68jährigen Testpersonen wurde gezeigt, daß sich die Blutungsgefahr bei regelmäßiger Bewegung - bei Spaziergängen, Haus- und Gartenarbeit, bei regelmäßigen sportlichen Tätigkeiten - deutlich reduziert. Die körperliche Aktivität sorgt dafür, daß Herz und periphere Gefäße deutlich mehr Sauerstoff bekommen. Und dies wiederum heißt, daß auch die Magenschleimhaut besser durchblutet wird und mehr Sauerstoff zugeführt bekommt. Das Gewebe ist gesünder und für Blutungen weniger anfällig. Ein widerstandsfähigeres Gewebe im Magen-Darm-Trakt hält natürlich auch besser den Belastungen einer ASS-Therapie stand.[2]

Neben der Magenschleimhaut kann auch die Mund- und unter Umständen auch die Speiseröhrenschleimhaut durch den Kontakt mit ungepufferter Acetycsalicylsäure irritiert werden. Die mit Kalziumkarbonat gepufferte *Aspirin-Kautablette* aber schaltet dieses Risiko fast ganz aus.

Wann man auf ASS unbedingt verzichten muß

Es gibt eine Reihe von Gründen, warum man unter keinen Umständen ASS-Präparate einnehmen darf, auch nicht in geringer Dosierung oder magenfreundlicher Darreichungsform. Dies ist der Fall bei

- Magen- und Zwölffingerdarmgeschwüren,
- krankhaft erhöhter Blutungsneigung (hämorrhagischer Diathese),
- bekannter Überempfindlichkeit gegen ASS oder andere Salicylate und
- im letzten Drittel einer Schwangerschaft.

Es gibt noch eine Reihe von Problemfällen, in denen man von einer Selbstbehandlung Abstand nehmen und den Arzt über eine ASS-Therapie entscheiden lassen muß. Es sind dies

- Asthma bronchiale,
- Heuschnupfen,
- Nasenschleimhautschwellungen,
- die gleichzeitige Behandlung mit gerinnungshemmenden Mitteln,

- eine Überempfindlichkeit gegen andere antirheumatisch oder entzündungshemmend wirkende Präparate,
- Allergien aller Art,
- chronische oder wiederkehrende Magen- oder Zwölffingerdarmgeschwüre,
- vorgeschädigte Nieren,
- schwere Leberfunktionsstörungen,
- Schwangerschaft und Stillzeit.[3]

Ohne nichtsteroidale Antirheumatika geht es nicht

Nichtsteroidale Antirheumatika gehören zu den meistverkauften Mitteln der Welt. Trotz ihrer Problematik werden sie tagtäglich eingesetzt. Allein 1992 wurden in Europa Medikamente dieser Art für ungefähr 1,5 Milliarden Dollar abgesetzt. Die Zahl zeigt, welches Problem rheumatische Erkrankungen darstellen. Die Pharmaindustrie versucht deshalb, Mittel zu finden, die rheumatische Entzündungen und Schmerzen effektiv angehen, ohne aber die bisher bei allen Mitteln dieser Art üblichen Magenschädigungen hervorzurufen. Oft wurde versucht, diese Medikamente mit Antazida - Substanzen gegen eine Übersäuerung des Magens - zu kombinieren. Dies hatte freilich immer den Nachteil, daß damit auch die Wirkung der nichtsteroidalen Antirheumatika beträchtlich eingeschränkt war. Und außerdem wurde nie nachgewiesen, ob die Komedikamentation tatsächlich die Nebenwirkungen der nichtsteroidalen Antirheumatika herabsetzen kann.

Ende 1995 ist unter dem Markennamen *Arthotec* ein neues Antirheumatikum zur Behandlung von Arthrosen, der chronischen Polyarthritis und der rheumatoiden Arthritis auf den Markt gekommen, das durch die Kombination eines nichtsteroidalen Antirheumatikums (*Diclofenac*) mit dem synthetischen Prostaglandin Misoprostol (*Cytotec*) eine Schädigung der Magenschleimhaut weitgehend verhindern soll. Der Wirkstoff Diclofenac gilt als modernes Mittel gegen Gelenkentzündungen und damit verbundene Schmerzen. Der Trick, mit der zusätzlichen Gabe des Wirkstoffes Misoprostol der Magenschleimhaut das schützende Prostaglandin wieder zuzuführen, das durch die Hemmung der Prostaglandinsynthese ja ausgeschaltet wird, scheint der Rheumatherapie künftig einen guten Teil ihres Schreckens zu nehmen.

Die neue Richtung der Forschung, magenunschädliche Rheumamedikamente zu finden, ist im Grunde aber dem guten alten *Aspirin* zu verdanken. Seit man aufgrund von John Vanes Erkenntnis der Hemmung der Prostaglandinsynthese durch ASS überhaupt erst weiß, wie die Acetylsalicylsäure ihre wundersame Wirkung entfaltet, hat man natürlich auch den Schlüssel in der Hand, neue Wirkstoffe zu entwickeln, die einerseits positiv wirken, andererseits die alten Nebenwirkungen nicht mehr zeigen. Im Jahr 1991 ist man darauf gekommen, daß ASS sozusagen zwei verschiedene Biofabriken ausschaltet, die die Prostaglandine bilden: einmal das Enzym Cox-1, das man in allen Geweben findet und das dafür verantwortlich ist, Schleimhäute zu schützen, beispielsweise die Magenschleimhaut, und die Blutgerinnung zu steuern.

Das Enzym Cox-2 dagegen wird von den Körperzellen nur in Notfällen freigesetzt, also bei Verletzungen oder Entzündungen. Es stimuliert die Prostaglandine, die all die negativen Körperereignisse hervorrufen wie Schmerzen, Entzündungen und Fieber. ASS hemmt beide Enzyme gleichermaßen, das „gute" und das „böse", das erstere sogar noch etwas stärker. Auf der einen Seite kann mit ASS der Kampf gegen Schmerz, Entzündung und Fieber gewonnen werden, auf der anderen wird dieser Sieg oft teuer mit Beschädigungen der Magen-Darm-Schleimhaut erkauft.

Das Ziel der Pharmalabors ist es nun, einen Cox-2-Hemmer zu kreieren, der nur auf das Schmerz- und Entzündungsgeschehen einwirkt, aber die Magenschleimhaut unbeschädigt läßt. Cox-2-Hemmer freilich verdünnen das Blut nicht mehr, weshalb diese Medikamente nicht mehr gegen Herzinfarkt, Schlaganfall oder Thrombosen eingesetzt werden können. Der Acetylsalicylsäure laufen sie also mitnichten den Rang ab.

ASS-Vergiftung und Wechselwirkungen

ASS-Gaben von über 6000 mg täglich oder von 12 bis 15 g auf einmal können gefährlich werden, weil sie schwerwiegende Vergiftungserscheinungen hervorrufen. Die Symptome sind am Anfang Benommenheit, Ohrensausen bis hin zum Verlust des Gehörs. Der Patient fühlt sich elend, verspürt Übelkeit, schwitzt stark, leidet unter Erbrechen und Durchfall, Fieber und Kopfschmerzen. Es kommt schließlich zur Hyperventilation, einer sehr schnellen, aber oberflächlichen Atmung, wodurch zuviel Sauerstoff eingeatmet wird. Werden keine geeigneten Gegenmaßnahmen ergriffen, kann der Vergiftete epileptische Anfälle bekommen oder in tiefe Bewußtlosigkeit fallen. Schließlich versagt der Kreislauf, und es kommt zur Atemlähmung und damit zum Tod.

Normalerweise führt nur eine gleichzeitige Einnahme von mehr als zwanzig Tabletten zu einem solchen lebensbedrohenden Zustand. Vorsicht ist aber bei älteren Menschen geboten, deren Nieren ohnehin nicht mehr einwandfrei arbeiten und die regelmäßig hohe ASS-Dosen einnehmen. Unter solchen Voraussetzungen können auch geringere Dosen bereits eine Vergiftung bewirken.[4]

Wie jedes andere Arzneimittel wird die Wirkung der ASS durch die gleichzeitige Einnahme anderer Mittel unter Umständen beeinflußt: Entweder wird die Wirkungsintensität der ASS verringert oder intensiviert, was letztlich negative Auswirkungen haben kann. Insbesondere wird die Wirkung anderer Mittel, die die Blutungszeit verlängern (beispielsweise Gerinnungshemmer wie *Heparin* oder *Marcumar*), oft unkontrollierbar verstärkt. Deshalb werden ASS und Gerinnungshemmer nur in Ausnahmefällen kombiniert, und es ist dabei wegen des erhöhten Blutungsrisikos eine besonders sorgfältige Überwachung notwendig. Grundsätzlich gilt, daß Patienten, die regelmäßig Gerinnungshemmer einnehmen, keine ASS nehmen, sondern auf andere schmerzlindernde beziehungsweise fiebersenkende Medikamente ausweichen sollen.

Diabetiker müssen ebenfalls vorsichtig sein, weil Insulin und Antidiabetika in Kombination mit ASS zu einer Hypoglykämie führen, also den Zuckergehalt des Blutes stark herabsetzen können, so als ob man eine zu hohe Insulindosis verabreicht hätte.

Alkohol in Kombination mit ASS verstärkt die plättchenfunktionshemmende Wirkung, was bedeutet, daß die Blutungszeit zusätzlich verlängert wird. Dabei ist es unerheblich, ob der Patient die Acetylsalicylsäure vor (bis zu drei Tagen!) oder gleichzeitig mit Alkohol zu sich nimmt.

Wird ASS erst ein paar Stunden nach dem Alkoholgenuß eingenommen, verlängert sich die Blutungszeit nicht.

Vorsicht bei Kindern

Das Reye-Syndrom ist eine schwere Erkrankung im Kindesalter bis zum 15. Lebensjahr, bei der im Anschluß an einen Virusinfekt (Grippe oder Windpocken) schwerste Leber- und Hirnschädigungen auftreten und sehr häufig sogar zum Tod führen können. Eine Zeitlang vermutete man, daß die Entstehung dieser sehr seltenen Krankheit mit der Einnahme von Acetylsalicylsäure zur Behandlung des vorausgehenden Infektes in Zusammenhang stehen könne. Die Symptome der erst 1963 entdeckten Krankheit sind rätselhaft: Wenn das Kind die Infektion so gut wie hinter sich hat, bricht die Krankheit mit Erbrechen, Lethargie, Verwirrung oder Delirium aus. Die Symptome können bis zum tiefen Koma, zu Herzrhythmusstörungen und Atemstillstand reichen.

Einen Zusammenhang zwischen der Krankheit und einer vorausgegangenen ASS-Einnahme wurde bislang wissenschaftlich nicht eindeutig nachgewiesen, jedoch legten epidemiologische Studien aus den USA den Verdacht nahe, daß ASS in Verbindung mit bestimmten Virusinfekten bei Kindern mit entsprechender genetischer Disposition die Krankheit zum Ausbruch bringen kann. Aus diesem Grund vermeidet man bei Kindern eine ASS-Therapie und bevorzugt bei Infekten und Schmerzen Paracetamol.[5] Bei Kindern gilt ohnehin die Regel, Fieber unter 39 Grad nicht mit Medikamenten zu behandeln. Hausmittel wie feuchte Wadenwickel sind bei sonst gesunden Kindern viel angebrachter als gleich der Griff nach der Tablette.

Allergische Reaktionen

Es existiert kaum ein Arzneimittel, das nicht beim einen oder anderen Patienten eine Überempfindlichkeitsreaktion auslöst. Das kann sich in Hautausschlag mit Juckreiz (Nesselsucht), geschwollenen Füßen, Händen oder Augenlidern oder auch in Form von Durchfall äußern.

Asthmatiker müssen mit Acetylsalicylsäure vorsichtig umgehen, besonders dann, wenn sie zusätzlich unter Nasenpolypen leiden. Zwanzig Minuten bis drei Stunden nach der ASS-Einnahme beginnen die allergischen Symptome: Die Nasenschleimhaut schwillt an, ebenso die Lider, es kommt zu einem Krampf der Muskulatur der Luftröhrenäste, also zu Atemnot. Ein solcher Anfall kann lebensbedrohend sein.

Dieses Analgetika-Asthma kann durch alle Cyclooxygenasehemmer ausgelöst werden, also nicht nur durch ASS. Zehn Prozent aller Asthmatiker reagieren auf ASS und verwandte Schmerzmittel (wie beispielsweise *Ibuprofen*, *Diclofenac* oder *Indometacin*) allergisch. Man spricht dabei von einer Kreuzallergie. Als unproblematisches Ausweichmittel bietet sich meistens Paracetamol an. Möglich ist es auch, den Patienten an die

ASS zu „gewöhnen", also ihn zu desensibilisieren, indem man seinem Organismus unter strenger ärztlicher Kontrolle in allmählich steigender Dosierung eine immer höhere ASS-Menge zuführt. Dies wird man dann tun, wenn die ASS durch kein anderes Mittel ersetzt werden kann.

ASS während der Schwangerschaft

ASS kann infolge ihres prostaglandinsynthesehemmenden Effekts zu einem späteren Zeitpunkt der Schwangerschaft - ähnlich wie andere Cyclooxygenasehemmer - die Wehentätigkeit verzögern. Die thrombozytenfunktionshemmende Wirkung ist gleichermaßen bei Mutter und ungeborenem Kind wirksam. Allerdings verschwindet das Blutungsrisiko wieder, wenn die ASS abgesetzt wird. Geringe ASS-Dosen (100 mg) wirken sich im letzten Schwangerschaftsdrittel weder auf Mutter noch auf Kind schädigend aus. Selbst wenn man eine solche Dosierung in der Frühschwangerschaft anwandte, ergaben sich keine negativen Auswirkungen.

Freilich sollte grundsätzlich während der Schwangerschaft auf die Gabe von ASS verzichtet werden, eine Spielregel, die sich aus dem Gebot ergibt, in dieser Zeit auf alle unnötigen Medikamente zu verzichten.[6]

Relativ unbedenklich ist die Einnahme von ASS während der Stillzeit: Bei gelegentlicher Einnahme wurden bislang keine negativen Auswirkungen auf den Säugling beobachtet. Tagesdosen von 50 bis 150 mg gelten als unproblematisch. Nimmt man ASS jedoch regelmäßig in einer Dosierung von über 150 mg täglich ein, so sollte man abstillen.

ASS vor Operationen

Wer regelmäßig ASS einnimmt, muß dies seinem Arzt vor einem chirurgischen Eingriff mitteilen. Das gilt natürlich auch für zahnärztliche Behandlungen. Dadurch, daß die Gerinnungsfähigkeit des Blutes durch ASS herabgesetzt ist, wird bei chirurgischen Eingriffen - natürlich auch, wenn ein Zahn gezogen wird - die Arbeit des Arztes erschwert.

Wenn die ASS aber abgesetzt wird, ist die Aggregationsfähigkeit der Blutplättchen in der Regel erst spätestens nach 10 bis 14 Tagen wieder normalisiert. Die Entscheidung, ob ASS vor einem Eingriff abgesetzt werden soll oder nicht, muß der Arzt treffen, denn ohne ASS steigt natürlich auch wieder das Risiko, daß sich gefährliche Blutgerinnsel bilden können. Und bei manchen Operationen ist der aggregationshemmende Effekt zur Verhinderung thrombotischer Gefäßverschlüsse sogar wünschenswert. In der Regel wird ASS mindestens zehn Tage vor einer Operation abgesetzt und erst nach dem Eingriff - manchmal auch schon während der Operation - zur Vermeidung von Thrombenbildungen wieder verabreicht. Es existiert übrigens kein „Gegenmittel", um die plättchenfunktionshemmende Wirkung der ASS vorzeitig wieder aufzuheben.

Wer ASS nur gelegentlich gegen Schmerzen oder bei Fieber nimmt und eine Operation vor sich hat - das gilt, wie gesagt, auch für den Besuch beim Zahnarzt -, sollte ungefähr 10 bis 14 Tage zuvor auf die Einnahme von ASS verzichten und lieber auf ein anderes Schmerzmittel wie beispielsweise Paracetamol umsteigen. Falls ein chirurgischer Eingriff überraschend notwendig wird und man vorher ASS eingenommen hat, muß man auf jeden Fall den Arzt oder Zahnarzt darüber informieren.

Aspirin
2000

11

Das kommende Jahrtausend

Die Mediziner forschen weiter – und immer wieder werden sie fündig. Die *Aspirin*-Story scheint sich tatsächlich zu einer unendlichen Geschichte zu entwickeln. In neuerer Zeit wurde festgestellt, daß ASS bei der Behandlung der Präeklampsie, einer gefährlichen Schwangerschaftserkrankung, das einzige wirksame Medikament ist. Der geistige Zustand von Demenz-Patienten ließ sich durch regelmäßige Einnahme von ASS entscheidend verbessern. Und auch bei Organtransplantationen und einer zwar seltenen, doch recht heimtückischen Kinderkrankheit, dem Kawasaki-Syndrom, fällt der Acetylsalicylsäure eine wichtige Rolle zu. Diese verblüffenden Entdeckungen werden nicht die letzten gewesen sein. Wir dürfen auf das kommende Jahrtausend gespannt sein.

Die Acetylsalicylsäure greift tief in biochemische Prozesse des Körpers ein. Einige Wirkungsmechanismen wurden in den vergangenen Jahren entdeckt und verifiziert. Inzwischen gibt es aber eine Reihe von neuesten Forschungsansätzen, die den Verdacht nähren, daß wir noch lange nicht alles über das breite Wirkungsspektrum der Acetylsalicylsäure wissen.

Oft verlaufen vielversprechende Forschungsansätze auch buchstäblich im Sande. Daß sich bestimmte Annahmen bei weiterer Prüfung dann doch nicht als richtig herausstellem, kann viele Gründe haben. Aber selbst wenn eine Hoffnung wieder zu verschwinden scheint, muß dies, wie die Geschichte der Forschung oft gezeigt hat, nicht bedeuten, daß beinahe vergessene Ansätze unter neuen Vorzeichen nicht wieder ans Tageslicht geholt werden und jetzt plötzlich zum Erfolg führen. Doch auch solche Irrwege zeigen, welche Potenz in dieser Wirksubstanz noch stecken kann.

Präeklampsie – eine ernsthafte Gefahr während der Schwangerschaft

Als Präeklampsie bezeichnet man einen äußerst ernsten Zustand in der zweiten Schwangerschaftshälfte. Die Symptome dieser schweren Krankheit sind Bluthochdruck, Flüssigkeitsansammlung im Gewebe und Eiweiß im Urin (Proteinurie). Die Patientin kann auch unter Bauchschmerzen leiden, sich sehr unwohl fühlen oder sogar erbrechen müssen. Ganz so selten ist dieser schwangerschaftsbedingte Bluthochdruck nicht: Immerhin bekommen 5 bis 10 Prozent aller Schwangeren damit Probleme. Die Präeklampsie ist oft Ursache für den Tod eines Kindes, weil in der Regel eine Frühgeburt eingeleitet werden muß, die einzige Möglichkeit einer Therapie in diesem Notfall. Gefährdet ist aber auch die Mutter.

Die Präeklampsie tritt häufiger bei Frauen unter 25 Jahren oder über 35 Jahren auf, und dann vor allem vermehrt bei der ersten Schwangerschaft. In etwa 1 Prozent der Fälle wandelt sich die Präeklampsie zur Eklampsie, einer im äußersten Maße lebensbedrohenden Situation, die mit schweren Krämpfen einhergeht und zur Bewußtlosigkeit führen kann.

Die Ursachen der Präeklampsie sind sehr kompliziert. Man vermutet sie in einer Erkrankung des Trophoblasten, der Außenwand des Keimblättchens. Der Arachidonsäurestoffwechsel der Plazenta scheint gestört zu sein, die Thromboxansynthese im Kreislauf der Mutter ist erhöht und die Prostazyklinbildung verringert. Dieser Zustand bedingt oft, daß die Leibesfrucht in ihrer Entwicklung vehement beeinträchtigt wird. Man spricht dabei von einer intrauterinen Entwicklungsstörung, fachsprachlich abgekürzt als IUGR (intrauterine growth retardation). Die Störung kann bis zum Absterben der Frucht im Leib der Mutter führen.

Die naheliegende Überlegung, mit den üblichen blutdrucksenkenden Medikamenten einzugreifen, geht fehl. Weder der Mutter noch dem Kind ist damit geholfen, im Gegenteil, die Blutversorgung der Plazenta würde durch solche Mittel nur noch weiter gestört. Gute therapeutische Erfahrungen machte man dagegen mit ASS-Gaben. Da bei der Präeklampsie ganz offenbar die Reaktivität der Blutplättchen gesteigert und die Prostaglandinsynthese verringert ist, nahm man an, mit der ASS in diesen unheilvollen Prozeß helfend eingreifen zu können.

Es gab mehrere kleinere wissenschaftliche Studien, die diese Vermutung bestätigten, nämlich daß sich die Zahl der Präeklampsie-Erkrankungen durch Behandlung mit niedrigdosierter Acetylsalicylsäure – in einigen Fällen in Kombination mit Medikamenten des Wirkstoffs Dipyridamol, einem anderen Plättchenfunktionshemmer – stark reduzieren ließ. Allerdings stellte sich heraus, daß die Kombination der ASS mit Dipyridamol kaum einen zusätzlichen Nutzen erbringt.

Da man die kleineren Studien aufgrund der geringen Anzahl an Teilnehmern nicht für repräsentativ und damit für wirklich aussagekräftig hielt, wurden weitere Untersuchungen mit größeren Gruppen von Patienten durchgeführt. Die Resultate waren aber widersprüchlich, da sich keine konsequente Aussage zum positiven Effekt der ASS bei einer Präeklampsie machen ließ.

Den Wissenschaftlern ließ das keine Ruhe. Von Januar 1988 bis Dezember 1992 wurde daher eine weitere großangelegte Studie, die 16 Länder mit einbezog, durchgeführt, die CLASP-Studie (Collaborative Lowdose Aspirin Study in Pregnancy).[1] An der CLASP nahmen 9364 Frauen zwischen der 12. und der 32. Schwangerschaftswoche teil.

Aufgenommen in die Studie wurden Frauen, bei denen man eine Präeklampsie-Vorsorge für sinnvoll erachten mußte: Diese Frauen waren bei einer früheren Schwangerschaft bereits einmal an einer Präeklampsie erkrankt, oder sie litten unter chronischem Bluthochdruck oder einer Nierenerkrankung. Eine Reihe von anderen Faktoren wie etwa das gehäufte Auftreten von Präeklampsie in der Familie waren weitere Gründe für die Aufnahme der Frauen in die Studiengruppe.

Weiter wurden solche Frauen ausgewählt, bei denen sich bereits Symptome einer Präeklampsie oder IUGR (intrauteriner Wachstumshemmung) gezeigt hatten. Diese Frauen erhielten täglich eine ASS-Dosis von 60 mg oder ein Placebo.

Die Ergebnisse dieser Studie waren nicht ganz so vielversprechend, wie man gehofft hatte, sie deuten aber darauf hin, daß mit ASS zumindest einer Gruppe präeklampsiegefährdeter Frauen zu helfen ist. Und dies ist schon recht ermutigend, wenn man bedenkt, daß es bislang keine wirklich befriedigende Therapie für diese gefährliche Schwangerschaftserkrankung gibt.

In der ASS-Gruppe entwickelten 6,7 Prozent der Frauen eine Präeklampsie, in der Placebo-Gruppe 7,6 Prozent. Dieser geringfügige Unterschied ist statistisch nicht signifikant, besagt also nichts zugunsten der ASS. Auch der Unterschied in der Anzahl der Totgeburten in der ASS- und der Placebo-Gruppe war statistisch nicht erheblich. Die Schwangerschaften dauerten in der *Aspirin*-Gruppe im Durchschnitt einen Tag länger als in der Plaebo-Gruppe - dies ist zwar ein geringer Unterschied, doch läßt sich aus diesem Resultat schließen, daß die Acetylsalicylsäure-Präparate eindeutig das Risiko einer Niederkunft vor der 37. Schwangerschaftswoche vermindert. In der ASS-Gruppe kam es außerdem zu 14 Prozent weniger Frühgeburten. Die Babys der Frauen, die ASS erhalten hatten, wogen im Durchschnitt auch 32 Gramm mehr als die Kinder der Placebo-Gruppe.

Eine wichtige Rolle für ASS könnte darin liegen, daß bei Frauen, die relativ früh in ihrer Schwangerschaft an einer Präeklampsie erkranken, eine vorzeitige Niederkunft verhindert oder hinausgezögert werden kann.

Die Anzahl an Totgeburten und Todesfällen von Neugeborenen aufgrund von einer Präeklampsie, von Bluthochdruck oder IUGR vor der 32. Schwangerschaftswoche betrug nämlich in der ASS-Gruppe 5,3 Prozent, in der Placebo-Gruppe hingegen 10,6 Prozent - sie wurde durch ASS also um die Hälfte verringert.

Präeklampsie, die vor der 32. Schwangerschaftswoche auftritt, unterscheidet sich von einer späteren Präeklampsie durch

- schlechtere Überlebenschancen für das Kind (Frühgeburt)
- eine höhere Rate an intrauterinen Entwicklungsstörungen,
- eine größere Müttersterblichkeit und
- mehr Komplikationen für die Mutter, u.a. durch einen chronischen Bluthochdruck oder eine Nierenerkrankung.

Die Ergebnisse der bisher vorliegenden Studien rechtfertigen nach Ansicht der Autoren der CLASP-Studie nicht den generellen Einsatz von ASS zur Prophylaxe oder Therapie der Präeklampsie. Wahrscheinlich empfiehlt sich ASS nur für Frauen, die ein besonders hohes Risiko tragen, frühzeitig - das heißt, vor der 32. Schwangerschaftswoche - eine Präeklampsie zu entwickeln. Im voraus läßt sich dies zwar nicht mit hundertprozentiger Sicherheit feststellen, doch zur Risikogruppe muß man wohl all jene Frauen rechnen, bei denen es in einer vorausgegangenen Schwangerschaft zu einer solchen frühzeitig einsetzenden Präeklampsie gekommen ist. Da eine solche Präeklampsie jederzeit nach der 20. Schwangerschaftswoche auftreten kann, sollten diese Frauen bereits vor diesem Zeitpunkt mit der Prophylaxe beginnen.

Die in der CLASP-Studie verwendete ASS-Dosis - 60 mg täglich bis zur Niederkunft - war so gewählt, daß die unerwünschten Nebenwirkungen auf ein Minimum beschränkt blieben und daß dennoch die Hemmung der Thromboxansynthese gewährleistet war. Auch in früheren Studien hatte sich bereits gezeigt, daß diese Dosis ausreichte, um das Auftreten einer Präeklampsie zu verhindern.

Bereits eine geringfügige Verzögerung des Beginns einer schweren Präeklampsie - um ein bis zwei Wochen - kann sehr wichtig sein, denn zu Beginn des letzten Schwangerschaftsdrittels steigen die Überlebenschancen des Kindes rapide an. Je länger man eine Frühgeburt hinauszögern kann, desto besser ist es für die Überlebenschancen des Kindes.

Natürlich stellt sich auch die Frage, welche unerwünschten Nebenwirkungen die Gabe von ASS während einer Schwangerschaft haben kann. Die Studie erbrachte aber, daß es unter ASS zu keinem signifikanten Anstieg von Plazentablutungen kam und auch nicht zu Blutungen bei der Geburt, wenn die Patientinnen zur Schmerzausschaltung eine Periduralanästhesie (also die Injektion eines lokal wirkenden Narkosemittels in den Periduralraum des Wirbelkanals) verabreicht bekamen.

Niedrigdosierte ASS war nach Aussage der CLASP-Autoren auch ungefährlich für den Fötus und das Neugeborene: Zumindest ergaben sich bei den Teilnehmerinnen der CLASP-Studie keine Hinweise auf ein erhöhtes Blutungsrisiko.

Nach bisherigen Erkenntnissen kann man davon ausgehen, daß eine ASS-Dosis von 60 bis 100 mg pro Tag für eine Präeklampsie-Prophylaxe geeignet ist. Unerwünschte Nebenwirkungen ließen sich bei dieser Dosierung bislang nicht feststellen. Zudem ist kein anderes Medikament bekannt, mit dem man die Präeklampsie in den Griff bekommen könnte. ASS ist bis heute die einzige Therapiemöglichkeit.

Geißel des Alters – die Multi-Infarkt-Demenz

Die Statistik besagt, daß zehn Prozent der über 65jährigen und zwanzig Prozent der über 75jährigen an Demenz leiden, einer Krankheit, bei der es infolge von altersbedingten Gehirnschädigungen zu einem mehr oder minder gravierenden Gedächtnis- und Intelligenzverlust kommt. Die Krankheit entwickelt sich langsam, schleichend. Demente sind vergeßlich, bringen selbstverständliche Dinge durcheinander, kennen – im Endstadium – selbst ihre nächsten Anverwandten nicht mehr. In fortgeschrittenerem Stadium zeigen die Kranken Aggressionen und Depressionen, leiden sogar unter Wahnvorstellungen. Das Ende ist grausam: Die Patienten benötigen Pflege rund um die Uhr, weil sie selbst die elementarsten Verrichtungen nicht mehr eigenständig ausführen können.

Seitdem unsere Lebensumstände und die Möglichkeiten der modernen Medizin den Alterungsprozeß der Bevölkerung immer weiter hinausschieben, wird die Demenz zu einem ernsten gesundheitspolitischen Problem der Industrieländer.

Heilbar ist die Demenz, wenn sie auf konkrete Schädigungen zurückgeht wie etwa Hirntumore, Schädelverletzungen oder Alkoholmißbrauch. Dieses Segment macht aber nur etwa zehn Prozent aller Demenzfälle aus. Man bezeichnet sie als die präsenile Form. Der große Rest geht auf altersbedingte zerebrovaskuläre Erkrankungen zurück, also auf verengte oder blockierte Arterien, die zu Blutmangel im Gehirn führen und damit kontinuierlich Gehirnzellen absterben lassen. Natürlich kann ein Schlaganfall oder eine ganze Reihe kleinerer Schlaganfälle, die der Patient selbst gar nicht registriert, denselben Effekt haben.

Auch die Alzheimer-Krankheit führt zu den Symptomen der Demenz, wobei sich die Forscher nicht sicher sind, auf welche Ursachen diese Erkrankung zurückzuführen ist. Die Erklärungsversuche reichen von einer chronischen Infektion über Vergiftungen durch Metalle bis zu Stoffwechselstörungen im Gehirn. So versucht man den bislang unaufhaltsamen Schrumpfungsprozeß der Gehirnsubstanz durch den bei Alzheimer-Patienten oft festgestellten niedrigen Acetylcholin-Spiegel im Gehirn zu erklären. Auch genetische Einflüsse hält man für möglich, vielleicht sogar ein Zusammentreffen verschiedener Faktoren.

Die Forschung arbeitet daran, gegen Demenz wirksame Medikamente zu finden. Bislang ist dies aber noch nicht gelungen. Neben anderen neu entwickelten Substanzen ist auch die alte ASS wieder mit im Spiel, und die Ergebnisse verschiedener Studien sehen für den Oldie gar nicht so übel aus. In einer Studie aus dem Jahr 1989[2] wurden siebzig Multi-Infarkt-Demenz-Patienten in eine ASS-Gruppe und eine Kontrollgruppe eingeteilt, um zu testen, ob die tägliche Gabe von 325 mg ASS eine erkennbare Wirkung auf die kognitive Leistung der Patienten habe. Die Kontrollgruppe erhielt kein Placebo, wurde aber ansonsten genauso behandelt und nachkontrolliert wie die ASS-Gruppe.

In beiden Gruppen lagen vergleichbare Schlaganfall-Risikofaktoren vor, und die Gehirndurchblutungswerte waren bei beiden ähnlich, ebenso die Ergebnisse eines Tests, der die kognitiven Leistungen der Probanden ermittelte. Die Patienten wurden im Abstand von einem Jahr kontrolliert.

Bei den mit ASS behandelten Patienten zeigte sich im Vergleich zur unbehandelten Kontrollgruppe eine deutliche Verbesserung der Gehirndurchblutung und der kognitiven Leistungen, und zwar bei jeder der drei alljährlich stattfindenden Nachkontrollen.

Sowohl Männer als auch Frauen profitierten gleichermaßen von der ASS-Behandlung, und auch ihre Lebensqualität schien sich zu verbessern. Sie waren besser in der Lage, sich selbständig zu versorgen, als die Patienten der Kontrollgruppe. Daraus kann man schließen, daß eine tägliche Einnahme von ASS die Gehirndurchblutung und die kognitiven Leistungen bei Demenz-Patienten verbessert oder zumindest eine Verschlechterung ihres Zustandes verhindert.

Die mit ASS behandelte Gruppe bestand aus 37 Patienten im Durchschnittsalter von 67,1 Jahren, die Kontrollgruppe aus 33 Patienten im Durchschnittsalter von 67,4 Jahren.

Die ASS-Gruppe zeigte während der ganzen 3 Jahre, die die Studie lief, bessere kognitive Leistungen als die Kontrollgruppe. Auch sonst war der Zustand der mit ASS behandelten Patienten wesentlich besser: In der Kontrollgruppe erlitten 13 von 33 Patienten wiederholte transitorische ischämische Attacken oder Schlaganfälle, in der ASS-Gruppe hingegen nur 7 von 37 Patienten. In der Kontrollgruppe erlitten 8 Patienten einen Schlaganfall, in der ASS-Gruppe nur 2.

Daß ASS die Durchblutung des Gehirns verbessert, ist eigentlich nicht verwunderlich, weil es die Thromboxansynthese hemmt und damit auch die gefäßverengende Wirkung des Thromboxans und die Bildung von Thromben verhindert. Das zeigt sich auch an der Verringerung der Anzahl an Schlaganfällen und transitorischen ischämischen Attacken in der ASS-Gruppe.

Die Schlußfolgerung, die man aus dieser Studie ziehen kann, ist recht ermutigend: Die tägliche Einnahme niedrigdosierter Acetylsalicylsäure

(325 mg) - kombiniert mit einer Kontrolle und Einschränkung der Schlaganfall-Risikofaktoren - stabilisiert oder verbessert die kognitiven Leistungen und die Gehirndurchblutung bei Patienten mit leichter bis mäßig ausgeprägter Demenz. Zumindest wird eine Verschlechterung weitgehend verhindert.

ASS als Helfer bei Organtransplantationen

Das Problem bei der Übertragung von Gewebe in der plastischen Chirurgie ist, daß es in den operativ verbundenen Gefäßen oft zu thrombotischen Verschlüssen kommt, daß sich an der Nahtstelle also Blutgerinnsel bilden. Manchmal stirbt das transplantierte Gewebe aber ab, ohne daß es zu einem solchen Verschluß an der Nahstelle kommt. Ursache dafür kann eine Störung der sogenannten Mikrozirkulation sein, also der Blutströmung in den feinen Kapillaren. Da die ASS in den Arachidonsäurestoffwechsel eingreift, hemmt sie die Thromboxan-A_2-Synthese. Thromboxan A_2 hat eine zusammenziehende Wirkung auf die Blutgefäße und fördert die Verklumpung von Blutplättchen.

Eine Untersuchung über den Gewebe- und Thromboseschutz in der Gefäßchirurgie unter dem Einfluß geringer ASS-Gaben hat gezeigt, daß ASS tatsächlich bei solchen Gewebeübertragungen die Gefahr der Thrombenbildung verringert und die Gewebemikrozirkulation vor Störungen schützt.[3] Es scheint nur logisch zu sein, daß sich vor allem die plättchenfunktionshemmende Wirkung der ASS auch in der Organtransplantation sinnvoll einsetzen läßt. Selbstverständlich wird auch auf diesem Gebiet ständig weiter geforscht. Beispielsweise beschäftigt sich die medizinische Forschung mit der Frage, inwieweit Patienten nach einer Herz- oder Lebertransplantation von ASS profitieren können.

Die unendliche Geschichte

Im Jahr 1967 beschrieb der japanische Mediziner Kawasaki eine zwar sehr seltene, aber äußert dramatisch verlaufende Krankheit, die nach ihm als Kawasaki-Syndrom benannt wurde. Sie befällt vornehmlich Kinder im

Alter zwischen 6 Monaten und 2 Jahren. Bis heute sind die Ursachen dieser Krankheit unbekannt.

Was anfänglich wie ein normaler Infekt mit Fieber aussieht, entwickelt sich rasch zu einem vielfältigen Krankheitsbild mit geschwollenen Lymphknoten, Bindehautentzündung, Gewebeschwellungen an Händen und Füßen. Gefürchtet ist die Krankheit wegen einer möglichen Schädigung der Herzkranzgefäße, woraus Herzrhythmusstörungen oder gar Herzversagen resultieren können. Als eine der wirksamsten Therapien gilt bis heute die Behandlung mit ASS. Auch hier beruht die Wirkung der ASS auf dem Mechanismus der Plättchenfunktionshemmung.

Die Forschungsbemühungen um das Kawasaki-Syndrom - die Krankheit war zuerst ausschließlich in Japan festzustellen, kommt aber inzwischen auch vermehrt in westlichen Ländern vor - zeigen uns ganz nebenbei, welch überraschende neue Rollen der „altertümlichen" Acetylsalicylsäure immer wieder zufallen. Es existiert wohl weltweit kein anderes Medikament, das bereits so lange auf dem Markt ist und für das doch immer wieder neue Anwendungsmöglichkeiten entdeckt werden. Die Schlußfolgerung ist eigentlich zwingend: Die Acetylsalicylsäure wird auch im kommenden Jahrtausend sicherlich noch für manche Überraschung gut sein. Vom 10. August 1897, als Felix Hoffmann die ASS synthetisierte und Bayer sie wenig später als *Aspirin* auf den Weg zum Patienten brachte, spannt sich ein faszinierender Bogen bis in unsere unmittelbare Zukunft. Wir dürfen gespannt sein!

Literatur

April, Paul u. a.: Does the Acetyl Group of Aspirin Contribute to the Anti-Inflammatory Efficacy of Salicylic Acid in the Treatment of Rheumatoid Arthritis? In: Seminars in Arthritis and Rheumatism, 1990, Bd. 19, H. 4, S. 20–28

Aswegen, Ch. van u. a.: A Novel Study on the Effect of Acetylsalicylic Acid on the Binding Capacitiy of Estrogen Receptors from MCF-7 Cells. In: Clinical Physiological Biochemistry, 1992, H. 9, S. 145–149

Bayer AG (Hrsg): ANL = Aspirin News Letter. Berichte über aktuelle Forschung zur Acetylsalicylsäure sowie über Entwicklungen im Bereich der Therapie, 1989, Jg. 1 ff.

Bayer AG (Hrsg): Aspirin protect - Acetylsalicylsäure als Thrombozytenaggregationshemmer. Leverkusen: Bayer o. J.

Bayer AG (Hrsg): Aspirin - ein Jahrhundertpharmakon. Leverkusen: Bayer 1983

Bayer AG (Hrsg): Historische Pharma-Plakate aus aller Welt. Leverkusen: Bayer 1992

Bayer AG (Hrsg): Für Kopf und Klarheit. Fragen und Antworten zu ASS bei Kopfschmerzen und Migräne. Leverkusen: Bayer 1996

Bayer AG (Hrsg): Schmerz zwischen Steinzeit & Moderne. Leverkusen: Bayer 1996

Beaver, William T.: Impact of Non-Narcotic Oral Analgesics on Pain Management. In: The American Journal of Medicine, 1988, Bd. 84 (Suppl. 5A), S. 3–15

Bockman, Richard S.: Prostaglandins in Cancer: A Review. In: Cancer Investigation, 1983, Bd. 1, H. 6, S. 485–493

Brune, Kay: NSAR: Auf dem Weg von Rheuma- zu Schmerzmitteln. In: Forschung und Praxis, 1994, Bd. 187, S. 16–18,

Buring, Julie E. u. a.: Low-Dose Aspirin for Migraine Prophylaxis. In: JAMA, 1990, Bd. 264, H. 13, S. 1711–1713

Diener, H. Chr./Hacke, W.: Acetylsalicylsäure zur Schlaganfallprävention. In: Nervenarzt, 1995, Bd. 66, S. 885

EAFT (European Atrial Fibrillation Trial) Study Group: Secondary Prevention in Non-Rheumatic Atrial Fibrillation after Transient Ischaemic Attack or Minor Stroke. In: The Lancet, 1993, Bd. 342, S. 1255–1262

Egan, Kathleen M. u. a.: Prospective Study of Regular Aspirin Use and the Risk of Breast Cancer. In: Journal of the National Cancer Institute, 1993, Bd. 88, H. 14, S. 988–993,

Feinman, Susan E.: Beneficial and Toxic Effects of Aspirin. London, Tokio: CRC Press 1994
Flescher, Eliezer u. a.: Aspirin-Like Drugs Prime Human T Cells. In: The Journal of Immunology, 1991, Bd. 146, H. 8, S. 2553–2559
Fries, James F. u. a.: A Reevaluation of Aspirin Therapy in Rheumatoid Arthritis. In: Archives of Internal Medicine, 1993, Bd. 153, S. 2465–2470
Funkhouser, Ellen M./Sharp, Gerald B.: Aspirin and Reduced Risk of Esophageal Carcinoma. In: Cancer, 1995, Bd. 76, H. 7, S. 1116–1119,
Gann, Peter H. u. a.: Low-Dose Aspirin and Incidence of Colorectal Tumors in a Randomized Trial. Journal of the National Cancer Institute,1993, Bd. 85, H. 15, S. 1220–1224
Giovannucci, Edward u. a.: Aspirin Use and the Risk for Colorectal Cancer and Adenoma in Male Health Professionals. In: Annals of Internal Medicine, 1994, Bd. 121, H. 4, S. 241–246
Giovannucci, Edward u. a.: Aspirin and the Risk of Colorectal Cancer in Women. In: The New England Journal of Medicine, 1995, Bd. 333, H. 10, S. 609–614
Göbel, Hartmut u. a.: Selbstmedikation bei Migräne und Kopfschmerz. In: Dt. Apotheker-Zeitung, 1995, Bd.135, H. 9S. 763–778
Göbel, Hartmut: Kopfschmerzen. Berlin, Heidelberg: Springer 1994
Greenberg, E. R.u. a.: Reduced Risk of Large-Bowel Adenomas Among Aspirin Users. In: Journal of the National Cancer Institute, 1993, Bd. 85, H. 11, S. 912–916
Greenberg, Leon A./Lester, David: Effect of Drinking Intoxicating Amounts of Alcoholic Beverage on Uropepsin Excretion. In: Journal of Applied Physiology, 1960, Bd. 15, H. 6, S. 995–998
Gridley, Gloria u. a.: Incidence of Cancer Among Patients With Rheumatoid Arthritis. In: Journal of the National Cancer Institute, 1993, Bd. 85, H. 4, S. 307–311
Halhuber, Carola: Vor und nach Bypass-Operation oder Ballondilatation. Stuttgart: Thieme 1989
Halhuber, Carola/Halhuber M. J.: Sprechstunde Herzinfarkt. München: Gräfe und Unzer 1995
Harris, Randall E. u. a.: Nonsteroidal Antiinflammatory Drugs and Breast Cancer. In: Epidemiology, 1996, Bd. 7, H. 2, S. 203–205
Hartmann, A.: Hochdosierte Acetylsalicylsäuregabe zur Prävention der akuten zerebralen Ischämie. In: Nervenarzt, 1995, Bd. 66, S. 886–889
Hennerici, M. G./ Meairs, S.: ASS-Dosierung zur Prävention zerebraler Insulte: Argumente für eine niedrige Dosierung. In: Nervenarzt, 1995, Bd. 66, S. 890–894

Hockertz, S. u. a.: Influence of Acetylsalicylic Acid on a Listeria Monocytogenes Infection. In: Agents Actions, 1993, Bd. 40, S. 119–123
Hsia, Judith u.a.: Immune Modulation by Aspirin During Experimental Rhinovirus Colds. In: Bulletin of the New York Academy of Sciences, 1989, Bd. 65, H. 1, S. 45–56
Hunt, J. N./Knox, M. T.: The Regulation of Gastric Emptying of Meals Containing Acid and Salts of Citric Acid. In: Journal of Physiology, 1962, Bd. 163, S. 34–45
Jaffe, Bernard M.: Prostaglandins and Cancer: An Update. In: Prostaglandins, 1974, Bd. 6, H. 6, S. 453–461
Jurna, Ilmar u. a.: Intrathecal Injection of Acetylsalicylic Acid, Salicylic Acid and Indometacin Depresses C Fibre-Evoked Activity in the Rat Thalamus and Spinal Cord. In: Pain, 1992, Bd. 49, S. 249–256
Kopp, Elizabeth/Ghosh, Sankar: Inhibition of NF-kB by Sodium Salicylate and Aspirin. In: Science, 1994, Bd. 265, S. 956–959
Laska, Eugene M. u. a.: Quantitative Differences in Aspirin Analgesia in Three Models of Clinical Pain. In: Journal of Clinical Pharmacology, 1982, Bd. 22, S. 531–542
Logan, R. F. A. u. a.: Effect of Aspirin and Nonsteroidal Anti-Inflammatory Drugs on Colorectal Adenomas. In: BMJ, 1993, Bd. 307, S. 285–289
Loll, Patrick J. u. a.: The Structural Basis of Aspirin Activity Inferred from the Crystal Structure of Inactivated Prostaglandin H_2 Synthese. In: Nature Structural Biology, 1995, Bd. 2, H. 8, S. 637–643
Lupulescu, A.: Enhancement of Carcinogenesis by Prostaglandins. In: Nature, 1978, Bd. 272, S. 634–636
Lynch, N. R. u. a.: Mechanism of Inhibition of Tumour Growth by Aspirin and Indomethacin. In: British Journal of Cancer, 1978, Bd. 38, S. 503–512
Mann, Charles C./Plummer, Mark L.: Aspirin. Wirtschaftskriege der internationalen Pharmaindustrie. München: Droemer Knaur 1993
Maravic, Manio von: Akuttherapie und Prophylaxe des ischämischen Hirninfarktes. In: Zeitschrift zur ärztlichen Fortbildung, 1995, Bd. 89, H. 7, S. 711–718
Marnett, Lawrence J.: Aspirin and the Potential Role of Prostaglandins in Colon Cancer. In: Cancer Research, 1992, Bd. 52, S. 5575–5589
Masur, M.: Aspirin. Diss. Breslau 1900
Meyer, John Stirling u.a.: Randomized Clinical Trial of Daily Aspirin Therapy in Multi-Infarct Dementia. In: Journal of the American Geriatric Society, 1989, Bd. 37, Nr.6, S.549-555

Mittleman, Murray u. a.: Triggering of Acute Myocardial Infarction Onset by Episodes of Anger. In: Circulation, 1995, Bd. 92, H. 7, S. 1720–1725
Paganini-Hill, Annlia u. a.: Aspirin Use and Chronic Diseases: A Cohort Study of the Elderly. In: BMJ, 1989, Bd. 299, S. 1247–1250
Peikert, Andreas: Migräne und Kopfschmerzen. Stuttgart: Trias 1995
Peleg, Ika I. u. a.: Aspirin and Nonsteroidal Anti-Inflammatory Drug Use and the Risk of Subsequent Colorectal Cancer. In: Archives of Internal Medicine, 1994, Bd. 154, S. 394–399
Persky, Robert S./Cisek, Eugene P.: Penny Wonder Drug. New York: The Consultant Press 1993
Preston, Sally J. u. a.: Comparative Analgesic and Anti-Inflammatory Properties of Sodium Salicylate and Acetylsalicylic Acid (Aspirin) in Rheumatoid Arthritis. In: British Journal of Clinical Pharmacology, 1989, Bd. 27, S. 607–611
Rosenberg, Lynn u. a.: A Hypothesis: Nonsteroidal Anti-Inflammatory Drugs Reduce the Incidence of Large-Bowel Cancer. In: Journal of the National Cancer Institute, 1991, Bd. 83, H. 5, S. 355–358
Schepp, Wolfgang: Primärprävention kolorektaler Polypen und Karzinome? In: Deutsches Ärzteblatt, 1996, Bd. 93, H. 44, S. C-2019–2022
Schreinemachers, Dina M./Everson, Richard B.: Aspirin Use and Lung, Colon, and Breast Cancer Incidence in a Prospective Study. In: Epidemiology, 1994, Bd. 5, H. 2, S. 138–146
Schrör, Karsten: Acetylsalicylsäure. Stuttgart, New York: Thieme 1992
Schultz, R. M. u. a.: Regulation of Macrophage Tumoricidal Function: A Role for Prostaglandins of the E Series. In: Science, 1978, Bd. 202, S. 320–321
Seymour, R. A.: Use of Analgesics in Postoperative Dental Pain: A Review. In: Journal of the Royal Society of Medicine, 1984, Bd. 77, H. 11
Skjelbred, P.: The Effects of Acetylsalicylic Acid on Swelling, Pain and Other Events after Surgery. In: British Journal of Clinical Pharmacology,1984, Bd. 17, S. 379–384
Stroke Prevention in Atrial Fibrillation Investigators: Warfarin Versus Aspirin for Prevention of Thromboembolism in Atrial Fibrillation: Stroke Prevention in Atrial Fibrillation II Study. In: The Lancet, 1994, Bd. 343, S. 687–691
Suh, Okhee u. a.: Aspirin Use, Cancer, and Polyps of the Large Bowel. In: Cancer, 1993, Bd. 72, H. 4, S. 1171–1177
Thun, Michael J. u. a.: Aspirin Use and Reduced Risk of Fatal Colon Cancer. In: The New England Journal of Medicine, 1991, Bd. 325, H. 23, S. 1593–1596

Thun, Michael J. u. a.: Aspirin Use and Risk of Fatal Cancer. In: Cancer Research, 1993, Bd. 53, S. 1322–1327

Trujillo, M. Angelo u. a.: Nonsteroidal Anti-Inflammatory Agents in Chemoprevention of Colorectal Cancer. In: Digestive Diseases and Sciences, 1994, Bd. 39, S. 2260–2266

Tyrrell, D. A. J.: Erkältungskrankheit. Stuttgart, Jena, New York: Gustav Fischer 1996

Vane, J. R.: Inhibition of Prostaglandin Synthesis as a Mechanism of Action for Aspirin-Like Drugs. In: Nature New Biology, 1971, Bd. 231, S. 232–235

Weissmann, Gerald: Aspirin. In: Scientific American, H.: Januar 1991, S. 58–64

Winchester, James F.: Therapeutic Uses of Aspirin in Renal Diseases. In: American Journal of Kidney Diseases, 1996, Bd. 28, Nr. 1, S. S20-S23

Anmerkungen

Kap.1: 1) Masur, Aspirin, S.36; 2) Bayer, Jarhundertpharmakon, S.39; 3) ebd, S.39; 4) Mann/Plummer, Aspirin. **Kap.2:** 1) Weissman, Aspirin, S.58-64; 2) Mann/Plummer, S.358. **Kap.3:** 1) Mann/Plummer, S.357; Schrör, S.63; 2) ebd, S.63; 3) Fries, S.2465; 4) ANL 1995, Nr.2, S.1; 5) V. Stollorz, Grippe - das heimtückische Virus. Die Woche,.5.1.97, S.26; 6) ANL 1995, Nr.2, S.2; 7) ANL 1990, Nr.2, S.3; 8) ebd; S.9) ANL 1991, Nr.4, S.2. **Kap.4:** 1) ANL 1994, Nr.3, S.2; 2) Göbel, Kopfschmerzen, S.118; 3) ebd, S.120; 4) ebd, S.126; 5) ebd, S.128-135; 6) ANL 1991, Nr.3, S.3-4; 7) Göbel, S.145-159; 8) Peikert, Migräne und Kopfschmerzen, S.38; 9) PZ, 7.12.1995, Nr.49, S.9; 10) ANL 1993, Nr.3, S.3; 11) Göbel, S.299; 12) Diener/Brauer, Kopfschmerzen, S.54 ff.; 13) ANL 1995, Nr.1, S.3; Grotemeyer, Acetylsalicylic acid vs. metoprolol in migraine prophylaxis. In: headache 1990, S.639-641; Richter, Pharmakotherapie der Migräne. In: Z.f.ärztl.Fortbildung 1988, 82, S.1243-1245; 14) Peto, Randomised trial of prophylactic daily aspirin in British male doctors. In: Brit.Med.Journal 1988, 296, S.313-316; 15) Göbel, S.256; 16) ANL 1993, Nr.2; 1991, Nr.4; 17) ANL 1993, Nr.2; 18) ANL 1991, Nr.4; 19) Jurna, Intrathecal injection of acetylsalicylicacid... **Kap.5:** 1) Halhuber, Sprechstunde Herzinfarkt; 2) ebd, S.80; 3) ebd, S.37; 4) ebd, S.39; 5) Halhuber, Vor und nach Bypass-Operation oder Ballondilatation, Stuttgart 1989, S.29; 6) L.L.Craven, Acetylsalicylic acid, possible prevention of coronary thrombosis, 1950, 75, S.95-99; 7) Mann/Plummer, S.403; 8) Bayer, Aspirin protect, S.68; 9) Mann/Plummer, S.404; 10) Diehm/Wilhelm, Leben mit Gerinnungshemmern, Stuttgart 1992, S.104; 11) ANL 1993, Nr.4; 12) Diehm/Wilhelm, Leben, S.96; 13) ANL 1993, Nr.4; 14) Aspirin protect, S.16; 15) ebd, S.17, 27; 16) ebd, S.73; 17) ANL 1989, Nr.1; 18) ANL 1991, Nr.1; 19) ANL 1991, Nr.1; 20) ANL 1993, Nr.4; 21) Halhuber, Sprechstunde, S.118; 22) Diehm/Wilhelm, Leben, S.103; 23) Aspirin protect, S.16; 24) ebd, S.73; 25) ebd, S.86; 26) ebd, S.82 und 85; 27) ebd, S.90; 28) Halhuber, Sprechstunde, S.61; 29) Aspirin protect, S.120; 30) ebd, S.123; 31) ebd, S.121; 32) ebd, S.16; 33) ebd, S.121; 34) Diehm/Wilhelm, Leben, S.109; Bayer, Für Herz und Verstand, S.19; ANL 1993, Nr. 1; 35) Diehm/Wilhelm, Leben, S. 11; 36) Halhuber, Sprechstunde, S.60; 37) Diehm/Wilhelm, S.114; 38) Aspirin protect, S.118; 39) ebd, S.16; 40) ebd, S.16; 41) ebd, S.117; 42) ebd, S.117; 43) ebd, S.120; 44) ebd, S.59; 45) ebd, S.61; 46) ebd, S.70; 47) ANL 1995, Nr.3; 48) ANL 1989, Nr.1; Aspirin protect, S.75; 49) Aspirin protect, S.75; 50) Mann/Plummer, S.395; 51) Diehm/Wilhelm, S.101; ANL 1989, Nr.1; 52) ebd, S.100; 53) Aspirin protect, S.77; 54) ANL 1989, Nr.1; 55) ANL 1989, Nr. 1; 56) ANL 1989, Nr.1; 57) Halhuber, Sprechstunde, S.88; 58) Diehm/Wilhelm, S.59; 59) Schrör, S.101; 60) Aspirin protect, S.31; 61) Schrör, S.77; 62) ANL 1993, Nr.4; 63) Aspirin protect, S.68; 64) ebd, S.26; 65) ebd, S:27; 66) ebd, S.22; 67) Weber, Zur Bewertung der Nebenwirkungen von Acetylsalicylsäure unter besonderer Berücksichtigung der Selbstmedikation, 1982, S.54; 68) ebd, S.51; 69) Aspirin protect, S.58; 70) Feinman, Beneficial and toxic effects of Aspirin,

1994, S.33; 71) Aspirin protect, S.157; 72) ebd, S.48; 73) ebd, S.168; 74) ANL 1994, Nr.4; Aspirin protect, S.159; 75) Für Herz und Verstand, S.32/Aspirin protect, S.12; 76) ANL 1993, Nr.4; 77) Aspirin protect, S.28; 78) Für Herz und Verstand, S.28. **Kap.6:** 1) Diehm/Wilhelm, Leben, S.141; 2) ebd, S.142; 3) Mann/Plummer, S.388; 4) Aspirin protect, S.97; 5) ebd, S.100; Diener/Hacke, S.885; 6) Aspirin protect, S.101; 7) Aspirin protect, S.107; 8) Diener/Hacke, S.885; 9) ANL 1994, Nr.2; 10) ANL 1991, Nr.1; 11) ANL 1995, Nr.3; Schrör, S.151; 12) Aspirin protect, S.125; 13) ANL 1990, Nr.4; 14) Diehm/Wilhelm, S.79; 15) EAFT, S.1255-1262; 16) Stroke prevention in atrial fibrillation II study, The Lancet, 1994, 343, S.687-691; 17) Aspirin protect, S.92; 18) ebd, S.110; 19) ANL 1995, Nr.1; 20) ANL 1990, Nr.4; 21) ebd, S.171; 22) ANL 1991, Nr.2; 23) ANL 1991, Nr.3. **Kap.7:** 1) Salzmann, Venenleiden, Stuttgart, 1995, S.9; 2) Diehm/Wilhelm, S.177; 3) Für Herz und Verstand, S.20; ANL 1993, Nr.4; 4) ebd, S.20; ANL 1993, Nr.4; Aspirin protect, S.135; 5) The Lancet, Dez.1988, S.1501; 6) ANL 1994, Nr.3; 7) Diehm/Wilhelm, S.120; 8) Aspirin protect, S.139; 9) Diehm/Wilhelm, S.120; 10) Aspirin protect, S.142; 11) ebd, S.146; 12) ebd, S.126; 13) ebd, S.128; 14) ebd, S.133; 15) Mehnert/Standl, Handbuch für Diabetiker, Stuttgart 1991, S.28; 16) ANL 1992, Nr.1; 17) ANL 1991, Nr.4; 18) ANL 1992, Nr.1; 1994, Nr.4; 19) ANL 1991, Nr.4; 20) ANL 1994, Nr.4; 21) ANL 1992, Nr.1; 22) ANL 1994, Nr.4; 1992, Nr.1; 23) Schrör, S.108; 24) ANL 1994, Nr.4; 1992, Nr.1; 25) ANL 1992, Nr.1; 26) ANL 1994, Nr. 4; 27) ANL 1991, Nr.4, 1994, Nr.4; 28) Aspirin protect, S.134. **Kap.8:** 1) Rosenberg, Nonsteroidal anti-inflammatory drugs; 2) Thun, Aspirin use and reduced risk of fatal colon cancer; 3) Gann, Low-dose Aspirin ...; 4) Paganini-Hill, Aspirin and chronic diseases ...; 5) Schreinemachers, Aspirin use ...; 6) Giovannucci, Aspirin and the risk of colorectal cancer in women; 7) Funkhouser, Aspirin and reduced risk of esophageal carcinoma; 8) Thun, Aspirin use and risk of fatal cancer; 9) Harris, Nonsteroidal anti-inflammatory drugs and breast cancer; 10) Egan, Prospective study of regular Aspirin use ...; 11) ANL 1993, Nr.2; 12) Jaffe, Prostaglandins and cancer; 13) Bockman, Prostaglandins in cancer; 14) ebd.; 15) Marnett, Aspirin and the potential role of prostaglandins in colon cancer; 16) Schultz, Regulation of macrophage tumoricidal function; 17) Flescher, Aspirin-like drugs prime human T cells. **Kap.9:** 1) ANL 1991, Nr.4; 2) ANL 1989, Nr.2; 3) ANL 1992, Nr.2; 4) ANL 1992, Nr.2; 5) ANL 1994, Nr.4; 6) Für Kopf und Klarheit, S.42. **Kap.10:** 1) ANL 1994, Nr.4; 2) Pahor, Physical activity and risk of severe gastrointestinal hemorrhage in older persons; 3) Asperin protect, S.10; 4) Schrör, S.113; 5) Barbara Ecker-Schlipf, Reye Syndrom, Abhängigkeit von der Acetylsalicylsäure, Med.Mo.Pharm. 1989, 12.Jg, H.7, S.225; 6) Schrör, S. 118. **Kap.11:** 1) CLASP: A randomised trial of low-dose aspirin for the prevention and treatment of pre-eclampsia among 9364 pregnant women; 2) Meyer, Randomized clinical trial of daily Aspirin therapy in multi-infarct dementia; 3) F.W.Peter u.a., Gewebe- und Thromboseschutz in der Mikrovaskularchirurgie. Der Einfluß von Low Dose ASS. Langenbecks Arch.Chirur.Suppl.I (Forumband 1996), S. 55 ff.

Register